抗美援朝文物背后的故事

陈魏魏 ◎ 编著

沈阳出版发行集团
沈阳出版社

图书在版编目（CIP）数据

抗美援朝文物背后的故事 / 陈魏魏编著 . -- 沈阳：沈阳出版社，2023.7

ISBN 978-7-5716-3616-6

Ⅰ.①抗… Ⅱ.①陈… Ⅲ.①抗美援朝战争 – 纪念馆 – 革命文物 – 介绍 – 中国 Ⅳ.① K871.6

中国国家版本馆 CIP 数据核字（2023）第 132696 号

出版发行：	沈阳出版发行集团 | 沈阳出版社
	（地址：沈阳市沈河区南翰林路10号 邮编：110011）
网　　址：	http://www.sycbs.com
印　　刷：	辽宁泰阳广告彩色印刷有限公司
幅面尺寸：	170mm × 240mm
印　　张：	25.5
字　　数：	390千字
出版时间：	2023年7月第1版
印刷时间：	2023年7月第1次印刷
责任编辑：	杨　静　赵　琳　邵彤彤
封面设计：	润泽文化
版式设计：	润泽文化
责任校对：	高玉君
责任监印：	杨　旭
书　　号：	ISBN 978-7-5716-3616-6
定　　价：	90.00元

联系电话：024-24112447

E - mail：sy24112447@163.com

本书若有印装质量问题，影响阅读，请与出版社联系调换。

序言

黄文科

为了纪念伟大的抗美援朝战争胜利70周年,《抗美援朝文物背后的故事》一书,精选了70件历史韵味丰厚的抗美援朝文物,将70件抗美援朝文物背后所隐藏的故事娓娓道来。70周年,70件抗美援朝文物,70个文物背后的抗美援朝故事,构思真可谓匠心独到。习近平总书记指出:"加强革命文物保护利用,弘扬革命文化,传承红色基因,是全党全社会的共同责任。"编著者志存高远,以传承弘扬伟大的抗美援朝精神为己任,潜心挖掘整理文物,让70件抗美援朝文物开口"说话",向读者讲述抗美援朝战争和抗美援朝运动的革命故事。因而,我们有理由说,《抗美援朝文物背后的故事》是一部反映抗美援朝战争史和抗美援朝运动史的党史读物,是一部以传承伟大抗美援朝精神为目的的生动红色教材。

让抗美援朝文物说话,这些文物传达着伟大的爱国主义精神。《抗美援朝文物背后的故事》中的每个故事虽各有侧重,但是其基本的特点都洋溢着浓厚的爱国主义精神。开篇的文献文物就是作曲家周巍峙《中国人民志愿军战歌》

作曲创作手稿:"雄赳赳气昂昂,跨过鸭绿江……"多少英勇的志愿军战士就是唱着这支战歌走向朝鲜战场,奋勇杀敌。这首气势雄壮、节奏铿锵的战歌是抗美援朝标志性的文化符号之一。书中所选的生活文物有一把挖菜刀,这是安东市(今丹东市)烈属宋传义使用的挖菜工具。1951年6月,抗美援朝总会发起捐献飞机大炮运动,宋传义与老伴儿商量制订捐献30万元(旧币)的计划。宋传义精心播种大白菜,增产30%;又在白菜地里间种了菠菜。最终,宋传义捐献70万元(旧币)。1952年12月,72岁的宋传义加入中国共产党。由于抗美援朝运动中,宋传义表现突出,被称为"爱国老人"。

让抗美援朝文物说话,这些文物传达着革命的英雄主义精神。面对武装到牙齿的强敌,志愿军英勇顽强、舍生忘死,敢于和善于战胜强敌。书中的"奖旗章证篇",多数篇章讲述的是志愿军的英雄事迹。志愿军空中英雄张积慧捐献的空军飞行员证和朝鲜民主主义人民共和国三级国旗勋章,见证了他击落美国空中英雄戴维斯的英雄壮举,折射出志愿军空军从实弹起飞到敢于与美机空中拼刺刀、不断击落击伤美机的辉煌历史。实物文物中最有震撼力的是一盒取自上甘岭阵地的岩石粉末和弹片。英雄的志愿军在不到3.7平方公里的阵地上,在43天的持续战斗中,先后打退敌人900次进攻。志愿军伤亡11529人,伤亡率20%以上。而以美军为首的"联合国军"伤亡25498人,伤亡率40%以上。上甘岭两个高地上一两米厚的土石都炸松了,随手抓一把,砂石中混合着铁屑和弹片。睹物思人,让人不能不感怀中国人民志愿军的革命英雄主义精神。

让抗美援朝文物说话,这些文物传达着革命的乐观主义精神。志愿军之所以能够以弱胜强,就在于始终坚持不畏艰难困苦、保持高昂士气的革命乐观主义精神。《抗美援朝文物背后的故事》中,志愿军修建巷道的工具铁锤、铁镐、铁锹等也成了抗美援朝的文物。在山地防御战中,志愿军修筑大小坑道1250公里,构筑起一道坚不可摧的"地下长城",形成一套能打、能防、能机动、能生活的坑道防御体系。依托坑道工事,志愿军在极其艰难的条件下,赢得上甘岭战役的伟大胜利。在抗美援朝纪念馆的辅助陈列"无敌坑道"中,坑道壁上挂着一把有趣的胡琴,其琴筒是用缴获的美军罐头盒做的,琴杆是用朝鲜的木材做的,而琴弦是用中国的马尾做的,因此志愿军战士给它起名叫"两洲三国"胡琴。在炮火纷飞的战争间隙,琴弦上一支乐曲奏响,战士们对胜利充满着渴望。

让抗美援朝文物说话,这些文物传达着革命的忠诚精神。志愿军将士之所以被称为"最可爱的人",是他们对党无限忠诚,对祖国无限忠诚,对人民无限忠诚。志愿军三十九军副军长吴国璋牺牲时,衣袋里装有一份被鲜血染红的账单,上面清清楚楚写明从志愿军后勤部门所借公款的开支情况。这份血染的抗美援朝文物,彰显志愿军高级将领的清廉和忠诚。在战场上,这种无限忠诚,就演变为英勇无畏、浴血杀敌;在平日里,这种无限忠诚,就演变为为国分忧、为民担当。老英雄孙景坤就是忠诚的模范。在抗美援朝战场上,他的忠诚就是英勇杀敌,为赢得抗美援朝战争的胜利做出自己的贡献。他荣获抗美援朝一级战士荣誉勋章。和平年代,孙景坤深藏功名,淡泊名利,他的忠诚是带领乡亲发展经济。2021年6月,中共中央授予孙景坤"七一勋章"。一部《抗美援朝文物背后的故事》,深藏着志愿军将士革命的忠诚精神。

让抗美援朝文物说话,这些文物传达着革命的国际主义精神。伟大的抗美援朝战争是新中国成立之初,中国人民在中国共产党领导下,为援助朝鲜人民、保卫国家安全而进行的一场反侵略的正义战争。中国人民和中国人民志愿军高举为了人类和平与正义事业而奋斗的国际主义精神大旗,赢得抗美援朝战争的伟大胜利,为人类和平和正义事业做出杰出贡献。《抗美援朝文物背后的故事》中,有金日成为伟大国际主义战士罗盛教烈士的题词,有朝鲜人民军将军赠给中方谈判代表柴成文刻有中朝两国文字的炮弹壳,有在中国就读的朝鲜孤儿回国前献给辽西省政府的锦旗,有金日成赠给志愿军副司令员邓华的呢大衣……凡此种种,都述说着中国人民志愿军是为了人类和平与正义事业而奋斗的高扬国际主义精神的正义之师、文明之师、威武之师，都述说着中朝两国革命友谊是用鲜血凝结而成的故事。

　　文物是历史的凝聚，只有深入体会到它的历史意味，才能感受其具有的文化内涵和精神魅力。《抗美援朝文物背后的故事》通过70件抗美援朝文物，将历史的触觉深入到整个抗美援朝战争史、运动史的方方面面。我们会从这些抗美援朝文物中获得历史智慧、文化自信和战胜一切困难的勇气。开卷有益，我们愿意通过这些抗美援朝文物，传承伟大的抗美援朝精神，以新时代的历史自觉主动融入蓬勃浩荡的中华民族伟大复兴的时代洪流中。

　　是为序。

2023年6月18日于鸭绿江畔

目 录

序 言 · 001

文献史料篇
WENXIAN SHILIAO PIAN

《中国人民志愿军战歌》这样诞生——《中国人民志愿军战歌》创作手稿 · 003

日日夜夜，为祖国而战——《汉江南岸的日日夜夜》手稿 · 008

愿得此身长报国——杨春增的先进事迹材料 · 014

甘洒热血铸军魂——伍先华的立功请报表 · 020

73号驿站的故事——中国人民志愿军战士的信札 · 024

宽待战俘行仁义——战俘安全通行证 · 030

何惜热血卫国家——吴国璋的账单、干部履历表等 · 037

记录历史的珍贵瞬间——朝鲜停战当日《志愿军》报 · 043

战火中的旗帜——《辽东大众》报 · 049

藏在历史中的珍贵细节 ——中国人民志愿军五十军《委任令》　　　　　　　· 055

被毛泽东主席亲自任命的"民工身份"政府委员 ——毛泽东主席任命关文德的　· 060
　　　　　　　　　　　　　　　　　　　　　　通知书

我给黄继光妈妈当儿子 ——黄继光母亲给胡长哲的回信　　　　　　　　　　· 066

战斗战场篇
ZHANDOU ZHANCHANG PIAN

绝版的稀世珍宝 ——图-2 轰炸机　　　　　　　　　　　　　　　　　　　· 075

英雄机车的前世今生 ——1115 号机车　　　　　　　　　　　　　　　　　· 080

空中突击手，热血染蓝天 ——孙生禄驾驶的米格-15 战斗机型　　　　　　　· 085

空战之王 ——赵宝桐驾驶的米格-15 战斗机型　　　　　　　　　　　　　　· 091

攻不破的"东方堡垒" ——崔建功在上甘岭战役中使用的望远镜　　　　　　· 096

一把匕首背后的故事 ——郑定富缴获敌军官李正龙的匕首　　　　　　　　　· 101

他创造了单兵作战一天歼敌 280 余人的纪录 ——胡修道获得了 7.65 口径　　· 108
　　　　　　　　　　　　　　　　　　　　　手枪的特殊奖赏

一份电报救了一个团 ——中国人民志愿军 15 瓦手摇发电机　　　　　　　　· 114

坚如磐石的堡垒 ——中国人民志愿军修坑道用的工具　　　　　　　　　　　· 117

| 目录 |

不穿军装的人民英雄 ——赴朝参战民工使用过的担架　·　123

在看不见的战线上 ——安东铁路电务段话务班王静彬的耳机零件　·　126

誓死保障通信畅通 ——安东报话局模范话务员王心力的耳机零件　·　131

美国空军战俘换回钱学森 ——美军侦察机被中国人民志愿军击中后美军逃生使用的白色降落伞　·　136

他发现了美军投放的细菌弹 ——美军在宽甸投放的细菌毒虫标本　·　146

生活物资篇
SHENGHUO WUZI PIAN

珍贵的温暖 ——金日成赠给邓华的呢子大衣　·　153

来自金日成首相的馈赠 ——人参酒、漆器盒　·　156

将军肝胆耀山河 ——蔡正国的公文包、慰问袋　·　159

艰难的谈判 ——柴成文的炮弹壳　·　166

守卫钢铁大动脉 ——侯宗庆的子弹印章　·　173

他击落了"三料王牌"飞行员 ——蒋道平的飞行服　·　177

一片丹心图报国 ——刘继和的背包、钢笔　·　185

横城战役中的"尖刀英雄营"——李玉才烈士的文件包　·190

活跃在抗美援朝战场上的中国人民志愿军文工团
　　——志愿军十三兵团宣传队扬琴、自制的"两洲三国"胡琴　·196

抗美援朝战争中的"志安办"——范凤岐的文件包　·200

珍贵的高粱米饭——中国人民志愿军在朝鲜战场上用的炒面袋、吃的炒米　·208

一双小胶鞋——朝鲜儿童的小胶鞋　·212

鸭绿江畔的护线卫士——线路抢修模范苏发成的工具、奖状　·216

她被称为"志愿军妈妈"——程雪清为中国人民志愿军战士纳鞋底用的鞋板、缝补袜子用的袜板等　·222

一位老人的家国情怀——宋传义的挖菜刀和他的模范章　·228

奖旗章证篇
JIANGQI ZHANGZHENG PIAN

蓝天骄子——张积慧的中国人志愿军空军飞行员证及朝鲜民主主义人民共和国三级国旗勋章　·237

孤胆英雄——唐凤喜的立功喜报及朝鲜民主主义人民共和国授予唐凤喜的二级战士荣誉勋章证　·244

屡建奇功的英雄司机长——范永的一级国旗勋章、二级战士荣誉勋章证　·250

反坦克英雄传奇 ——李光禄的立功证书	· 256
红旗在 222.9 高地飘扬 ——一一五师三四三团七连四班立功喜报	· 262
二圣山壮歌 ——郑恩喜的一级战士荣誉勋章	· 269
奇袭白虎团 ——痛歼白虎团奖旗	· 273
浴血松骨峰 ——"攻守兼备"奖旗	· 279
锦旗飘扬在白云山上 ——中国人民志愿军五十军司令部、政治部赠给白云山团的团旗	· 286
临津江上的"突破英雄连" ——"临津江突破英雄连"战旗	· 290
"黄继光是我的兵！" ——万福来的立功证明书、三级国旗勋章、三级国旗勋章证	· 294
朝鲜难童在东北 ——朝鲜战灾儿童献给辽西省政府的锦旗	· 299
历史定格在那一瞬 ——黎民的三级国旗勋章、三级国旗勋章证	· 304
荣誉属于所有烈士 ——李延年的特等功证书	· 308
军民鱼水情谊深 ——拥军模范徐大娘的锦旗	· 314
众志成城 ——爱国卫生运动模范锦旗	· 320
拳拳爱国之心 ——徐国臣的模范纪念章	· 324
血与泪的控诉 ——北京燕冀中学高一班全体敬赠东北人民控诉美国侵略者暴行代表团的签名旗	· 330

血战铁原 —— 傅崇碧的二级国旗勋章　　　　　　　　　　　　　　·336

返乡务农隐功20年的特等功臣 —— 特等功臣梁庆有的勋章证　　·342

深藏功名，初心不改 —— 孙景坤的一级战士荣誉勋章等　　　　·347

誓与高炉共存亡 —— 鞍钢劳模孟泰荣获的全国工农兵劳动模范代表会议纪念章　·351

其他综合篇
QITA ZONGHE PIAN

用生命凝结的中朝友谊 —— 金日成为罗盛教烈士的题词　　　　·357

墓碑中镌刻的忠诚 —— 杨根思烈士墓碑　　　　　　　　　　　·362

老秃山上的虎胆英雄 —— 倪祥明的追功令　　　　　　　　　　·368

美术界的集体"出征" —— 古元在朝鲜战场创作的素描等　　　　·372

浴血上甘岭 —— 上甘岭战役中的岩石粉末、弹片　　　　　　　·375

青山忠骨，英雄归来 —— 蒋立早印章　　　　　　　　　　　　·381

创造奇迹的战斗英雄 —— 安东市镇兴学校座谈"志愿军一级英雄郭忠田　·388
　　　　　　　　　　战斗事迹的报告记录"

后　记　　　　　　　　　　　　　　　　　　　　　　　　　　·393

文献史料篇

《中国人民志愿军战歌》这样诞生

—— 《中国人民志愿军战歌》创作手稿

"雄赳赳气昂昂，跨过鸭绿江。保和平卫祖国，就是保家乡……"提起抗美援朝战争，你的耳边一定会响起这支铿锵有力、气宇轩昂的歌曲；眼前浮现的，是中国人民志愿军跨过鸭绿江的坚定步伐和豪迈气势。七十几年前，这首简洁明了、气势磅礴的战歌，不知鼓舞了多少志愿军将士奔赴朝鲜战场，浴血杀敌；也不知激励过多少民众，投身于轰轰烈烈的抗美援朝运动。那么，这首战歌是谁创作的？它又是如何诞生的呢？

丹东市鸭绿江畔，抗美援朝纪念馆的展厅内，陈列着一份"中央人民政府文化部艺术事业管理局公用笺"，上面以蓝色水钢笔书写了《打败美帝野心狼》歌曲词谱，这就是响彻祖国大江南北的《中国人民志愿军战歌》珍贵的创作手稿。拂开历史的烟尘，它引领着我们走进那段战火纷飞的岁月……

★ 煤油灯下创作出征诗

1950年秋，朝鲜战争的战火已经燃烧到鸭绿江边，直接威胁我国的和平与安全。党中央、毛泽东主席果断做出组建中国人民志愿军入朝作战的战略决策。炮兵第一师作为志愿军一支炮兵部队，奉命第一批入朝参战，集结安东凤城（今丹东凤城），进行临战准备。

入朝前夕，部队连、营、团层层召开誓师大会。面对着江对岸的战争阴云，面对着敌机轰炸过的家乡土地和受伤的父老乡亲，面对着侵略者的狂妄野心和罪恶暴行，志愿军将士们群情激昂，义愤填膺，纷纷写下请战书，表达"抗美援朝，保家卫国"的坚定决心。

指战员们出征前的昂扬斗志，触动了时任志愿军炮兵一师二十六团五连指导员的麻扶摇的心,使他产生了写作的激情和冲动。参军前,麻扶摇曾在黑龙江省绥化老家读过几年书;参军后,又入"抗大"学习了9个月。1950年10月的那个秋夜,麻扶摇伏在煤油灯下,以战士出征前的激情,连夜奋笔疾书了一首出征诗:"雄赳赳气昂昂,横渡鸭绿江。保和平,卫祖国,就是保家乡。中华好儿女,齐心团结紧,抗美援朝鲜,打败美帝野心狼。"

第二天,麻扶摇把这首诗作为全连出征誓词的前言,抄写在连队黑板上,以表达指战员们共同的心声。在营、团召开的誓师大会上,麻扶摇代表全连宣讲了包括这首诗在内的誓词。誓师大会一结束,几个办报的同志就把麻扶摇请到了《群力报》办公室。编辑任延宾风趣地说:"你个'大老马'呀,真不简单,想不到你还是位诗人呢!随便说说,你是怎么写出这首好诗的?"麻扶摇谦虚地说:"我哪会写什么诗,刚才念的那几句话,是我们党支部提出的战斗口号,就是一份决心书嘞!"之后,团政治处编印的《群力报》和师政治部编印的《骨干报》,都在显著位置刊登了这首诗。但麻扶摇不同意署自己的名字,坚持要署上"五连党支部"。很快,五连一位懂谱曲的文化教员为这首诗谱了曲,取名为《抗美援朝歌》,并在全连教唱。1950年10月底,五连就是唱着这首歌,跨过了鸭绿江。

在志愿军入朝作战后,新华社战地记者陈伯坚深入连队采访。在翻阅《群力报》时,他偶然发现了这首在部队中广为流传的诗。在陈伯坚看来,这首诗短小精悍,语言精练,通俗易懂,而且主题思想明确,战斗性强,反映了广大指战员战胜美国侵略者的信心和勇气。在写战地通讯《记中国人民志愿部队几位战士的谈话》时,陈伯坚就把这首诗引用到了文章的开头部分,并做了个别修改:为表示英雄气概,把"横渡鸭绿江"改为"跨过鸭绿江";为增强读音脆度,把"中华好儿女"改为"中国好儿女"。那时,陈伯坚还不知道这首诗的作者是谁,只是说"这是记者在前线的志愿军部队听到的广为流传的一首诗"。

★ 半小时内谱出激情曲

1950年11月26日，《人民日报》头版刊登了战地通讯《记中国人民志愿部队几位战士的谈话》，并将这首诗醒目地排在标题下面，以突出的位置向读者推荐。就这样，这首从朝鲜前线带回祖国的诗歌，引起了广大读者的关注和共鸣。

文章见报当日下午，时任文化部艺术局副局长的著名音乐家周巍峙，在文化部艺术事业管理局局长田汉的住处，听取"全国戏曲工作会议"筹备工作汇报。当周巍峙翻阅这天的《人民日报》时，读到了这首诗，被诗中的豪迈气概和志愿军战士的革命英雄主义精神所感动，产生了创作热情，马上谱曲，仅半小时即告完成！

周巍峙接受时任中国音乐家协会主席吕骥的建议，把"打败美帝野心狼"改为"打败美国野心狼"以增强力度，把"抗美援朝鲜"改作"抗美援朝"。4天后，即1950年11月30日的《人民日报》第2版刊登了这首歌曲。由于原诗刊登时没有标题，周巍峙只好用诗的最后一句作为歌名。不久，这首以《打败美国野心狼》为名，署名"志愿军战士词，周巍峙曲"的歌曲，又在《时事手册》（半月刊）上发表。歌曲发表后，周巍峙一直觉得歌名不够理想。恰在这时，他在随手翻阅的《民主青年》杂志上意外地发现该杂志12月1日出版的第117期，在封二的显著位置发表了麻扶摇的原诗，在全诗的后面标出了诗名《中国人民志愿军战歌》。周巍峙连连称赞"战歌"一词用得好，于是将这首歌曲定名为《中国人民志愿军战歌》。从此，这首气势雄壮、节奏铿锵的战歌，在抗美援朝战争期间，回荡在朝鲜战场，响彻神州大地。

★ 传唱不衰的英雄战歌

1953年，文化部和中国文学艺术界联合会、中国音乐家协会共同开展"三年来（1949—1952）全国群众歌曲评奖"活动，从这一阶段发表的1万余首群众歌曲中评出了 9 首一等奖歌曲，其中就有《中国人民志愿军战歌》。而麻扶摇作为歌词作者，那时才为大家所知晓。为了给作者颁奖，有关部门几经周折，终于从志愿军炮兵某团寻到了麻扶摇。此后，报刊登载这首歌曲时，词作者一律署名为"麻扶摇"。

"其实，我觉得词作者署'志愿军战士'更贴切，因为歌词的意境，都是战士用自己的英雄行为描绘的，歌词的主题思想是发自每个战士内心的豪言壮语，他们才是真正的作者。这首歌不应是属于我个人的'私有财产'，它应该属于我们伟大的中国人民志愿军、伟大的党和伟大的民族。"多年后，每当有人问及此，麻扶摇总是这样谦虚地说。

尽管麻扶摇与周巍峙此后一直未能会面，但他们珠联璧合"隔空合作"创作的这首雄壮有力的歌曲，鼓舞了一代又一代人的斗志，成为伟大抗美援朝精神的标志性文化符号之一。在那战火纷飞的年代，唱着这首歌，爱国青年加入志愿军保家卫国的行列；唱着这首歌，儿童把积攒的零花钱捐献给了国家；唱着这首歌，志愿军战士浴血奋战，取得一次次胜利；唱着这首歌，从工人到农民，从城镇到乡村，中国大地处处迸发出高昂的生产热情……直至今日，凭借着强大的艺术生命力和震撼力，《中国人民志愿军战歌》仍传唱不衰。

2013 年 7 月，在北京举行的纪念朝鲜停战协定签署 60 周年的集会上，来自全国各地的 150 多位志愿军老战士同声高唱这首战歌；10 月 27 日，在重庆举行的纪念中国人民志愿军抗美援朝胜利作战 60 周年大会上，来自全国 20 个省、自治区、直辖市，参加过抗美援朝的 18 支部队的 400 多名志愿军老战士，庄严地齐唱《中国人民志愿军战歌》。那振奋人心的歌声，不仅把志愿军老战士们带回战斗岁月，而且振奋了老战士们的精神。他们虽已耄耋之年，却仍为实现中华民族伟大复兴继续做贡献。

1993 年 7 月，周巍峙将《中国人民志愿军战歌》创作手稿捐献给抗美援朝纪念馆永久保存。

日日夜夜,为祖国而战
——《汉江南岸的日日夜夜》手稿

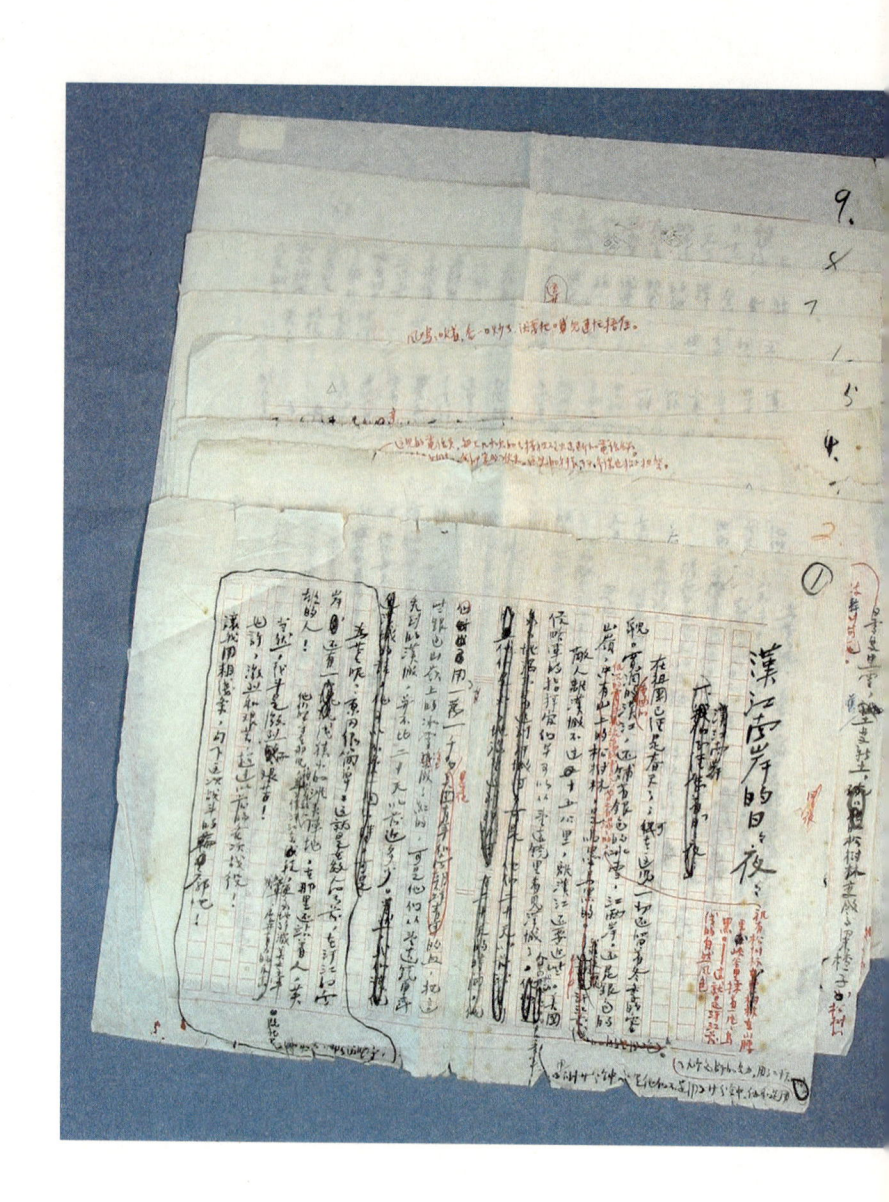

"这儿的每一寸土地，都在反复地争夺。这儿的战士，嘴唇焦干了，耳朵震聋了，眼睛熬红了，然而，他们用干焦的嘴唇吞一口干炒面，咽一口雪，耳朵听不见，就用结满红丝的眼睛，在腾腾的烟雾里，不瞬地向前凝视。必要时，他们必须用炮火损坏的枪把、刺刀、石头，把敌人拼下去……"这是著名作家魏巍的战地通讯《汉江南岸的日日夜夜》中为人们所熟知的片段。这篇通讯所记录的，正是中国人民志愿军五十军和三十八军在第四次战役中，于汉江南岸阻击以美军为首的"联合国军"所付出的巨大牺牲和取得的赫赫战绩。

★ 艰苦鏖战

1951年1月，以美军为首的"联合国军"在志愿军第三次战役的打击下，已经退到"三七线"附近。"联合国军"和南朝鲜军从鸭绿江边退到汉江以南地区，又丢失了汉城（今首尔，下同），但他们并不甘心失败。麦克阿瑟经过积极准备，开始了大规模的反攻。在这次冒险进攻中，他使用了在朝鲜90%以上的兵力，共约23万人。

连吃了3次败仗的麦克阿瑟，在这次进攻中采取了稳扎稳打、齐头并进的战术。他的主要进攻方向有两个：一是从水原出发，沿铁路进攻汉城；二是从利川与骊州出发，沿着两条公路进攻汉江以南的京安里。在东海岸，麦克阿瑟使用了约4个师，和西线遥相呼应。为争取主动，重新夺回汉城，麦克阿瑟趁着志愿军疲劳、补给困难，以西线为主，以水原至汉城铁路两侧约20公里的地段为重点，向志愿军发起全线进攻。

为遏制以美军为首的"联合国军"的大规模进攻，在汉江以南地区，志愿军五十军奉命于野牧里至庆安川以西地区，依托修理山、光教山、文衡山等要点，构成第一线防御阵地；依托博达里、内飞山、鹰峰、国主峰等要点，构成第二线防御阵地。三十八军奉命于汉江南岸东起金谷堂里、西至南汉江西岸30公里的地段实施防御。一一二师依托泰华山、天德山布兵，阻击由利川沿公路向汉城方向进攻之敌，创造中线反击之有利条件。军主力集结于汉江北岸，相机投入战斗。

1951年1月25日，在200余架飞机、80余辆坦克、近300门火炮掩护下的美军三师、二十四师、二十五师及南朝鲜军一部共计6万人，由水原沿铁路两侧向志愿军五十军第一线防御阵地发起大规模进攻。五十军依托修理山、光教山、文衡山等要点，展开异常艰苦的防御作战。25日，美军二十五师1个营进占水原，与坚守白云山前沿阵地的志愿军五十军四四七团形成对峙。此后，美军又不断增加兵力。四四七团指战员浴血奋战，每天打退敌人十几次进攻，苦苦坚守11个昼夜，毙伤1200余人，守住了白云山主峰。接着，美军和南朝鲜军又在数十架飞机、数十门大炮及60辆坦克的配合下，连续进犯帽落山一线阵地。四四三团顽强抗击，以步枪、手榴弹、十字镐与敌搏斗，艰苦鏖战8个昼夜，歼敌1500余人。27日，美军二十五师以3个营的兵力，在30余辆坦克的支援下，分3路向四四四团守备的修理山阵地发起攻击。四四四团顽强抗击，击退美军。28日至30日，四四四团前沿连续打退美军一至两个营兵力的多次攻击，阵地失而复得，但伤亡较大。

2月2日，美军以4个营的兵力，在航空兵和炮兵火力掩护下，分5路向修理山发起进攻。四四四团依托有利地形，与其展开近距离激战。至当日14时，约150名敌人突入修理山制高点，四四四团以一个多连的兵力夺回该阵地。3日，四四四团又击退1000多名美军的轮番攻击。在修理山阵地前，四四四团共毙伤美军1000多人。

★ 寸土必争

五十军 10 个昼夜鏖战在修理山阵地，实现坚守第一线防御阵地的目标。1月 31 日，志愿军司令部通令表扬五十军，特别是一四八师的全体指战员。表扬他们数日鏖战，英勇顽强坚守阵地，表现出了高度的国际主义和爱国主义精神。

2 月 3 日，五十军主力转移到第二线防御阵地。5 日，以夺取汉城为目的的美军 3 个师和南朝鲜军一部，在 100 余架飞机、200 余辆坦克和大量火炮支援下，发动轮番进攻，战况空前激烈。连战 3 日，五十军部分阵地失守。7 日晚，五十军主力撤至汉江北岸，继续防御，以免背水作战。

以美军为首的"联合国军"一部兵力于 1 月 26 日不间断地向志愿军三十八军一一二师防御阵地进行试探性攻击和侦察活动。当其进攻被打退后，又以航空兵、炮兵火力轮番轰炸，然后再组织兵力冲击，如此反复，但进展甚微。28 日，美骑兵第一师约 1 个团的兵力向一一二师三三六团五连守备阵地开来，并有 80 余人向 311.6 高地搜索前进。五连依托弹坑、残破的工事，轻、重机枪突然开火，毙伤 50 余名美军，迫使沿公路前进的美军停下。接着，美军又以 30 余辆坦克和炮兵火力猛烈轰击 311.6 高地，而后，步兵开始攻击。五连灵活运用战法，巧妙使用兵力，使美军的多次攻击未能得逞。五连战士用手榴弹、刺刀和石头与敌人搏斗，战至 30 日，达成防御目的后主动转移。此次防御作战，五连共击退美军 1 个团兵力的 13 次冲击，歼灭美军 500 多人。

2 月 3 日以后，志愿军三十八军一一三师、一一四师进至汉江以南一一二师阵地，全力抗击以美军为首的"联合国军"的进攻。此时，美军二十四师十九团揳入志愿军三十八军防线侧后，并进占山中里、洗月里附近的高地，企图侧击三十八军左翼，动摇志愿军杨子山、莺子峰一线阵地防御。三十八军三三八团趁敌立足未稳，派两个连从正面进攻，两个主力营沿汉江西岸迅速迂回，对美军十九团形成围歼之势。

5 日凌晨前，志愿军从侧后向山中里的美军发起猛攻，控制了 4 个山头的制高点。美军在多架飞机、坦克的掩护下，以两个营的兵力接应山中里被围的1个营。志愿军顽强阻击，并集中兵力打击被围困的美军，将其全部歼灭。美军第十九团被迫撤出山中里、洗月里及其以西地区。当美十九团的1个连于2月3日占领位于洗月里西北的113高地后，三十八军三三九团八连于4日0时30分秘密抵近该高地，构成合围态势，而后突然发起猛烈攻击。经一个半小时激战，毙伤美军100余人。从6日拂晓开始，美军二十四师一部向三十八军三三九团二营坚守的莺子峰阵地发起攻击。9日，美军以近两个营的兵力再次发起进攻。二营以轻武器阻敌，至10日8时，打得只剩下几十人，弹药耗尽，阵地失守。三三九团八连以26人的增援分队于8时30分配合二营，趁大雾分两路从侧后迂回，果断地逼近美军四五米处，以突然猛烈的行动，仅10分钟战斗即夺回阵地。二营连续奋战5个昼夜，打退美军1个团兵力的轮番攻击，毙伤1000余人。

★ 烈火英雄

2月11日，在炮火掩护下的美军两个连向三十八军三四二团一营守卫的305.3高地进攻。二营以一部依托工事迎头阻击，以另一部迂回到其侧后，前后夹击，歼敌180余人。

12日9时，美军以24架飞机、52辆坦克、50余门火炮，对350.3高地轮番轰炸、扫射，接着以300—500人的兵力发起集团冲锋。

一营凭借坚固工事，顽强抗击，连续战斗7个昼夜。营长曹玉海、教导员方新，哪里战斗最激烈就出现在哪里，以昂扬的斗志激励全营指战员。曹玉海在战斗中光荣牺牲。方新抱着一颗迫击炮炮弹与敌人同归于尽。战士申德恩左眼负伤，仍不下火线，他说："右眼还是好的，可以瞄准，只要有一口气，就要坚持到底！"当他的右臂和左腿相继被打断之后，仍然坚持战斗。一班长在鲜血染红脸部的情况下，仍用一只胳膊把冲锋枪顶在胸前，战斗到牺牲。卫生员孙殿金负伤3次，右腿被炮弹炸断，自己也不包扎。他说："绷带不多了，得先给同志们用。"炮手付国民，连打百余发炮弹后，六〇炮被敌打飞，炮盘被炸碎。他从尘土掩埋中挣扎起来后，毫不犹豫地找到炮筒，用手扶着射击。手被打红的炮筒烫焦了，但炮声始终没有停止。在战斗最残酷的时刻，王启春，一个18岁的战士，爬到连长身边，要求党在这严酷的时刻考验他。连长含泪答应了他的请求，他便坚毅地端起自动步枪，杀向敌群……

经过十多天激烈的战斗，三十八军几近弹尽粮绝。但战士们"一把炒面一把雪"，用刺刀、铁锹和石头抗击了以美军为首的"联合国军"的连续进攻。战斗中，有的阵地得而复失、失而复得五六次。三十八军坚守汉江以南基本阵地，顽强浴血奋战17个昼夜，受到上级的通报嘉奖："我三十八军坚守汉江南岸阵地，已历十七昼夜，美敌虽在多量的飞机、坦克、炮火配合下，昼夜轮番猛攻，均被该军英勇顽强守备和不断猛烈反击，予敌沉重打击。迄今汉江南岸基本阵地仍屹然未动，分割隔离东西线敌军，有利我主力向敌反击。特予通报表扬，并望该军指战员继续奋战，争取全战役的胜利。"

16日晚，三十八军主力转移至汉江北岸，继续组织防御。三十八军历时22个昼夜的防御作战，共歼灭以美军为首的"联合国军"10800余人。

1951年3月，作家魏巍在采访了防守部队后，写下著名的战地通讯《汉江南岸的日日夜夜》，记录下这场艰苦激烈的战斗。1991年，魏巍同志将珍贵的《汉江南岸的日日夜夜》手稿捐献给抗美援朝纪念馆，供后人学习。

愿得此身长报国

——杨春增的先进事迹材料

1953年8月12日的《辽东大众》报刊登了这样一则消息："朝鲜民主主义人民共和国最高人民会议常任委员会最近发出政令，追赠中国人民志愿军特等功臣，一级英雄，模范共产党员杨春增烈士以'朝鲜民主主义人民共和国英雄'称号，并追授金星奖章及一级国旗勋章。"

年轻的志愿军战士杨春增，在抗美援朝战场上，带领一个班的战士坚守阵地，连续击退敌人的14次反扑。当敌人再次攻上来时，他拉响最后一枚手雷，与敌人同归于尽。杨春增烈士以身殉国的故事，迅速传遍了祖国和朝鲜的山山水水，感动了无数中朝人民。而他英雄事迹申报材料的珍贵手稿，如今就珍藏在抗美援朝纪念馆中，默默诉说着一个年轻战士的忠诚与担当。

★ 苦难童年

1928年，杨春增出生于河北省沙河县。与许多贫苦家庭的孩子一样，杨春增也是在苦水中泡大的。他7岁给财主放牛，8岁被赶出牛栏，从此他背篓提篮，每天在茅草稀疏、枯柳零乱、白沙茫茫的河套里捡柴、割草、挖野菜。

七七事变爆发后，日军开始全面侵华。在这国破家亡、苦难重重的岁月里，中国的老百姓，更是日夜挣扎在死亡线上。为了活命，小春增只能沿街乞讨。1942年，河北久旱不雨，秋粮绝收，讨饭的路也走不得了。14岁的杨春增跟着邻居，到百里外的铁矿场给日伪老板做苦工。在那里的每一天，都让杨春增觉得仿佛身处人间地狱。他们吃的是猪狗食，睡在四面透风的棚子里，整整苦干一个冬天，只为爹娘挣回了四升半的谷子。

1943年，杨春增15岁了。国难当头，老百姓哪有好日子过！这一年，杨春增被日伪军抓去做劳工，被伪军驱赶着去给日本人修炮楼。在那荒无人烟的山岭上，伪军几天不给水喝，吃的就更别提了，干不动活儿，还要挨着雨点一样打下来的棍子。正在长身体的杨春增临行前从家里摸了两个糠窝头，可是那能坚持多久啊！实在饿得、渴得急眼了，杨春增就偷偷爬到马棚边，找泥浆、马尿喝。

转过年，父亲费了很大力气，托人给杨春增找了个在粮店打工的好差事。可是一次给店掌柜外出送米时，杨春增遇到了一伙儿人，不由分说，抢了他的米。杨春增丢了米不敢回店，只好悄悄跑回家。父亲听说了丢米的事，一气之下，狠狠打了杨春增一顿……

严酷的社会现实，让杨春增从心里痛恨黑暗的旧社会。那光明的一天什么时候才能来到呢？

1945年8月，日本投降。9月，杨春增的家乡沙河县解放，杨春增成了村里儿童团的积极分子，每天扛着红缨枪，带领一群孩子在村口站岗、放哨。不久，他又参加了民兵组织。10月，杨春增所在的西八里庄锣鼓喧天，红旗招展，到处张贴标语，全村男女老少列队欢送好男儿参军。杨春增排在参军报名队列的最前头。他暗暗立下志向：让千千万万个像他一样的穷苦百姓，翻身得解放，过上亮堂堂的日子！

★ 屡立战功

入伍后的杨春增，无论是在平时的操练中，在与百姓的相处中，在长途行军中，还是在硝烟弥漫的战场上，都时时处处严格要求自己。战友们眼中的杨春增，学习刻苦，训练努力，战斗顽强，屡建奇功。1946年，杨春增终于心愿得偿，光荣地加入了中国共产党。

1946年秋，杨春增任某部机要科通信员。一次战斗中，一匹驮着司令部重要文件的马被炮火震惊了，冲出队伍，向田野奔去。杨春增来不及多想，凭借一个优秀战士与生俱来的机智勇敢，躲过密集的炮火、穿过浓烈的硝烟追了上去，抓住缰绳死不松手。受惊的马拖着他狂奔了五六里地，田野里的禾茬、石片、荆棘撕破了他的衣服，擦破了他的手和脸，可为了保住电报密码等重要文件，杨春增已经顾不得这么多了。直到半夜，他才拖着惊马，返回部队。那时，首长和战友们望着灰头土脸、蓬头垢面、疲惫不堪的杨春增，由衷地向他竖起了大拇指，称他是"了不起的小英雄"。

以后的历次重要战斗中，杨春增凭借着忠诚与勇敢，屡立战功。在淮海战役中，杨春增冒着枪林弹雨掩护战友、救护首长，扑进大火中抢救文件、弹药；在夏雪集战斗中，他用调虎离山计涉水渡河送情报，还炸了敌人的坦克；在南阳卧龙岗战斗中，他冒着生命危险抢救负伤的战友，顶着狂风暴雨检查电话线路；在横渡长江天堑、千里追击战斗中，他宁肯自己光着脚板，也要把鞋送给战友穿……

解放战争期间，杨春增历任通信员、班长、排长等。他的足迹踏遍了半个中国，为祖国、为人民立下许多战功。

★ 凛然赴死

1951 年 3 月，年仅 23 岁的杨春增成为中国人民志愿军的一员，赴朝作战，任志愿军三十五师一〇四团四连三排副排长。踏上朝鲜的国土，映入杨春增眼帘的，是一片片触目惊心的废墟：到处都是炸毁的农房，烧焦的土地，哭泣的老人、妇女和孩子……杨春增暗下决心：要用青春和热血保家卫国，抗击美国侵略者，帮助朝鲜父老兄弟们重建家园！

1952 年，志愿军取得反"绞杀战"的胜利，建成了"钢铁运输线"，在朝鲜境内的交通运输得到很大改善，后勤保障特别是物资供应能力有很大提高。志愿军兵力充足、士气高昂，作战能力明显增强，在 1952 年春夏季巩固阵地的作战中，志愿军在正面战场的作战，已将战线推向了以美军为首的"联合国军"阵地前沿。志愿军越战越强，越战越主动。不但成功地进行防御作战，而且有了主动打击坚守防御之敌的必要条件，阵地进攻能力增强。

1952年8月，杨春增所在连队接受了攻占541高地的任务。541高地可以说是一块难啃的"骨头"。它地势险要，易守难攻，是南朝鲜军首都师二十六团一个排重点防御的阵地，也是敌525主阵地的一道屏障。如攻下541高地，不仅能制止敌人对我军的袭扰，同时可以构成对敌525主阵地的威胁，更重要的是能有效控制该阵地东侧一条由南向北的公路，以切断敌人的运输线。

8月5日清晨，杨春增和40多名战友在连长率领下，开始向541高地秘密接近，天亮前到达了预定地点埋伏下来，等待黄昏时发起攻击。

19时，随着一颗绿色信号弹腾空升起，志愿军按预定计划开始对541高地发起攻击。但是由于我军炮火未能有效地摧毁敌人工事，致使攻击分队被压在两道铁丝网之间不能前进。杨春增并没有被眼前的困难吓倒，他和连长观察好了地形，做了作战计划，准备带领八班从左侧山洼迂回敌后占领高地。

杨春增高喊："是英雄是好汉，541高地见，八班的同志们，冲啊！"随着杨春增的喊声，战士们如离弦之箭，向敌阵地冲去，在志愿军攻击分队的配合下，迅速占领了541高地，并消灭了守敌1个班。

然而，敌人不甘心当前的失败，又开始使用他们的惯用伎俩，他们的飞机、大炮连续向541高地倾泻大量的炮弹。上千发炮弹在阵地爆炸，阵地上土石乱飞。敌军的一次又一次反扑，都被顽强的志愿军战士们打退了。但敌军还是不甘心，又发起了集团冲锋。杨春增目睹了敌军爬上狭窄的山梁，立即让卫生员发信号给炮兵，让其开炮。杨春增率队与敌从早晨激战到15时，打退数倍于己的敌军14次反扑，毙伤200多人。"人在阵地在，胜利一定会属于我们！"杨春增不时用战斗口号鼓舞战士们。

随着时间的推移和战斗的白热化，我军的伤亡在不断增加，弹药也在减少。经过一天的殊死搏斗，最后阵地上只剩下杨春增和卫生员牟元礼两个人。

望着牺牲的战友们，处在悲愤之中的杨春增对卫生员牟元礼说："小牟，战友们为坚守541高地英勇牺牲了。增援分队一时还上不来，敌人也绝不会善罢甘休的。我们一定要守住阵地，多杀敌人，为牺牲的战友报仇！"卫生员望着杨春增年轻而坚毅的脸庞，使劲点了点头。

敌人的再一次反扑开始了。杨春增冷静地调好步话机，一边观察，一边为我军炮兵指示射击目标。志愿军的炮火像长了眼睛似的，在敌群中爆炸，541高地再一次恢复了平静。

此时，杨春增和卫生员收集了整个阵地上的弹药。除了4颗手榴弹和1颗手雷，阵地上再也没有弹药了。百余名敌军又蜂拥而至。在这紧急关头，杨春增对卫生员说："你快到那边去找点弹药来。"卫生员明白了杨春增的意思，他摇头恳求："副排长，我决不离开阵地，要死咱们一起死！"杨春增却语气坚定："赶紧回去，转告连长马上派部队增援，这里只要有我，阵地就不会丢！"

敌人的炮弹落在杨春增的身旁，步话机被炸成两半，他完全失去了和部队的联系，百余名敌兵步步逼近。那一刻，杨春增毫不犹豫，他抱起最后一颗反坦克手雷，奋勇冲入敌群，拉开雷管。只听一声震天动地的巨响，浓重的烟柱冲天而起……

阵地保住了，杨春增却壮烈牺牲了，他的鲜血染红了身下的焦土。杨春增以他的英雄行动实现了他的人生誓言。1952年11月，中国人民志愿军领导机关为杨春增追记特等功，追授"中国人民志愿军一级战斗英雄""中国共产党模范党员"等称号。1953年6月，朝鲜民主主义人民共和国追授杨春增"朝鲜民主主义人民共和国英雄"称号和金星奖章、一级国旗勋章。

如今，以蓝黑色钢笔墨水书写杨春增英雄事迹的珍贵文物，因为年代久远，早已纸张泛黄，字迹浅淡。但它记述的杨春增烈士"愿得此身长报国"的志向和事迹却永远深刻地记在人们心上，让人敬仰，惹人追思、怀想……

甘洒热血铸军魂

——伍先华的立功请报表

这是保存在抗美援朝纪念馆的一件珍贵文物。它诞生于 1952 年战火纷飞的朝鲜战场，几页卷皱着的绿格稿纸上，用蓝黑墨水写下了遒劲有力的字迹——这是数十年前，志愿军某连部为抗美援朝战场上牺牲的烈士伍先华撰写的立功请报材料。

★ 入朝作战，有勇有谋立战功

1927 年，伍先华出生于四川省遂宁县金马乡（今遂宁市安居区东禅镇）一个普通农民家庭。伍先华幼年时在私塾念过两年书，15 岁被抓了壮丁，从此开启了军人生涯。在国民党军队的所见所闻，让伍先华认清了国民党的反动本质，懂得了只有共产党才能让人民过上好日子。1949 年，伍先华参加了解放军，为十二军三十四师一〇〇团一营二连三班战士。不久，他因为作战勇敢、各方面表现突出，被吸纳为中国新民主主义青年团团员。

1951 年 3 月，伍先华参加中国人民志愿军。入朝后，伍先华即随部队参加了同年 4 月至 6 月的第五次战役。他冒着敌人的枪林弹雨把受伤的战友背下阵地，接着重返战场，与另外两个战友一起，打退了敌人三次反冲击，荣立三等功，并被提任为班长。8 月，伍先华光荣地加入中国共产党。

伍先华当了班长以后，变得更加用心。他不仅在生活上处处照顾战友——当别人都休整时，他加班砍柴给战友取暖，为战友烤鞋除冰；在工作上，他也多想一步。第五次战役第二阶段的战斗结束后，伍先华所在的二连又奉命担负坚守某高地的防御任务，挖坑道当掩体就成了日常工作。常规的挖法都是从上往下挖，但冬季的朝鲜天寒地冻，挖坑道相当困难，志愿军战士往往一人一天只能挖 1 米。伍先华经过反复琢磨研究，创造性地提出"先从地下掏空，再从上面砸"的方法，大大加速土建，每人每天可挖 3.5 米。盖掩蔽部时，他带领全班首先盖了个宽 1.8 米、长 3.5 米、7 层木料、积土 3.5 米的标准样式，成为构筑坚固阵地的带路人。在构筑穿通石山的坑道时，他努力找窍门，从坚石中打眼，每炮能爆炸 80 厘米，使全连每炮比以前提高了 50 厘米。这些土建工作的创造性方法，又让伍先华荣立了三等功。而后，因为志愿军的交通线多被美国空军炸毁，补给困难，缺少灯油的部队一到晚上就只能摸黑，伍先华又发明了"青冈树制灯法"，解决部队夜间照明问题，并再次荣立三等功。

★ 奋勇杀敌，献出宝贵生命

1952 年 9 月 14 日，中朝军队决定，以第一线志愿军为主，在全线发起战术反击作战。伍先华所在团的反击任务是对官岱里以西一处高地实施进攻。这处高地，由南朝鲜军六师二团一个加强连驻守。由于敌我双方对该高地的反复争夺，山上已经没有一点植被了，只有被炮火烧焦的红土，故也被称为"红山堡"。1952 年 9 月 29 日 17 时，战斗打响了。出发前，伍先华领着全班在坑道里庄严宣誓："在党需要的时候，愿意献出自己的生命，向英雄董存瑞、杨根思学习！"

三班战士抱起炸药包，分两组分别从上下两个方向冲向半截坑道。伍先华带领第一组，绕到 720 高点与 74 号阵地之间的山坳处，由下往上，去爆破山腰坑道。在奔到山坳处时，与坑道出来的敌人遭遇，经过短促突击，打退了敌人。他们在山坳处看见半截坑道及侧边地堡火力死死地封锁了 74 号山腰的攻击冲锋通道。

伍先华带着剩下的两名战士先后炸掉了 4 个地堡。在战斗中，1 名战士牺牲，1 名战士负伤。此时，74 号阵地的敌指挥所坑道已被炸掉，正面攻击部队发起了进攻。720 山腰坑道的机枪子弹像泼水似的，穿过山坳，倾泻在前进通道上，攻击部队被压在冲锋途中。情况紧急，伍先华俯身抱起炸药包，跳出山坳，冲向坑道。前进中，如雨点般密集的子弹让伍先华受伤栽倒在地。可过了一会儿，伍先华又紧咬牙关，顽强地往前爬。此时，我攻击部队已准备强行突击。

突然，敌人的坑道机枪停了一下。伍先华立刻抓住这稍纵即逝的机会，强忍伤痛站起来，抱起炸药包快速冲向坑道。机枪声再次响起时，伍先华毅然迎着弹雨，奋力地跳进坑道，在敌群中一把拉响了炸药包。刹那间，一声闷雷，地动山摇，坑道在浓烟中崩塌，40多个敌人全被炸死。伍先华也献出了年仅25岁的宝贵生命。

前进的道路打通了！我军攻上74号阵地，全歼敌军一个加强连，保证了官岱里反击战的全面胜利。伍先华牺牲后，先后被中国人民志愿军领导机关追记特等功，被授予"模范党员""一级爆破英雄"称号。1953年，朝鲜民主主义人民共和国授予伍先华"朝鲜民主主义人民共和国英雄"称号和金星奖章、一级国旗勋章。

73号驿站的故事

——中国人民志愿军战士的信札

抗美援朝纪念馆收藏着许多中国人民志愿军战士的战地家书。这些家书诞生于炮火硝烟的朝鲜战场，是志愿军将士用生命书写的战争记忆，隐含着中朝两国人民打败强敌的必然逻辑和胜利密码。在丹东，曾经有这样一座普通的民居，却在抗美援朝时期成为志愿军与后方、家人联络的驿站，记录了许多令人动容的军民情深的故事。

★ 九江街73号民居

20世纪30年代，安东县九江街搬来了一户普通人家，用黑砖、破船板等建起了一栋二层小楼，这就是九江街73号住宅。这栋普通的住宅共6间房，是九江街仅有的五六座二层建筑中的一座。赵玉斌的爷爷就是这处住宅的主人。在20世纪30年代，除了赵玉斌的爷爷赵春海在外做生意、第三个孙子赵玉升在工厂上班外，父亲赵连友、母亲高守贞带着全家10口人居住在这栋小楼里。1950年，赵家第四个孙子赵玉斌12岁，还在九江小学读书。年少懵懂的他并不知道，隔江相望的那一片土地上，一场惨烈的战争已然开始。所以，当7月初九江街上一夕之间多了许多穿着军装的战士时，他还以为"马放南山"的太平日子已经来到了。

诚然，部队基层的指战员也是这样对老百姓们说的。他们告诉老百姓，之所以来安东，是为了"学文化，支援建设大东北"。在这样的氛围中，一名梁姓班长带着10名战士，住进了九江街73号民居。

73号民居虽然宽绰，但6间房住20个人，还是挺紧巴。炕不够用，这些战士就用破船板搭起简易的木床，睡在灶间、过道上。清早起来，这些精神爽利的战士便帮忙挑水、扫院子。集合号声响起，他们便跑到九江小学操场去集合、出操，然后吃早饭、学习。

第一批来到九江街73号民居借宿的战士，每天主要学习的内容就是各大报纸的社论，有时间就帮赵家干活儿。高守贞和儿媳刘蓝英也总帮战士们做些缝补浆洗的活儿。赵玉斌、赵淑华等小孩子聪敏可爱，更得战士们喜爱。军民相处得十分融洽。

这样平静的日子持续了约有两个月。时至9月，连日来的社论令战士们隐隐感受到了什么。许多战士在部队发的笔记本上签字留言，送给了赵玉斌。赵玉斌推辞："你们还要学习，怎么能送给我？"战士们还是坚持送给了他。之后，更令赵玉斌惊讶的是，他们把茶缸、牙刷之类的生活用品也陆续送给了赵玉斌，俨然一副要离开的架势——虽未接到出兵的命令，但很多战士已然有了要出发的预感。

一日傍晚，全无先兆，战士们忽然收拾东西集合了。他们同高守贞等人握手话别："大娘，我们走啦。谢谢您连日来的照顾。"看着队伍逶迤远去的背影，年幼的赵玉斌心中虽有好奇，但更多的是不舍与怅然。令人意外的是，第二天一早，部队又回来了。那些战士又住进了九江街73号民居。赵玉斌高兴地问："你们不是走了吗？怎么又回来啦？"战士们笑着说："昨天是拉练。"

★ 志愿军73号驿站

在赵玉斌的印象中，这样的拉练至少进行了3次。终于有一天，战士们一去就再也没有回来。之后没几天，赵玉斌就听说了中国人民志愿军入朝参战的消息。

战争的残酷令年少的赵玉斌记忆深刻。尤其是美军飞机轰炸三马路时，借宿在他家的战士们曾带他去看过，几十年来他仍无法忘记那恐怖的场面。还有一次，美军飞机向朝鲜的一座造纸厂投掷了燃烧弹。浓烟升腾而起，遮天蔽日，原本晴朗的天空一下子阴暗了。随烟而起的还有无数晶亮的碎片，在天空久久盘旋，然后缓缓飘落到对岸来。待那些碎片落下，人们才看到那原来是对开或四开的纸张。因为燃烧弹引起的热气流太猛烈太突然，数以万计的张纸还没等被烧着，就被热气流托浮到了空中。

战事危急，赵家人也不得不考虑家族血脉的延续。他们决定把赵玉斌送到沈阳去避难。赵玉斌奇怪，志愿军都开拨了，不需要他们家人再帮助安顿，家人为什么不同他一起避祸？母亲高守贞不肯离去的原因，一是源于对家的眷恋，二是因为九江街73号已经成为志愿军与后方联络和中转的驿站。

1951年，九江街73号又住进了志愿军战士。一如既往，在这里住过的战士们都与赵家人结下了深厚的友谊。他们到了朝鲜前线后仍与赵家有书信往来。

志愿军战士张太生给赵家来信说："……（我）踏入了新的岗位，一路很好……向伯父母大人问好，祝身体健康……嫂、侄等全家安好……我在你处多蒙召（照）顾，并且麻烦你们很多……祝阁（阖）家均安……"感激之情，溢于纸上。

志愿军战士陈公墨写给赵玉斌的信中说："玉斌小弟弟……近来功课很忙吧？快乐吗？"亲切之意拳拳。

志愿军战士长荣盛在信中说："我想你今年的功课一定会很累的，时间也一定会很少的……现在天气渐寒，希为（望）你在学习上也一定要注意锻炼身体，一边将来更有力的（地）来建设我们伟大祖国，为祖国为人民贡献更大的力量……"其殷殷之情只是令人动容。

志愿军与赵家信件往来，不只是情感上的交流。很多志愿军战士也把很重要的私事交托给赵家人来办，所以九江街73号也是志愿军战士们书信、物品的中转站。陈公墨在信中写道："我们买的一些东西交由您家里收转，真太麻烦……尤其是每次大嫂亲自跑到邮局去取笨重的东西，还要亲自拿到家中……"战士家里要给他们邮来贵重物品，他们便让家人邮到赵家："最近将有从四川成都寄来的丝绵被二床、被面一床……从上海寄来的手表一只、金星笔尖一个，亦烦查收保存，待有车来时一并去取……"

战士们要给家里捎什么东西，也托赵家转交。如胡学志信中说："……已接到家中来信说药已寄至……"

有的战士托赵家人帮忙传递重要文件："军人证明书……回执要交到……给我邮来……"

还有战士的亲人结婚，战士想邮去贺礼，便麻烦高守贞："……给我捎去被面被里，请大娘费心给我做一做……"

甚至还有战士隐晦地求高大娘帮忙找对象："……我在安东有一个（件）好事情，错过拉（啦）……大娘就是我的母亲一样……我在安东（有）成家的可能呢……"

由于战时部队番号经常变更，许多老战友互相之间也联系不上，所以他们便以九江街73号为联络站互通消息。一旦他们的联系方式改变了，也会及时写信告诉赵家人。可以说，只要联系上了九江街73号，就能联系上那些还活着的老战友。渐渐地，"73号驿站"的名字便在志愿军战士们中间传开了。

★ 一个未偿的心愿

志愿军战士们邮回国内的物品中，有一口缴获自美军的子弹箱，是他们送给高守贞老大娘的纪念品，也是他们英勇杀敌的见证。这口箱子用很结实的木料制成，防水防潮。高大娘没有舍得用它盛装细软，而是把与战士们的往来书信和自己的家信一同放在了箱子里——在大娘的心里，这些战士和自己的亲人是一样的。

九江街73号民居，不仅是那场战争的见证者，还是拥军的楷模，其成员也积极报名加入了志愿军。赵玉斌的二姐赵云华原本在省中学读书，战争爆发后她主动报名参军，被送往当时的沈阳航空工业学校学习。在那里，她遇到了与她相守一生的人。赵玉斌的三哥赵玉升原本在鸭绿江造纸厂工作，一听说工厂组织人参军，都没来得及和家里商量，便主动报名参军。

战争结束后，从朝鲜回国的志愿军战士，也有不少住在了九江街73号。有的住在那里待命；有的要转业了，就在那里等待分配。志愿军战士常万胜立志读书，就留在九江街 73 号，每天去书店买书看书，坚持学习。他住了一个多月，后来终于考上了大学。

曾在九江街 73 号驿站住过的战士们，有的已长眠在异国的土地上，有的负伤被送往后方医院，还有的调转、转业了。直至 1957 年，高大娘一家送别了最后一名战士后，他们仍用书信的方式延续着交流。信中，对赵玉斌的称呼也由"赵玉斌小朋友""玉斌小弟弟"逐渐变成了"玉斌同志"。

20 世纪 60 年代，赵家与战士们的书信往来中断了。130 余封来信，被整整齐齐地收藏在高大娘的子弹箱里。直至高大娘八十大寿时，她的儿子为了一偿她的心愿，将这些信件整理印刷成册。

2015 年 7 月 26 日，赵家将象征着军民情谊的志愿军书函捐献给抗美援朝纪念馆。这些用热血与硝烟一笔一画书写的历史，保存的是对志愿军战士永远的怀念。

宽待战俘行仁义

—— 战俘安全通行证

Many POW's like to play chess.

Demand Peace　Stop The War

安全通行證

SAFE CONDUCT PASS

朝鮮人民軍司令部發
中國人民志願軍

Headquarters, Korean People's Army
Headquarters, Chinese People's Volunteers

抗美援朝纪念馆保存着许多"联合国军"战俘的物品,"战俘安全通行证"即是其中之一。抗美援朝战争是中国人民志愿军跨出国门进行的国际性战争,而战俘管理是志愿军在战场上遇到的新问题。战俘除南朝鲜军人外,还有美国、英国、土耳其等"联合国军"人员。对战俘问题的处理有《日内瓦公约》作为依据。另外,战后还要交换战俘。因此,中央军委和志愿军总部都极为重视战俘的管理问题。

★战俘营里的"王将军"

1951年4月24日,在朝鲜北部、鸭绿江南岸的碧潼,中国人民志愿军政治部俘虏管理处正式成立,俘管处主任为王央公。

1913年9月出生的王央公,毕业于罗马教廷在旧中国创办的北平辅仁大学。1937年9月奔赴延安,同年11月加入中国共产党。在革命部队里长期从事敌军工作。曾任东北军区政治部敌军工作部部长等职,有丰富的对敌工作经验。出任志愿军俘管处主任时,王央公38岁,年富力强,温文尔雅,沉着冷静。他谙熟英语,但平时并不用英语同俘虏谈话。上任后第一次在碧潼中学操场举行的被俘人员大会上,王央公直接用英语对俘虏发表讲话。

当天,在碧潼中学的操场上,上千名美、英等国的战俘,穿着暖和的蓝色棉衣裤席地而坐,期待着新上任的战俘营最高长官。初次见面,这位最高长官会说些什么?

"同学们!请原谅,我不明白到底是上帝还是魔鬼,促使你们这么多人来到这个穷乡僻壤……"王央公用流利的英语发表了他的开场白。

刹那间，操场战俘们都现出极为惊讶的表情。他们不仅对战俘营的最高领导不通过翻译、直接用英语发表讲话而感到意外和钦佩，而且对他那幽默的语言，特别是他对战俘称为"同学"的这个说法而感到新奇。

王央公接着说："请注意！我之所以称呼你们为'同学'，是因为这里不是监狱，不是集中营，不是流放地，这里是学校。在这所特别的'学校'里，让我们一起学习，共同来追求真理……"

王央公简明扼要地向战俘们讲解了志愿军宽待俘虏的政策。他说："我们不是复仇主义者。说志愿军'虐待俘虏'，那不是真话。中国人民志愿军对放下武器、停止抵抗的美、英等国军队的被俘官兵，不论职位高低，均实行人道主义的宽待政策，那就是：保障生命安全；保留个人财物；不侮辱人格、不虐待；有伤有病，及时给予治疗。因此，打消那些不必要的顾虑。我还要重复开头说过的那句话，'让我们在这所特殊的国际大学校里，一起学习，寻求真理！'"

会场上不断响起一阵又一阵的掌声，一直到散会，战俘们的情绪都很高昂。许多战俘称赞战俘营首长讲得好，口才和风度令人折服。从此，战俘们为了表达对这位战俘营领导人的尊重和敬佩之意，都称他为"战俘营的最高行政长官"，或称他为"王将军"。

★ 保证战俘生活水平

碧潼虽与辽宁宽甸隔江相望，但交通不便，运输阻隔，供应渠道尚未建立，补给运输车辆只能由安东沿鸭绿江南岸行驶。崇山峻岭，蜿蜒曲折。隆冬时节，气温达摄氏零下40多度，冰雪封冻，路面奇滑，运输补给极为困难。

碧潼原本居住着200多户人家。美国入侵朝鲜后，对城镇和乡村滥施轰炸，到处是一片瓦砾和废墟，像碧潼这样一个山村小岛也没能幸免。随着战事发展，从前线转运来的战俘，从战俘营筹备之初的40多人，激增至1000多人。一下子聚集这么多人，吃、住、穿都是大问题。志愿军后勤部门想方设法从我国东北运来建筑材料，在朝鲜人民军和当地政府的协助下，在废墟上盖起了一些简易房子，这才将战俘们安顿下来。吃的问题，更是困难不少。娇生惯养、吃惯牛奶面包的敌方俘虏，对高粱米、棒子面等粗粮无法下咽。俘管处采取种种措施，打通供应渠道，改善运输条件，使给养和供应物资源源不断地运往俘管处及各级俘管单位，设法让战俘们尽量吃上和自己习惯相符的食品。

饮食习惯也是个棘手的问题。战俘里有土耳其官兵，他们信奉伊斯兰教。一次，一名别国战俘搞恶作剧，将猪肉偷偷地放进土耳其战俘的饭锅里，被发现后，几十名怒气冲天的土耳其战俘将几名别国战俘团团围住，责令交出滋事者。一场暴力冲突一触即发。幸好俘管干部及时赶到、加以制止，王央公也亲自出面排解。此后，王央公采取措施：将美军战俘与土耳其战俘分开编队，由战俘自己成立伙食管理委员会，按照各自的宗教信仰办理膳食，将矛盾化解于无形。

在俘管处领导的部署下，在碧潼周边地区的 5 个俘管团及两个俘管大队，都以中队为伙食单位，由战俘自办食堂；战俘自己选举产生"伙食管理委员会"，自己从战俘中选出炊事员，自己管理伙食。战俘的伙食标准相当于我志愿军团职以上干部的中灶伙食标准。为了照顾不同种族战俘们的生活习惯，特地买来烤箱烤面包；对信奉伊斯兰教的土耳其战俘，还从国内运来了活牛羊。一年四季的衣服、被褥，以及日常生活用品，也都制定了标准，并及时供应。

★ 意外的圣诞节

对于"联合国军"战俘来说，圣诞节是一个重要的节日。1950 年末，为了给战俘们过一个圣诞节，俘管处做了许多准备工作：首先找一个礼堂，做好防空工作，布置会场，砍了一棵松树作为圣诞树，又在上面插上圣诞蜡烛，还安排了一名战俘扮演圣诞老人。

12 月 24 日晚，会场里灯火辉煌，由"圣诞老人"向战俘们分发香烟和糖果，会上有首长讲话，有文艺演出，也有战俘们自由发言。其中，一个 40 多岁的战俘"阿逊"深有感触地说："我是参加过第二次世界大战的老兵，当年也是这个时候，我被德国军队俘虏了。圣诞节那天，德国兵把我们关在集中营内不许我们做任何活动，而德国官兵却去营房过圣诞节了。中国人是没有过圣诞节习惯的，反而为了我们安排了这样盛大的圣诞晚会。同是战俘，同是圣诞节，而在不同的国度，却有着截然不同的待遇。在这里，我们要感谢中国人民志愿军为我们准备了这样一个难忘的圣诞节！"

会后，第九兵团俘管团翻译储家骏问阿逊："你在二战被俘后归国那么不易，怎么还在部队服役呢？"阿逊的回答出人意料："为了生活。"与志愿军"抗美援朝，保家卫国"的坚定信念相比，"为了生活"而参军打仗的理由显得那么不堪一击。

★ 战俘"奥运会"

1952年11月15日，朝鲜民主主义人民共和国碧潼郡被装点得如同过节一般，竖起了饰有标语的拱门，迎风招展的彩旗与山间的红叶交相辉映。大家聚集在街道上欢笑着，谈论着，翘首以盼。大幅的标语——"运动会是通向友谊之路"和"和平，是所有人的目标"异常醒目。排成方阵的运动员们手里举着鲜艳的旗帜，上面饰有和平鸽符号和序号，迈着有节奏的步伐，一个方阵一个方阵地进入运动场。这些运动员肤色各异，语言不同，但都精神抖擞，衣服上写着英文"CAMP"（营地）标志。

"优待战俘"是人民军队的一贯传统，志愿军当然也不例外。战俘营里成立了战俘的民主组织——俱乐部，设卫生、文娱、运动和伙食4个部门，分三级管理。俱乐部的全体委员都是由战俘们民主选举产生，自己管理自己。为了充分满足战俘们的各种兴趣与要求，俱乐部里建立了图书馆、阅览室、游艺室、棋牌室、工艺作坊、交响乐队、写作园地和体育运动场地。

1952年9月，战俘营俱乐部向志愿军俘管处领导提议在全战俘营举办一次规模较大的运动会。俘管处领导研究很快同意了俱乐部的这项提议，并立即成立了以俘管干部为主，对体育赛事有经验的战俘参加的"碧潼战俘营运动会筹务委员会",下设秘书、竞赛、裁判和后勤 4 个小组。经过一个多月的周密筹备,运动会按计划如期隆重举行。

1952 年 11 月 15 日至 11 月 26 日,志愿军俘管处从全部 6 个战俘营的 13107 名战俘中,选拔出 500 名（1254 人次）优秀选手,举办了一次史无前例、极其特殊、别开生面的"碧潼战俘营奥林匹克运动会"。参赛运动员的国籍众多,分别属于美、英、法、加、哥、澳、菲、土、荷、比、希和南朝鲜等国家和地区。

运动会的形式完全是仿照国际奥林匹克运动大会模式来组织的。随着大会主席俘管处主任王央公、主席团成员和各位嘉宾先后登上了主席台,主持人宣布战俘营"奥运会"开幕。运动员们进场接受检阅之后,面对主席台,排列在运动场中心。随着乐曲回荡在山谷之中,美国战俘一等兵小威利斯·斯通手持火把跑入了人们的视野。乐队奏起了欢快的《友谊进行曲》,斯通迈着轻快的步伐绕场一周。当他经过主席台时,号角奏起《保卫世界和平》。火把被呈递给王央公。他点燃了主席台上的火炬,运动场上冉冉升起了奥林匹克旗帜。王央公致词:"为了体育的发展,为了有一个幸福和安全的环境,和平是必需的和最基本的,未来终将属于和平。"之后,运动员举行了"奥运会"宣誓仪式,随后乐队再次奏响《友谊进行曲》,运动员们列队出场,战俘营"奥运会"正式开始了。

运动会的项目广泛,光球类项目就有足球、篮球、排球、棒球、美式橄榄球……再加上"运动大户"田径、体操、技巧、拳击、摔跤等项目,足足有几十项。

从主持大会、组织竞赛、运动裁判到大会新闻采编、摄影及其他各项服务工作,整个运动会自始至终,志愿军一律放手由战俘们具体操办。运动会期间,伙食水平远远高于平时,一日三餐精心制作,每日一次会餐。战俘狄格罗这样记录道:"我们吃的有油炸鸡、鱼、卷心菜、色拉、火腿、肉包、馒头、水果等,还有白酒和啤酒。"

战俘营"奥运会"的成功举办让来自各国的战俘感慨万千,甚至改变了一些人的人生轨迹。

1952年8月,英国国家妇女大会主席、世界和平运动理事会理事莫尼卡·弗尔顿夫人专访志愿军战俘营时,感慨地说:"我在这里看到的一切,使我感动、佩服。不可思议,真是奇迹!"

志愿军的宽待俘虏政策,打破了"联合国军"对志愿军的污蔑和欺骗宣传,使美、英等国人民和军队相当普遍地了解了志愿军不但是正义之师,也是仁义之师,扩大了中国在国际上的影响,更有力支持了军事上的胜利。

何惜热血卫国家

—— 吴国璋的账单、干部履历表等

这是一张染血的账单，是中国人民志愿军三十九军副军长吴国璋烈士的遗物。上面记录着吴国璋烈士从志愿军后勤部门所借钱款的开支情况：看望老首长、修理收音机、警卫员和司机有病住院补助，等等，一笔笔账目被清晰记录。如今，这份血染的账单连同吴国璋烈士的干部履历表、部队发给其家属的烈士通知书一同保存在抗美援朝纪念馆中，穿过历史的尘埃，诉说着吴国璋烈士热血卫国的故事。

★ 坚定勇敢的"红小鬼"

吴国璋出生在安徽省金寨县，1930年参加中国工农红军，1932年加入中国共产主义青年团，1934年转入中国共产党。1929年5月6日，河南商城起义爆发，成立了中国工农红军十一军三十二师。河南商城县紧挨着吴国璋的老家安徽金寨。1930年11月，吴国璋所在的乡苏维埃又要扩大红军规模，年仅11岁的吴国璋找到乡苏维埃主席，要求参加红军。苏维埃主席认真打量了吴国璋，见小家伙虽然年纪小，却非常机灵，便同意了他的要求，于是吴国璋就成了红军的一名"红小鬼"，从此开始了他21年的戎马生涯。

1933年初，商城县委奉命组建了商城二路游击师，吴国璋成为一名勤务兵。吴国璋工作认真，还热爱学习，没事时，他就同警卫战士一起，请有文化的同志当老师，学习认字写字。有的同志开玩笑逗吴国璋："你年纪这么小，要是打仗时碰到一个大个子敌人同你摔跤咋办？还是回到地方游击队里去吧，或者干脆回家长两年，等长大了再来当红军！"吴国璋坚定地说："我的父亲被敌人打死了，母亲和弟弟妹妹也不知道逃荒到啥地方，我哪有家？部队就是我的家，首长和同志们就是我的亲人！我要革命到底，为穷苦人报仇！"

1934年秋，二路游击师奉命编入红二十五军七十五师，并准备向川陕边界转移。按照部队的想法，这次转移任务艰巨，因此伤员、儿童、妇女同志都要留下来。那时，吴国璋的脚受了伤，属于应留下人员，可是他找到指导员，说啥也要跟部队一块儿走。指导员笑着看着他，说："我们一块儿走可以，只是你的脚咋样？受不了咋办？"吴国璋把胸膛一挺，斩钉截铁地回答："不怕！为了穷苦人翻身，再苦我也能坚持！"

1934年11月16日，红二十五军2980多名指战员高举"中国工农红军北上抗日第二先遣队"的旗帜，由罗山县何家冲出发，向西挺进，踏上了漫漫征途。红二十五军过铁路后，于11月26日在河南省方城县的独树镇与敌人展开了一场恶战。这天恰遇寒流，气温骤降，雨雪交加的恶劣气候给红军行军作战带来很大困难。这时，吴国璋的脚冻疮复发，裂开了许多口子，血流不止，疼痛难忍，但他以极大的毅力坚持着。在激烈的白刃战中，吴国璋也勇敢无畏，奋勇杀敌。战友们评价他："这个小吴国璋，打仗比大人还要强！"

革命队伍这个大熔炉，不仅锻炼了吴国璋对敌斗争的勇敢与顽强，同时也让他在文化学习方面取得很大进步。在鄂豫陕革命根据地，吴国璋一直没放松文化学习，他认为没文化的战士很难成为一个全面发展的好战士。全面抗战爆发后，吴国璋所在的部队奉命开到冀鲁豫边区一带。遵照毛泽东发出的"整个华北工作应以游击战争为唯一的方向"的指示，在党的领导下，冀鲁豫边区各地组织了大批抗日游击队，1938年初，为了协助游击队开展工作，吴国璋被组织派到地方担任一个游击支队的领导人，率领游击支队活动于山西新城一带。在地方斗争中，他的领导艺术和军事指挥才能得到进一步锻炼、提高。吴国璋先后担任冀鲁豫军区第一分区一团副团长、第十分区十八团团长等职，经历大小百余次战斗，而且屡战屡胜，功勋卓著。在艰苦的作战中，他也逐步成长为一名优秀的军事指挥员，在冀鲁豫抗日根据地的巩固发展中发挥了重要作用。

★ 解放战争逞英豪

1945年9月中旬，吴国璋奉命率领100余名干部从山东菏泽出发，于10月中旬步行到达东北局所在地沈阳。在近一个月的强行军中，部队每天要走100多里路，吴国璋总是无微不至地关心着指战员们。部队行军时，按规定，几位团级干部可以骑马，但吴国璋从山东到东北，一直和战士们步行，把马让给伤病员。

解放战争开始后，吴国璋从十旅三〇团团长调任二十九团团长，后被任命为二纵五师参谋长，接连取得长春城阻击战、大洼反击战、三打靠山屯、大黑林子追歼战等战斗的胜利。随后，部队利用战争间隙休整了三个月。其间，吴国璋领导所属部队一边抓紧军事训练，一边认真总结和学习经验，加强班排连的攻防演练。他对训练要求很严格，经常亲自参加训练，发现有的战士在训练中动作不规范，便去手把手地纠正。同时他还结合当时东北的土改运动，对部队进行阶级教育，从而激发了战士们的战斗信心，提高了阶级觉悟，加强了部队的战斗力。

在艰苦的战争年代，无论职务如何变化，吴国璋始终保持着艰苦朴素的优良作风。在任二十九团团长时，军区供给处处长见他没有钢笔，就花了5万元东北币买了一支钢笔给他。他了解到这支钢笔的价格后，坚决不要，马上让一位同志去把钢笔退掉，把钱还给了供给处。吴国璋结婚后，因为生病，军区补助了他100元钱，让他改善一下生活，但他坚决地说道："我即使有病，也不能搞特殊。"很快让警卫员退回了补助的钱款。

1948年9月，中央军委下达了关于辽沈战役的作战命令。已担任二纵五师师长的吴国璋，奉命率部到四平一带休整。吴国璋亲自组织部队练兵，有计划地进行城市空间战术训练，提高部队的突破与巷战能力。为攻克锦州，除五师外，军部还配属炮兵4个团、5个营和一部分坦克连队，由他统一指挥。战斗中，吴国璋亲率营级以上干部，跟随肃清外围的友邻部队，深入敌军阵地，冒着密集的炮火查看地形和敌情。有时炮弹就在离他不远处爆炸，他仍然冷静地观察着、思考着，选择主攻突破口和部队运动路线，最终胜利攻克了锦州，全歼守敌。

锦州战役后，吴国璋又率部参加了解放沈阳、解放天津的战斗，以及湘西战役。

作为解放军高级将领，吴国璋任何时候都坚决听党指挥，从不计较个人得失。新中国成立之初，许多人有了安稳的家，工作生活都安定了下来，但吴国璋所在部队屡屡被调动，刚刚完成在河南长葛县协助地方政府疏通颍河工程的任务，又奉命去云桂边境执行剿匪任务。为此，部队中偶尔有干部发牢骚。每当这时，吴国璋就严肃地说道："党需要我们干什么，我们就应该立即去干，不能含糊。应坚决服从党的决定！"

★ 热血卫国终不悔

朝鲜战争爆发后，为增强东北边防力量，1950年7月4日，三十九军奉命开赴东北。7月25日，三十九军到达辽阳、海城地区集结，编入志愿军十三兵团序列。10月19日，三十九军作为首批参加抗美援朝的部队，跨过鸭绿江，入朝参战。而原任三十九军一一六师师长的吴国璋，此时却作为军事顾问，远在越南参加援越抗法战争，未能与三十九军大部队一同入朝。11月，吴国璋因身体原因及朝鲜战场的需要，离开越南返回国内。回到国内后，组织上批准吴国璋有三个月的休整时间。就在这时，他几十年音信全无的母亲有了下落。得知这一消息后，吴国璋又惊又喜，非常想即刻动身去看望母亲。但是此时，朝鲜局势一天比一天紧张，三十九军的战士们正在朝鲜战场浴血奋战，吴国璋不顾没有康复的身体，放弃了与母亲相见的机会，响应党和人民的号召，奔赴朝鲜，参加了抗美援朝战争。临行前，他给多年未见的母亲写了一封信，信中说："儿今年不能请假回乡探望母亲大人了，因为抗美援朝重要。望母亲保重身体。"

1951年1月，在朝鲜战场屡立战功的吴国璋升任三十九军参谋长；6月，又升任三十九军第一副军长。三十九军在成川地区休整期间，敌被迫转入战略防御，并于 1951 年 7 月接受了停战谈判，但其毫无诚意，企图通过谈判来拖延、打乱中朝的部署。1951 年 8 月，敌人发动了"夏季攻势"，9 月又发动了"秋季攻势"，妄图以军事压力逼迫中朝军队就范，但均告失败。在此期间，三十九军奉命归入十九兵团，担任临津江两岸的防御任务。作为三十九军第一副军长的吴国璋为三十九军顺利完成防御任务做着积极的部署和准备。

然而，不幸的事情发生了。10 月 6 日，吴国璋在去平壤志愿军总部开会乘吉普车返回军部途中，车至平壤东北的成川郡附近时，突然遭到美军飞机的空袭，吴国璋肋处中弹，不幸牺牲，年仅 32 岁。

吴国璋牺牲时，警卫人员在他的衣袋里发现了一份被鲜血染红的账单，上面清楚地记录着他从志愿军后勤部门借的钱款的开支情况。在红框竖格的便笺上，吴国璋用钢笔工整写明："我回国休息时，由留守处借了一百万元人民币（旧币，以万元为单位，本文下同）用。这一百万元开销如下：购买皮包一个用洋 25 万元，看徐海东买点礼物用洋 30 万元，修理收音机用洋八万元，警卫员及司机有病住院各给五万元，在大连请我军休息干部看戏看电影用洋大约十余万元……"逐笔支出，一清二楚。这张血染的账单，彰显着一位解放军指战员的清廉与忠诚。

吴国璋牺牲当夜，三十九军举行了吴国璋同志追悼大会。而后，军长吴信泉亲自将这位自红军时期就共同战斗的亲密战友送回国内，安葬在沈阳抗美援朝烈士陵园。

记录历史的珍贵瞬间

——朝鲜停战当日《志愿军》报

抗美援朝纪念馆战争厅关于"伟大胜利 载誉凯旋"主题展，展出了一张颜色泛黄且边角缺失的报纸，历经70余年的岁月风霜，字迹依然清晰。那是一张记录朝鲜战争停战这一历史时刻的第194期《志愿军》报。

这张报纸发行于1953年7月27日（星期一）。在报耳位置，用红色黑体字显著地刊登了胜利的口号："庆祝朝鲜停战的光荣胜利！坚决执行金日成元帅、彭德怀将军的停战命令！"头版头条刊发了《朝鲜人民军最高司令官金日成元帅 中国人民志愿军司令员彭德怀将军发布停战命令》，并配发《停战协定完全达成协议》《停战协定正式签字》《朝鲜停战协定内容的简要介绍》三则信息。这张刊载了胜利消息的报纸像插上了翅膀，迅速传遍了志愿军前线阵地的每一个角落。虽然它只是一张内部发行的报纸，但却和世界各大媒体共同见证了朝鲜战争停战的历史时刻。

★ 从硝烟中走来

1951年1月15日，《志愿军》报在朝鲜战地创刊，主办单位为中国人民志愿军司令部、政治部，由志愿军政治部宣传部发行股负责发行，发行量达3万份。这是一张铅印8开报纸，每期8页，一度出过4开版，创刊号为4开8版形式。

《志愿军》报主题鲜明，内容丰富，版面活跃。除了社论、专论、国内外消息外，还经常刊登大量"短、平、快"的战场新闻、人物通讯、经验交流、参考资料以及生活中的小常识。1952年起，报头一角增设了官兵喜闻乐见的"光荣的志愿军"新闻照片专栏，使版面更为美观。为了适应战时需要，该报还设计出新颖独特的每期页码连续计数，既可单期阅读，又能装订成合订本，便于保管收存。

由于是首次发行关涉志愿军部队的权威性报纸，加之第三次战役结束后政治工作面临的形势十分严峻，志愿军党委首长对于《志愿军》报的出版发行给予了高度重视，召开专题党委会对报纸的报名、任务、方针、人员、发行、出版等问题进行讨论审议，并于1951年1月14日正式做出《关于出版〈志愿军〉报刊的决定》（以下简称《决定》）。彭德怀司令员"高兴地题写了报头"。《决定》明确规定了《志愿军》报的任务和7条办报方针。任务是："贯彻志愿军党委及志愿军司令部、政治部的领导意图，交流与总结各部队的战斗经验和工作经验，表扬英雄模范，鼓舞战斗热情，揭发缺点改进工作，并反映广大战士的意见和要求。"方针是："宣传战争性质，加强爱国主义和国际主义教育，以提高觉悟巩固战斗决心；宣传仇视、鄙视、蔑视美国侵略者的思想，以提高必胜的信念；宣传战争规律性，宣传制胜的战略战术思想，以鼓舞部队争取战争的胜利；发扬革命的英雄主义，以鼓舞士气；介绍军、政、后勤及各兵种战斗、技术和工作经验，以改进工作；加强政策纪律教育，以提高部队遵纪守法的观念；供给战地文娱材料，以活跃部队情绪。"按照上述要求，《志愿军》报在办报过程中始终坚持直接为战争服务、为志愿军官兵服务的宗旨，在战争中学习战争，在战争中指导战争，成为抗美援朝战争时期政治工作的一把利剑。

志愿军入朝作战初期，各项准备工作千头万绪，战场空间转换异常频繁，加之物资、技术上的许多问题得不到保障，《志愿军》报在创刊时并没有专门的编辑部，只设1位正式编辑和12位见习编辑。由于没有正规的编辑部，得不到部队官兵来稿，报纸一度不能定期出版，一周两期的计划也不易实现。为此，志愿军党委领导做出指示，要求政治部的同志克服一切困难，保证报纸正常发行，并把所有编辑人员分别安排到首批入朝部队中一同开赴前线，在战场上边战斗边搜集整理素材，边组织建立通信网。每期报纸编排好以后，派专人乘汽车送到安东印刷，然后带回宣传部分发，再由全军的军邮收发室和军交人员送到连队，确保报纸能够按时发行，深入一线。第五次战役结束后，随着朝鲜战场局势的相对稳定，《志愿军》报的编辑出版工作也开始走向正轨，并日臻成熟完善，先后成立了专门的编辑部和印刷厂，军邮收发报纸工作也得到不断改进，读编往来更为紧密，每月来稿来信高达千件。到1953年夏季反击战役前后，每月来稿来信高达5000件。

1952年8月20日，《志愿军》报出版满百期时，由4开8版改为4开4版，无论在思想性、战斗性、时效性还是群众性和趣味性等各方面，办报质量都有了很大提高，深受广大志愿军官兵一致好评，被志愿军亲切地誉为"我们的好战友，不可缺少的'精神粮食'"。

★ 不朽的历史贡献

《志愿军》报创刊后，对志愿军战时政治工作做出了重要贡献。在办报中，《志愿军》报坚决贯彻党对军队绝对领导的根本原则，坚持正确的政治言论导向，使党的号召深入人心。开辟了"连队讲话材料"专栏、"一周时事"专栏，还加大了时政新闻报道与评论，使战时政治工作更具有时效性、战斗性和鼓舞性。《志愿军》报还擅长总结战争规律，推广战斗经验，提高战士们的军事技能，鼓舞部队夺取战争的胜利。如在朝鲜战争转入防御阶段后，《志愿军》报接连几期刊载《"空心爆破法"的实施步骤》，解决了部队在坑道作业中遇到的具体问题；还刊登了《部队撤出战斗应注意的问题》《掌握小部队袭击战的特点才能发挥我炮火的威力》等大量指导性文章，宣传介绍防御作战中小分队出击的辉煌战果及经验。第五次战役结束后，二十军五十八师一七四团政委林默之在《志愿军》报上发表的《有阵地的弹性防御》一文，概括总结了该师在粉碎敌人闪击战中的成功经验。在粉碎以美军为首的"联合国军"1951年秋季攻势到上甘岭战役期间，报纸还先后刊发了《想办法、找窍门坑道作业中创造了许多新经验》《如何推广坑道作业的先进经验》《冷枪冷炮杀敌运动中的典型经验》等经验交流文章，鼓励和教育部队采取各种积极手段，用巧妙化来战胜敌人的机械化，积小胜为大胜。志愿军战士普遍反映这些办法非常及时、实用，而且重要。

抗美援朝战争期间，志愿军开展了波澜壮阔的杀敌立功运动，大大激发了广大指战员的革命毅力和创造精神。为了在部队中浓厚学英雄、当英雄的氛围，持久开展"学英雄的思想、走英雄的道路、创英雄的业绩"活动，《志愿军》报既注意宣传英模人物的事迹，又宣传他们宝贵的思想品质和坚强的战斗意志；既宣传英模人物勇敢战斗、不怕牺牲的精神，又宣传他们机警灵活、智勇双全的作战技术；既说明英模人物的个人努力，又指出党的培养、人民支援和友邻同志的作用，引导战士们正确树立革命英雄主义价值观。比如在上甘岭战役中，志愿军部队集中涌现黄继光等一大批战斗英雄和战场上团结互助的动人事迹，该报很快组织了这方面的稿件，刊登了《坚守坑道十昼夜的钢铁战士》《伟大的战士邱少云》《祖国的好儿子黄继光》《特等功臣、青年团员张像山和他的二级英雄班》《一面光辉的战斗旗帜——记一级战斗英雄胡修道》等数十篇通讯报道，在全军树立了学习的榜样，高度弘扬了革命英雄主义精神，对于战争的胜利起了巨大的推动作用。

★ 珍贵的历史见证者

时任志愿军前方运输司令部情报室情报组组长的孟庆华，1951年1月入朝后，经历了无数的硝烟战火。回想许多牺牲的战友，终于盼来了和平，他悲喜交加，小心翼翼地将这份刊载了胜利消息的报纸珍藏起来。孟庆华的妻子李玉兰也是一名志愿军战士，于1950年11月入朝，1954年与丈夫一同回国。回国后，孟庆华夫妇相继转业到哈尔滨工作。在多年工作与生活中，许多东西因住址变更、工作变动遗失、流散，唯有这份《志愿军》报始终被他们带在身边。他们只要一有空儿就拿出这份报纸从头看到尾，读着读着，仿佛又回到朝鲜战场，看到那些牺牲的战友……

1993年7月，孟庆华夫妇得知丹东抗美援朝纪念馆新馆建成后激动万分。

但由于种种原因，向抗美援朝纪念馆捐献这份报纸的愿望直到1996年才实现。1996年9月12日，他们不顾年事已高、身体不适，专程前往丹东抗美援朝纪念馆。当工作人员告诉他们这份报纸非常珍贵，纪念馆将永久收藏时，孟庆华夫妇泪流满面。

1998年7月17日，辽宁省文物鉴定委员会将这份朝鲜停战当日发行、由两位志愿军老战士珍藏并捐献的《志愿军》报定为国家二级文物。

战火中的旗帜
——《辽东大众》报

在抗美援朝战争期间，有一份报纸，准确又迅速地将战局告知民众，生动而又真实地记录前方战士的伟大功勋。它像战火中的一面旗帜，鼓舞着中国人民行动起来，与帝国主义决战到底！这份报纸，就是当时的中共辽东省委机关报——《辽东大众》。

★ "背包记者"们的坚守

抗美援朝战争爆发后，安东市内的一些重要工厂企业撤离市区，进行了转移。但为了落实上级党委"在任何情况下都要坚持出报"的指示，辽东大众报社的采编印发等各个部门的同志都坚守在自己的工作岗位，以实际行动有力支援抗美援朝战争。

美机不断轰炸，使报社的正常工作受到了严重的干扰。为了保证《辽东大众》不致因为敌机轰炸而中断出报，遵照省委指示，报社领导决定，报社印刷厂从市中心迁往近郊东坎子珍珠山，社长刘敬之带领报社人员在原地办公，将编辑、印刷分散开来，坚持每天出版报纸。为了保证采访和编辑的工作正常进行，编辑部的人员也分成了三部分：一是把老弱病残者转移到宽甸；二是抽出年轻力壮的编辑记者分赴辽阳、庄河、临江等地，坚持正常的采访和群众工作；三是留下一部分在市内采访和编发稿件。印刷厂也分成三部分转移，分别在九连城、凤城东汤、草河口的祁家堡子。这样，即使一个印刷点被敌机轰炸或被破坏，也有其他点可以继续出报。

为了做好宣传报道工作，报社的记者战胜了难以想象的困难，以新闻工作者特有的责任感和使命感，投入了这场特殊的战斗之中。由于敌机经常轰炸，这些拿惯了笔杆子的记者挥动铁锹,在临时编辑部外面挖了一些掩体和防空洞,一遇紧急情况,就把稿件装进背包,到防空洞中隐蔽。当时,他们被称为"背包记者"。就是这些"背包记者",以他们手中的笔为武器,及时揭露了敌人的罪恶,歌颂人民的战斗精神。

★ 让轮转机转起来!

1950年11月8日上午,美军飞机对鸭绿江大桥狂轰滥炸。那天,只见天空黑压压的一片,飞机一排一排地轮番向下俯冲,扔炸弹、燃烧弹,足足持续了一个上午。电源被炸断了,市内和沿江一带都停电了。

帝国主义的暴行,激起了中朝两国人民的无比愤怒。就在这时,新华社从朝鲜前线发来胜利消息:中国人民志愿军和朝鲜人民军并肩战斗,一举歼灭侵略军六千多人。这是中国人民志愿军赴朝参战扭转战局的一个重大胜利。为了把这个重要消息及时告诉后方人民,报社领导决定,报纸照常出版!然而在全市停电的情况下,要想出版报纸,困难可想而知。但是《辽东大众》的印刷工人没有被困难吓倒。他们提出:只要人在机器在,报纸就要按时出版。稿子发下来了,拣字、排版的同志拨亮了汽灯;校对同志点起了蜡烛;铸字的同志用手摇轮子、用煤油炉子代替电炉子化铅铸字;制版的同志更会想办法,他们利用白天的自然光线,早早地把版制好。接下来整个出版工序就到印报这一关了。

印报的这台轮转机,是"九三"光复以后,我们党从敌伪手中接收的,曾印过《安东日报》《辽东日报》。在国民党大举进犯辽东时,这台机器和配件随同我军转战南北,最后到达长白、临江和通化,为党报出版做出了重要贡献。然而,这台机器是个庞然大物,机体重十几吨,需要22千瓦电机带动。可是没有电,机器怎么运转?印刷工人试着用手摇机器大轮子,可是轮子纹丝不动。印刷环节面临着考验。

关键时刻,共产党员、老师傅孙华芹对大家说:"在四保临江时,我军同国民党军打得很激烈,没有电,我们就在机器的大轮子上安了一个大摇把子,

10个人一组轮着摇,终于把报纸印出来了。"大家认为这是一个好办法,就按照孙师傅说的干起来。人不够用,报社领导从报社下属的造纸厂调来30个棒小伙子,一共40人,分成4个组,5分钟轮换一次。有的工人手上磨出了血疱,领导劝他们下去休息,他们说:"这怕什么,同帝国主义斗争,我们什么也不怕!一定要让市民们第一时间知道胜利的消息!"同志们忍痛继续摇下去,轮子越转越快,报纸就像流水一般,不断地从机器中落下。同志们手上的血疱破了,流出血水来,他们就用手帕把磨破的地方简单包扎,继续干下去。就这样,6万多份《辽东大众》硬是一份不少地印了出来!

轮转印报机是一种当时先进的快速印报机,总不能单靠人力用手摇。报社领导和印刷工人聚在一起,集思广益,最后决定,用汽车发动机带动轮转机印报。当时辽东大众报社只有一台美式吉普车,领导决定把它交给印刷厂使用,一切给印报让路。印刷工人们将汽车的橡胶轮胎卸下,用皮带把汽车轮子和轮转印报机连接起来,汽车一发动,轮转机就动了。试验成功了!

印刷工人们欢呼雀跃,祝贺这又一次胜利。在半个月的停电时间里,印刷工人们就是用这种办法,保证了报纸按时出版,一期也未停过。

★ 一份"号外"的出炉

1950年12月6日,《辽东大众》报登载了一条重要消息,标题是"朝鲜人民军与我国志愿军大举反攻,全线追击,矛头指向平壤"。工人们一边印报,一边谈论这些重要消息,预感到朝鲜前线将会有更大的胜利消息传来。

当天晚上,同志们将第二天将见报的《辽东大众》报版"付印"后,就意味着结束了工作。按规定,拣字、排版、校对的同志可以下班休息了。可是,同志们都预感到,胜利的消息会不断从前线传来,要时刻做好准备,等待印刷重要新闻和重要文件,谁也不肯离开。

12月7日凌晨,通信员果然送来了重要新闻。通信员石守礼一推门,就举着稿子,高声说道:"有重要消息,刘社长指示今天必须见报!"

孙景堂接过稿子打开一看,好啊!鲜红的毛笔字,标出了肩题、主题、副题三行标题:"朝鲜人民军与我志愿军6日解放平壤城 美国侵略军与李匪军残部向平壤以南溃退"。

"平壤解放了!平壤解放了!"拿到稿子的瞬间,欢呼声在排字房、校对室、印刷车间此起彼伏。

但是,当大家心情平静下来时,却想到一个问题:12月7日的报纸,当晚已经开印,如果再登这条消息,重新拣字、排版、校对、制版,再印出来发往省内各县,当天早车根本赶不上,那样报纸就得压一天,胜利的消息也要晚传达一天,这怎么行呢!

同志们说,今天不登这个消息是个大损失,得想办法让人民群众早知道这个胜利的消息。正在大家议论纷纷的时候,电话铃响了,刘敬之社长打来电话说,这个胜利的消息除正常发稿刊用外,要特出一期"号外"。大家高兴极了,报社的领导和工人想到一起去了。

一场抢时间的紧张战斗开始了。排字组孙景堂同志迅速地查准标题字数,35个字,消息正文是98个字;标题用特号、一号字,正文用二号、四号字。拣字的同志,一个人拿着蜡烛照亮,另一个人在字盘上认真地拣选。排好版后,校对同志又认真地校了3遍,认为没有一点差错以后,组长曲真同志签字:"付印!"

但是,又一个困难摆在面前。由于电源又一次被敌机炸坏,没有电源,印刷厂用报社仅有的一台小汽车带动轮机正在印第二天的报纸,不能印"号外"了。这时,工厂指导员英庆隆同志提建议说,可以试试用人力拉平版印刷机的办法印报。英庆隆找来绳子,拴在机器底座两端,他带头先拉第一班,左面三个人,右面三个人,坐在地上,一拉一送,开始喊着:"一、二",左面喊"一",右面喊"二"。后来,同志们又根据报社和印刷厂制定的工作口号,归纳出八个字:"坚持出版,打败侵略"。就这样,一张张油墨飘香、红字闪光的16开纸的"号外"疾速地从机器上跳出来。2万多张"号外"在天刚亮时就印完了。

没等领导动员,同志们就呼喊着发"号外"去了,拣字、排版、校对、制版、印刷等各道工序的人都动员起来了，甚至连装订的同志也争着要去。大家顾不得吃早饭了，手脚麻利的小伙子，早就跳上大卡车或小汽车，敲锣打鼓到市里散发"号外"。其余二三十人，每人手里提着一摞，有的还手提糨糊桶和大扫帚跑出工厂张贴胜利的消息。他们口中不断地喊："号外！号外！《辽东大众》号外，平壤解放了！平壤解放了！"当走到九连城商店门前时，他们被喜出望外的人群紧紧围住，人们蜂拥着伸出手来，都要先睹为快。不知从哪里过来一队民工，也争先恐后地抢起"号外"来。由于手中的"号外"不多了，不可能人手一份，印刷厂同志找了一个高台阶，站在上面对大家说："我给读一读，大家一起来听吧。"于是，他就激动地大声念了起来……

  空袭下的采访、编辑、印刷工作是异常艰苦的。但就在这种艰苦条件下，辽东大众报社这支特别能战斗的队伍，以顽强的战斗精神，克服了一个又一个困难。编辑、记者与后方的印刷工人紧密配合，编辑部无论何时送来稿件，要求以什么形式出版，印刷工人们都会毫无怨言地投入拣字、排版的紧张工作之中。而在整个抗美援朝期间，无论美机、敌特如何破坏，《辽东大众》从未因此而间断过一期报纸。在敌机频繁的空袭和紧张的工作中，报社的编辑、记者和出版印刷工人们度过了无数个不眠之夜，续写了辽东新闻史上光辉的一页，《辽东大众》报更成为珍贵的抗美援朝历史文物。

藏在历史中的珍贵细节

——中国人民志愿军五十军《委任令》

中国人民志愿军第五十军委任令

政令字第三九二号

任命吕志禾为军教导大队政训公室政治助理员，

任命王有廪为军教导大队部政治指导员，

任命张才贵为军教导大队一中队政治教导员，

任命方富宜为军教导大队二中队政治教导员，

任命育荣方富宜为军教导大队三中队副政治教导员，

以上均按原级就职

此令

一九五三年一月二十七日 于朝鲜光德里

军　长　曾泽生
政治委员　徐文烈
副军长　蔡正国
副政治委员　何运洪
政治部主任　储中行

2015年1月5日,家住江苏盐城的张才贵老人得悉抗美援朝纪念馆征集文物的消息后,立即让儿子张卫东与征集组联系,于2015年1月15日,将5件文物寄赠给抗美援朝纪念馆。在这5件文物中,中国人民志愿军第五十军颁发的《委任令》尤为珍贵。

该《委任令》为纸质,长29.5厘米,宽21厘米;仿宋体铅字印刷,由右至左,依次为"中国人民志愿军第五十军委任令 一九五三年二月二十七日于朝鲜光德里 政令字第三九二号 任命吕志杰为军教导大队军政治办公室政治助理员,任命王有福为军教导大队部政治指导员,任命张才贵为军教导大队一中队政治教导员,任命曹秀芳为军教导大队二中队政治教导员,任命孙刚为军教导大队三中队副政治教导员,以上均按原级就职 此令 军长曾泽生 政治委员徐文烈 副军长蔡正国 副政治委员何运洪 政治部主任杨中行"。右边钤印:"中国人民志愿军第五十军关防";左下方五位将领钤有个人私印,从右至左依次为曾泽生、徐文烈、蔡正国、何运洪、杨中行。

张才贵,1925年10月生,江苏大丰人,中国人民解放军政治学院(1985年与军事学院、后勤学院合并,组建中国人民解放军国防大学)大专毕业,1946年1月入党并参加革命。1951年3月入朝,任五十军教导大队四中队政治指导员、军事一中队副政治教导员。1953年11月,任一四九师四七七团一营副政治指导员、政治教导员。1954年12月奉命回国。在朝期间,由于战斗勇敢、工作顽强、学习努力、成绩突出,荣立三等功一次,四等功两次。1950年8月,被评为全军"模范政治工作者",并列席同年召开的"华东军区战斗英雄模范工作者代表大会"。1951年调入五十军后,在政治指导员的岗位上,由于工作突出,受到表彰。

从《委任令》颁发的时间来看，1953年2月，志愿军五十军正奉命驻守朝鲜西海岸。五十军自1950年10月25日入朝，历经一、二、三、四次战役及攻岛作战，战功显赫。在第三次战役中，重创英军二十九旅，全歼皇家重型坦克营；在第四次战役中，五十军在汉江南北两岸，进行了50个昼夜艰苦卓绝的防御作战，毙伤俘敌11000余名，缴获各种枪支1800支（挺），击落敌机15架，击毁击伤坦克37辆，装甲车3辆，有力地打击和消耗了敌人的有生力量，为主力兵团实施战略反击做出了巨大贡献，涌现出了"白云山团"（四四七团）等多个英雄集体和大批功臣。在攻岛作战中，五十军在空军的配合下，连续4次渡海作战，攻占了14个岛屿，共歼灭武装匪特570余人。志愿军攻岛是我军首次陆、海、空联合作战，展现出抗美援朝中多兵种协调作战的能力，为我军现代化合成军兵种配合作战积累了经验。

从《委任令》的落款来看，5位领导均为军中耆宿、沙场骁将。

军长曾泽生，1902年10月生于云南省永善县大兴镇，曾入云南讲武堂学习。1925年，入黄埔军校任第三期区队长。1927年1月入黄埔军校高级班学习。1929年1月，应国民党云南省主席龙云之邀回滇，在昆明开办军官候补生队，任副队长。后任滇军九十八师军士队队长、三旅六团营长、五团副团长。抗日战争爆发后，任国民革命军六十军一八四师一〇八五团团长，随军开赴抗日前线。1938年，率部参加了台儿庄会战。1939年起，任一八四师副师长、师长，六十军军长。1945年日本投降后，曾率部到越南受降。1946年，率六十军赴东北，先后任国民党东北第四绥靖区副司令、吉林守备司令、第一兵团副司令，并兼六十军军长。1948年10月，率六十军于长春起义，所部被改编为中国人民解放军第五十军，任军长。后率部参加解放鄂西、进军西南作战。1949年，参加了全国政协第一次会议。1950年3月，任中南军政委员会委员。同年10月，参加抗美援朝，任志愿军五十军军长。1954年回国后，继任五十军军长。是第一届至第三届国防委员会委员，第三届、第四届全国政协常务委员。电影《兵临城下》中"一一九师师长赵崇武将军"的原型就是曾泽生。

政治委员徐文烈，1909年生，云南省宣威县人。1935年，参加红军。在土地革命战争时期，任红二方面军政治部宣传科科长，参加了长征。抗日战争时期，任一二〇师政治部宣传部长。解放战争时期，任第四野战军五十军政委。抗美援朝时期，任志愿军五十军政委。1955年，被授予少将军衔。

副军长蔡正国，1909年出生于江西永新。1932年4月参加红军，任连长，并参加长征。抗日战争时期，任胶东军区参谋处处长、教导二团团长。抗日战争胜利后，任东北野战军四十一军一二一师师长、解放军四十军副军长。朝鲜战争爆发后，于1950年10月19日率部入朝。1951年3月，调五十军任代理军长，1953年4月12日在朝鲜牺牲，是抗美援朝战争中我军牺牲的最高指挥员之一。

副政治委员何运洪，江西省吉水县人，1911年出生，1928年参加红军。土地革命战争时期，任特派员，并参加了长征。抗日战争期间，任八路军总部巡视团团长。解放战争时期，任合江军区后勤部政委。新中国成立后，任五十军政治部主任、副政治委员。1950年率部入朝作战，参加了抗美援朝第一至五次战役和汉江南岸阻击战。回国后，历任河南省军区政治委员、武汉军区国防工业办公室主任、武汉军区政治部副主任等职。1955年被授予少将军衔，荣获二级八一勋章、二级独立自由勋章、一级解放勋章、一级红星功勋荣誉章。于2001年8月31日在武汉逝世，享年90岁。

政治部主任杨中行，1910年生，安徽省六安县人。1930年参加红军。1932年加入中国共产主义青年团。1935年加入中国共产党。土地革命战争时期，任川陕省苏维埃政府秘书长、红四方面军独立一师二团政治委员。参加了鄂豫皖、川陕苏区反"围剿"和长征。1937年，入延安抗大学习。后任陕甘宁边区政府保安处警卫营连政治指导员、八路军留守兵团关中军分区保安一团政治委员、陕甘宁晋绥联防军组织部干部科副科长。解放战争时期，任吉林军区警一旅政治部副主任、主任，独立一师政治部主任、东北野战军第十纵政治部组织部部长，第四野战军四十七军政治部副主任。参加了辽沈、平津等战役。1951年参加抗美援朝，任志愿军四十七军政治部副主任，五十军政治部主任、五十军副政委。回国后，历任五十军政治委员、沈阳军区装甲兵政治委员。

1955年被授予少将军衔。荣获二级八一勋章、二级独立自由勋章、一级解放勋章；朝鲜民主主义人民共和国二级国旗勋章、二级自由独立勋章。1988年7月，被中央军委授予中国人民解放军一级红星功勋荣誉章。

志愿军第五十军《委任令》的发现，对于研究抗美援朝战史和五十军军史有着重要的参考价值。特别是此令为蔡正国将军在牺牲前两个月亲自签发的，睹物思人，更觉珍贵。

被毛泽东主席亲自任命的『民工身份』政府委员

——毛泽东主席任命关文德的通知书

中央人民政府任命通知书　府字第5360号

兹經中央人民政府委員會第二十八次會議通過任命關文德爲本溪市人民政府委員

特此通知

主席 毛泽东

一九五三年九月十八日

这是一份颇具特色的任命通知书，它是由毛泽东主席亲自签发的，而任命的对象却是一个普通的民工。任命书的内容如下：

中央人民政府任命通知书

兹经中央人民政府委员会第二十八次会议通过，任命关文德为本溪市人民政府委员。特此通知。

主席 毛泽东

1953 年 9 月 18 日

关文德是何人？他怎么会得到毛泽东主席的亲自任命呢？

★ 跨过鸭绿江

中国人民志愿军抗美援朝赴朝参战，全国人民总动员，各地纷纷开展了轰轰烈烈的抗美援朝爱国运动。这再次证明了毛主席揭示的颠扑不破的真理："战争的伟力之最深厚的根源，存在于民众之中。"辽宁作为抗美援朝战场的大后方和全国支援抗美援朝的最前线，责无旁贷地承担起了繁重而光荣的战勤任务。长期遭到帝国主义蹂躏的辽宁人民深切懂得"有国才有家"的道理，把保家卫国作为自己分内之事。有的踊跃参军，有的捐款捐物，有的组成支前民工队伍，将整个辽宁变成志愿军的重要后方和军需补给的交通要道。

1950 年，本溪县（现本溪市）响应省政府的号召，组织支前民工支队前往朝鲜。经历了新社会的变化，过上了农民翻身做主人的新生活，他们把到朝鲜支前看作是保卫翻身果实，为自己利益而战的事。据本溪市档案馆保存的史料记载：本溪全县有534名青年参军，有2581人组成抗美援朝民工支队，400余辆马车组成战勤大车队奔赴朝鲜战场。10月下旬，支前队接到省战勤指挥部命令，到达宽甸长甸河口待命。11月6日，支前队接到命令，立即组织渡过鸭绿江，在朝鲜的朔州、义州、定州等地抢卸从中国运到前方的各种物资。

支前队的任务主要是配合运输队装卸物资，即卸火车、装汽车，这任务既繁重又艰巨。在朝鲜战场上，不论是吃的、穿的、用的还是枪支弹药，全部都要从国内运去，这些物资品种杂、数量大、要得急、时间紧。敌机又不分昼夜地进行骚扰，支前队民工只能夜里摸黑完成。生活也极其艰苦。由于敌机封锁，后勤供应不上来，给养严重缺乏，民工吃的粮食基本上是被敌机炸散且溅上汽油的高粱米或谷子，吃起来又苦又涩，还带有一股汽油味。但就是这样的粮食，有时也不能保证供应，加上无菜可吃，挨饿是常有的事。住的条件更差，不是住在阴冷、黑暗、潮湿的防空洞，就是露宿在山林中，根本没有房子住。但就是在这样的条件下，战争打到哪儿，支前民工们就赶到哪儿。这些淳朴的农民支前队员，始终坚定着保家卫国、为正义而战的立场，树立着为国争光、不怕牺牲的精神，穿越敌人对志愿军运输线的炮火封锁，在敌人飞机的"绞杀战"中，成功地抢卸了从祖国运去的物资，有力地支援了前线的作战。

★民工英雄

战勤任务总是时间紧任务重。为鼓舞士气，胜利地完成任务，支前队多次组织抢装抢卸的竞赛活动，队与队、人与人开展了竞赛热潮。竞赛的口号是："为了前方打胜仗，我们不怕流血汗。"干部们都亲临第一线，民工们你争我抢地干。通过评比，表彰先进。在一次次竞赛中，涌现了一大批不怕苦、不怕累，敢冒生命危险争取胜利完成任务的好干部、好队员。如魏守国、田宪章、陕玉璞、刘建功、李金杰、姜庚洙、许极、孙振山、王玉祥、赵庆福等。特别是碱厂区三家子村的关文德同志，他当时是小队长，立场坚定，身先士卒。越是苦累，越是危险，他就越带头往上冲。

生于1922年的关文德，是本溪县碱厂堡赵家村一个地地道道的农民。抗美援朝战争爆发后，本溪县按照省委的统一部署，成立了赴朝战勤支队。关文德被任命为赵家村民工队小队长。

1950年10月下旬，关文德与队员们根据省战勤指挥部的命令，前往宽甸长甸镇河口村待命。河口村与朝鲜仅一江之隔，敌机的轮番轰炸，已经把对岸变成了一片焦土，隆隆的炮声不断传来，鸭绿江大桥已被炸坏。从逃难过来的朝鲜百姓身上，关文德能感受到战争的残酷。关文德所在的支队，也几次遭到敌机的袭击，这更激起了他对美国侵略者的仇恨。

11月初，关文德与队友们接到省指挥部的命令，迅速过江到朝鲜接受任务。出发前，支队领导多次到江边渡口侦察。长甸河口村这面江面很窄，敌机对这里的侦察十分频繁，封锁严密，不仅白天如此，夜间也经常来投掷照明弹监视江面。发现情况就大肆轰炸。面对这种情况，白天组织支队过江是不可能的。经反复研究，为了避免伤亡，支队采用搭临时浮桥的办法组织过江。浮桥由52只木船连接起来，船上面铺上枕木，可连接也能拆开，还能分散隐蔽在江边。关文德和队友们接到了严格的过江纪律：过江时不许吸烟，人与人要紧跟，不许拉开距离，遇有特殊情况必须听从指挥，要保证安全地迅速通过浮桥。

11月中旬的一天晚上，关文德和队友们开始过江。当他们踏上江桥时，桥板紧贴水面，桥在脚下颤动，关文德的心情非常激动，向前看，是受难的兄弟邻邦；回头看，是刚刚离开的祖国。关文德暗下决心："再见了祖国，我一定不辱使命，为人民立功！"

那时，28岁的关文德，在战场上总是吃苦在前，事事都起到带头作用。到朝鲜定州第一次抢卸火车皮时，队员们都没经验，50斤一个的咸菜箱子，扛两个没法扛，只能扛一个。如果不及时卸完，敌机一来，不仅物资要被炸毁，队员们还有生命危险。关文德急中生智，从朝鲜老乡家借背架来用，先背两箱，后来背3箱。他一带头，队员们纷纷效仿，抢卸工作提前一个多小时完成。他们刚刚完成抢卸任务不到5分钟，敌机就飞来进行轰炸。为了在队员中掀起"比学赶帮"的抢卸热潮，关文德发挥先锋模范作用，每次都扛得最多，跑得最快。在一次抢卸大米时，为了尽快完成任务，别人扛 4 袋，他竟然一次扛了 8 袋！

关文德在抢卸物资的工作中埋头苦干，既带动本小队超额完成了任务，也提高了整个支队的抢卸工作效率。在平时的工作中，关文德也事事带头。长途行军，队员们因为物资供应不上，体力不足，关文德尽管自己也累得头晕眼花，但仍把许多队员的东西抢过来扛在自己身上，他带领的小队无一人掉队。

一次，堆放物资的地方突然着火，数十节火车皮的物资面临被吞噬的危险。看着自己和队友们辛辛苦苦抢卸下来的物资，关文德急眼了，他带着 30 多人就冲了上去。可是火势太大，无法扑灭，怎么办？关键时刻，关文德灵机一动，带着 30 多人后撤，拉开距离，把每人身边的荒草点燃，然后扑灭，这样就形成了一条十几米宽的隔火道，控制了火势的蔓延，数十节车皮的物资得以保全。

★ 荣誉加身

随着志愿军战场上的捷报频传，支前民工的工作战线也不断推进，从朔州到定州，从定州到平壤附近的西浦，最后住在西浦附近的玄岩里。关文德和支前民工队员以志愿军为榜样，为朝鲜百姓扫地挑水，特别是看到当地因天灾人祸造成的饥饿，大家从自己的标准食粮中省下来，接济当地老百姓，赢得了玄岩里百姓发自肺腑的感谢。

就这样，在一年多的时间里，关文德立大功 1 次、小功 4 次。

1951 年国庆节前夕，关文德作为支前民工的优秀代表，和其他志愿军战士组成了 99 人的英模代表团，到北京参加国庆观礼。一个普通农民竟然能去北京见毛主席，这成了关文德最荣耀的事，也成了当地的热议话题。

1951 年 10 月 1 日早晨，关文德穿上一套政府发给他的崭新制服，从北京宽阔的长安街进入天安门广场，最后跟着大家一起，登上了天安门城楼西侧的观礼台。本来很拘谨的关文德这才发现，周围都是工人代表、农民代表、解放军代表和老区人民的代表，是和自己一样的普通人。关文德这才放下心来，好奇地环顾四周。突然间，关文德觉得广场上和身边的人们沸腾起来，他急忙向一旁张望，这才发现，是毛主席登上了天安门城楼！因为距离不算太远，关文德能清楚地看到敬爱的毛主席，他身材魁梧，面色红润，脸上始终挂着亲切的微笑，身上穿的是普通的黄呢子制服，胸前别着和关文德一样的代表绸签。在整个观礼过程中，除了"使劲儿"看毛主席，关文德只记得一件事：他看见朱德总司令乘着一辆敞篷小轿车过去了。

国庆节过后，关文德还应邀多次参加了各种招待宴会。其中印象最深刻的有3次：一次是以毛泽东主席个人名义的宴请，一次是内务部的宴请，一次是朝鲜驻中国大使馆的宴请。

10月7日，关文德和其他代表们被邀请到怀仁堂观看文艺演出。毛泽东、周恩来、朱德等很多国家领导人也到场了。关文德被安排坐在第十二排，离第一排很远。但毛泽东主席坐在了第七排，这让他可以清楚地看到毛主席宽厚的肩膀。那晚演的是《梁山伯与祝英台》，但关文德根本没心思看戏，他自始至终把注意力放在了毛主席的背影上，毛主席的每一个动作、发出的每一个声音，他都记得一清二楚。

从北京回来后，关文德顾不得向当地人民做详细汇报，又赶紧上了朝鲜前线。在这年冬季，他和所有的民工圆满完成了支前任务，回到了家乡。

1953年，因在朝鲜战场的突出贡献，中央人民政府发布了由毛泽东主席签署的任命书，正式任命关文德为本溪市人民政府委员。这成为关文德一生珍藏的荣誉。他被毛泽东主席亲自任命为本溪人民政府委员的故事也被传为佳话。

我给黄继光妈妈当儿子

——黄继光母亲给胡长哲的回信

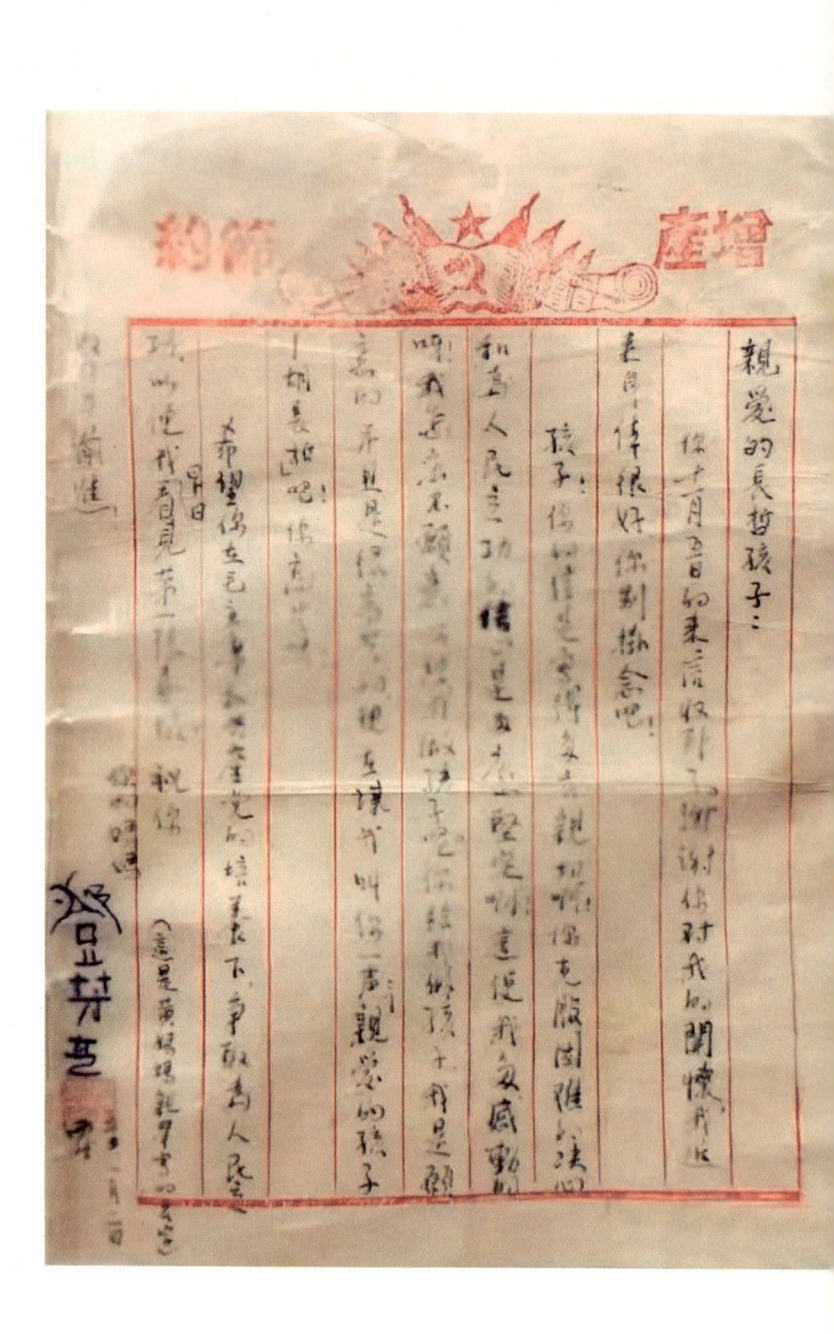

亲爱的长哲孩子：

你十月五日的来信收到了，谢谢你对我的关怀。

表同佛很好，你别挂念吧。

孩子！你相信妈妈一定能够克服困难的法……

把我忘记，望妈来志愿军的坚定，妈妈更是感动的。

别我忘记，望你也像我亲爱的孩子一样，叫我一声亲爱的妈妈吧！

我都望你立二等功的喜讯，早日传来。

妈妈 邓芳芝

（意是黄妈妈让我中写的）

2021年12月18日，鸭绿江断桥边，一位头发花白、精神矍铄的老人驻足在他曾经出发的地方，遥望远处再无战火硝烟，回首当年却是浴血拼杀。老人是中国人民志愿军老战士胡长哲。这天下午，他将自己珍藏了67年的黄继光母亲给自己的回信捐赠给抗美援朝纪念馆。他说他舍不得，但是舍不得也要捐出来……

★ 立志报国

1953年3月5日，担任志愿军十六军三十二师九十六团军械修理所所长的胡长哲与千千万万的战友日夜兼程，"雄赳赳气昂昂，跨过鸭绿江"。

那天是坐车从鸭绿江大桥过去的，坐的汽车是苏联嘎斯–67……一个个微小的细节，深深地烙在胡长哲的脑海里。那时的他，还不满20岁。只是，当年的小胡怎么也没想到，从赴朝参战这天开始，此后的两万多个日日夜夜，他的名字，会与特级英雄黄继光的母亲邓芳芝紧紧地联系在一起，成为一个时代的鲜明记忆。

1933年7月，胡长哲出生于江苏省南京市六合县，家中排行老九，是最小的一个。都说父母多爱幼儿，然而胡长哲却是在孤儿院长大的——3岁失去母亲，7岁没了父亲，哥哥姐姐的生活又十分困难，家中无人照看，只能将他送到南京市孤儿院。

父母的早亡，生活的困苦，如同一块沉重的石头，重重地压在了胡长哲羸弱的肩膀上，让他无力去长吁短叹，也没有时间去伤春悲秋。幸运的是，在党和人民的关怀下，胡长哲把儿时的苦难踩在了脚下，一门心思都放在了学习上。

在孤儿院，胡长哲学习很勤奋，考进了南京市钟英中学，后来又以优异的成绩考入陶行知开办的南京晓庄学校读书。

读书期间，全国掀起了抗美援朝保家卫国的热潮。虽然岁数尚小，胡长哲还是主动报名参军。"那时候就想，我是人民、是党、是国家养大的，一定要报效祖国，一定要为国家、为人民做贡献。"

经过在南京第三炮兵技术学校两年时间的系统学习，胡长哲心愿得偿，到十六军三十二师九十六团担任军械修理所所长。由于长得矮矮胖胖的，又年岁不大，战友们亲切地称胡长哲为"小所长"，这个别称也陪着他度过了残酷的战争年代。

1953年3月，年轻的胡长哲踏上了战火纷飞的朝鲜战场。与黄继光母亲邓芳芝的"认亲"，就发生在他赴朝参战10个月后。

★ 黄妈妈来信

这是一封特殊的"家书"，原文如下——

亲爱的长哲孩子：

你十一月五日的来信收到了。谢谢你对我的关怀，我近来身体很好，你别挂念吧！

孩子！你的信是写得多么亲切啊！你克服困难的决心和为人民立功的信心是多么坚定啊！这使我多感动的呀！我怎么不愿意你给我做孩子呢？你给我做孩子我是愿意的，并且是很高兴的，现在让我叫你一声亲爱的孩子——胡长哲吧！你高兴吗？

希望你在毛主席和共产党的培养下，争取为人民立功，以使我早日看见第一张喜报，祝你努力前进！

你的妈妈邓芳芝

五四年一月二日

黄妈妈的回信源于胡长哲的一封去信。

1952年10月，在上甘岭战役中，为了部队前进，黄继光用胸膛堵住疯狂扫射的敌机枪眼。这个像钢铁一样的汉子，最终没能迎来春暖花开，倒在了硝烟弥漫的异国他乡。

黄继光牺牲后，志愿军开展了向英雄学习的活动。在国内，胡长哲就认真地学习了黄继光的英雄事迹，心情久久不能平静。1953年入朝后，胡长哲和战友们在坑道里又重新学习了黄继光的英雄事迹。

"英雄黄继光牺牲了，他的妈妈心里一定非常难过！"自幼父母双亡的胡长哲联想到失去儿子的母亲的悲痛心情，无法自抑，给黄妈妈写了一封信。在信里，胡长哲向黄妈妈表示——亲爱的黄妈妈，英雄黄继光牺牲了，我愿意做您的儿子，孝顺您，我愿意将第一张立功喜报给您老人家寄去。

"在朝鲜战场写信很困难，由于不知道黄继光母亲的准确地址，收信地址上只写着：英雄黄继光的家乡。没想到，信居然送到了邓芳芝手中。一个月以后，我真的接到黄妈妈的来信。"回忆起当时的场景，耄耋之年的胡长哲仍是开心不已，难掩激动，"收到这封信，整个坑道都沸腾了，战士们非常高兴，赶快念，赶快念，大家读了一遍又一遍。"

纸短情长。这百余字，给了胡长哲直面生死、无畏无惧的力量。尽管战场上环境艰苦，危险如影随形，胡长哲始终将黄妈妈的信视为珍宝，无论走到哪里都带在身边。这一带就是60多年。于他而言，这封信不仅包含着黄妈妈的牵挂，更是信仰的方向。

★ 为了"家书"的承诺

早春二月，地白风寒，东风未起，丹东却已散发着春天的气息。2021年元宵节前，在小女儿的陪伴下，胡长哲与几十位志愿军老战士又一起参加了志愿军红色家庭群组织的爱国主义教育活动。尽管年岁渐高，在梦想与时光的缝隙里，89岁的胡长哲仍不知疲倦地往前走。

"我最大的遗憾是没能把第一份立功喜报寄给黄妈妈。后来拿到喜报时，黄妈妈已经去世了……"尽管过去了几十年，胡长哲还总埋怨自己当年在战场上"不争气"。

1953年7月，在朝鲜停战前夕，胡长哲接到了任务，带领7台弹药车，向正在"三八线"附近作战的十六军运送弹药。"当时我军补给非常困难，加上敌人利用空中优势进行封锁，押送弹药都是夜里行军。在朝鲜，我们防空组织得很好，每隔几里地就有一个防空哨，美国飞机一来，前方就打枪。枪声就像烽火台的狼烟一样，一个个传过来。听到之后，我们就赶紧隐蔽起来。"胡长哲说，没料到这次快到"三八线"附近时，遭到敌人排炮袭击，炮弹疯狂地打过来。

"同志们停车，马上隐蔽！"胡长哲大喊。

朝鲜的公路两边都是大山，众人立刻撤到路边隐蔽起来。正在这时，突然一发炮弹从耳边呼啸而过落在胡长哲身后，"当时我想，这下完了，我们要牺牲在异国他乡了。没想到，等了一会儿没有响声，炮弹怎么没有爆炸呢？大家好奇地跑到炮弹落下的地方一看，半截在土里头，半截在外头，没有爆炸，竟然是一发瞎火炮弹。"

对这次死里逃生的遭遇，乐观的胡长哲后来赋诗一首：

一发瞎火炮弹使我生命延续至今
一个经过生死考验的人
一个距离阎王殿只有半步远
而又跑回来的人
他对人生一定是看得很淡很薄的
他对现实生活一定是非常热爱的
他爱这世上的一草一木
他爱这世上的每一张微笑的面孔
他爱这现实的幸福生活
……

是爱，给了胡长哲无惧生死的勇气，也正是对祖国、对人民、对和平的无限热爱，让胡长哲和战友们创造了一个又一个奇迹。

"我们在朝鲜时候行军是很苦的。白天你不敢走，晚上运送物资的时候才能走汽车。平时部队都是马车装的生活用品，晚上行军的时候呢，我们就扶着马车走路。"说着说着，胡长哲陷入了深深的回忆，"说起来也奇怪，扶着大车走，就会睡着。遇到路上的坑洼，醒了！一看，是炮弹坑或者是炸弹坑或者是汽车坑，然后又继续走，走走，又睡着了，所以晚上行军的时候是边走路边睡觉。"后来胡长哲和小战士们讲在朝鲜战场上走路睡觉，他们都不信。"走路睡觉，实际上是太累了，走路是能睡觉的。"事非经过不知难，成如容易却艰辛。就是在这样艰苦危险的环境中，胡长哲几次死里逃生，遇到困难时，黄妈妈的回信就是他的精神寄托，就是他的精神支柱。

"胡长哲同志在一九八八年工作中，成绩突出，荣立三等功，特此报喜。"1989年1月，工作认真，业务精通的胡长哲获得部队嘉奖，收到了人生第一张喜报。

这是一份迟到的立功喜报——此时黄妈妈已过世多年。

轻轻抚摸着精心保存的信，仿佛在抚摸妈妈的脸庞一样，那一刻，胡长哲泪流满面。"我跟黄妈妈讲，我愿意将我的第一张立功喜报给你寄去，可惜，黄妈妈走得太早。这封信一直没有寄出去。"

将立功喜报放在黄妈妈的回信后面，怀揣着遗憾和自责，胡长哲更加拼命工作。"努力为人民服务才能不愧对黄妈妈，不愧对英雄黄继光！"

2021年12月18日，胡长哲将自己珍藏67年的黄继光母亲给自己的回信捐赠给抗美援朝纪念馆，捐赠仪式在鸭绿江断桥上举行。电影《跨过鸭绿江》主创团队、演员代表和山上小学的小小宣讲员们见证了这个温暖的瞬间，也见证着英雄基因的传承。

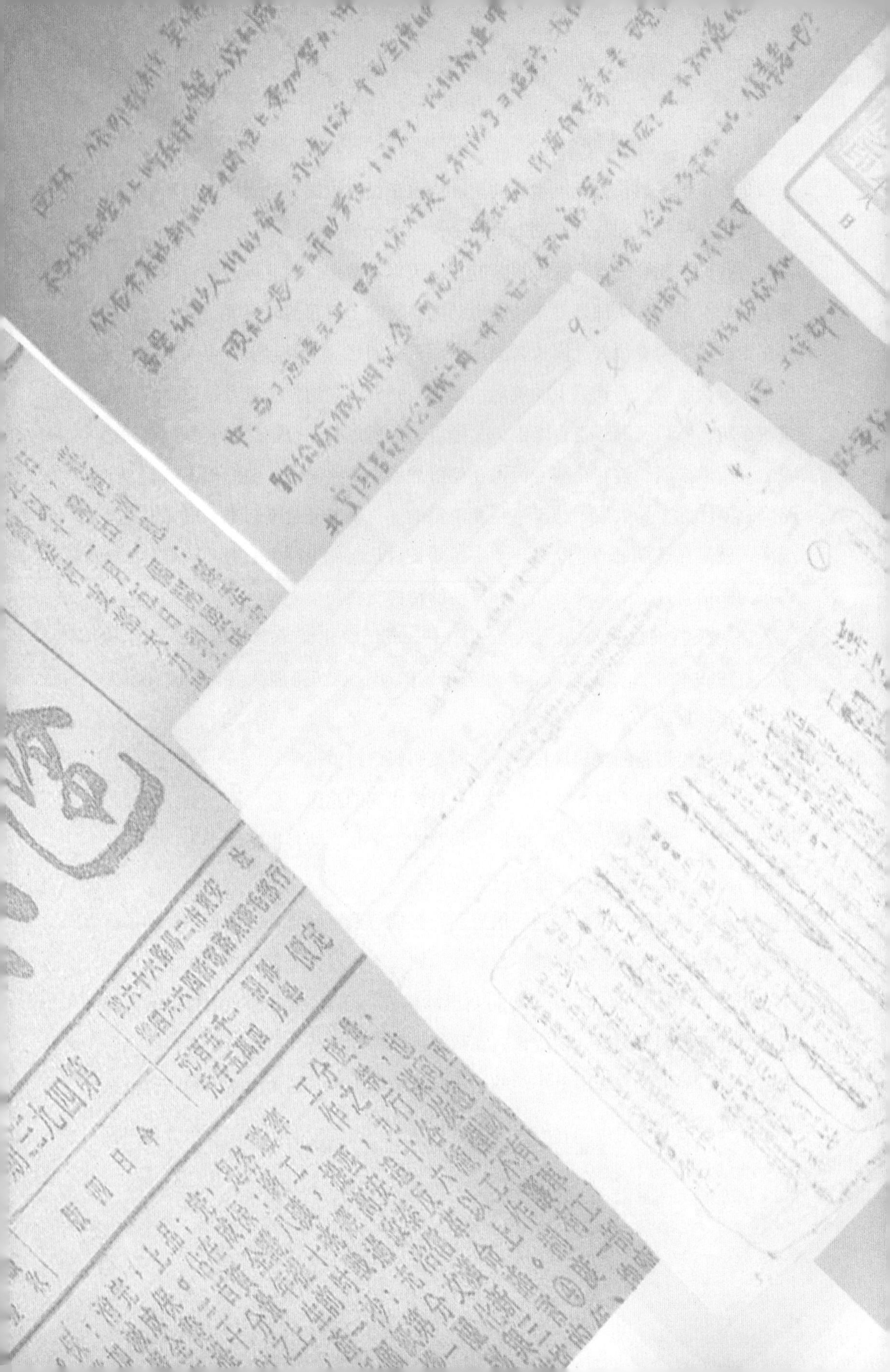

战斗战场篇

绝版的稀世珍宝

——图-2轰炸机

在抗美援朝纪念馆兵器陈列场上，许多参加过抗美援朝战争的飞机、大炮、坦克、战车等武器装备陈列其间，虽锈迹斑驳、有所残缺，但依然保持着战斗时昂扬的身姿。其中，一架军绿色的大型飞机傲然挺立于其间。它，就是在抗美援朝战争中立下赫赫战功的图 −2 轰炸机。

★ "绝版"飞机

在抗美援朝战争中，苏联秘密出动空军参战，打击了美军的空中力量，并在武器装备、军事顾问、人员培训等方面，给予中国政府援助，增强了中国人民志愿军的作战实力。这架图 −2 轰炸机是 1942 年的苏联生产的，是当时世界上比较先进的飞机。在第二次世界大战中，它曾活跃在苏德战场上，为二战胜利做出重要贡献。朝鲜战争爆发后，经协商，前苏联以这种飞机支援我国空军建设，于 1950 年夏季装备我国空军部队，编入我航空兵八师，成为志愿军众多战机中的主要机种。

现在抗美援朝纪念馆展出的这架图 −2 轰炸机，曾参与抗美援朝战争，战后被中国航空博物馆收藏。到 1992 年被抗美援朝纪念馆征集来时，已有 50 年的历史。

★ 战功赫赫

抗美援朝战争期间，美军为了侦探、收集中朝军队的军事情报，在位于鸭绿江口朝鲜西海岸的大和岛、小和岛上设有"前哨阵地"，驻有南朝鲜军队的

"白马部队"1200余人，美国及南朝鲜陆海空军的情报机关400余人，部署了大功率的雷达和窃听设施，对中朝军队作战构成严重威胁。

1951年7月，朝鲜停战谈判开始。美军在岛屿问题上一直与我方无理纠缠。指导我方谈判的无产阶级革命家、社会活动家、外交家李克农，从开城给彭德怀司令员打来电话，汇报了大和岛、小和岛上的情况，并提出："不拔掉这个情报站，势必对谈判造成严重影响。"彭德怀立即果断决定：利用空军配合地面部队，收复大和岛、小和岛，坚决拔掉这颗钉在我们眼皮子底下的"钉子"。

1951年11月6日，志愿军空第八师9架图-2轰炸机从于洪屯机场起飞，对位于鸭绿江口外朝鲜西海面的大和岛进行轰炸，共计轰炸了3次，统称为轰炸大和岛。

当时，20岁的李清扬是第一次轰炸编队左下方中队长机的领航长，他曾作为社会进步青年被招入航校，新中国的航校学员均来自进步青年或文化程度较高的陆军官兵。出征前，机组人员每5个人一组坐在一起，用侦察科的大相机照相，然后再剪成5张单人照片。这种戴着没有帽徽的棉军帽的单人半身照被称为"烈士照"，为避免牺牲后开追悼会没有照片而准备。每位参战人员还拿到5000元朝鲜币和写有中朝两国文字"我是中国志愿军空军"的布条，以便在跳伞生还后使用。

据李清扬回忆，1951年11月6日，轰炸机编队飞抵大和岛上空，进入轰炸航程起点，李清扬随着长机一起打开弹仓，看到长机的弹仓下有"小黑点"露出，他立刻摁下投弹电门，并马上拉起投弹手柄，这样做是防止电门失灵，错过投弹时机。接着，李清扬开启照相机电门，拍摄轰炸效果照片。但飞机上的胶卷都是缴获来的，已经过期，什么影像也没冲洗出来。

虽然没有图像证明，但战报显示，此次志愿军共投弹81枚，命中72枚，命中率89%，有力配合了地面五十军进攻大和岛、小和岛的战斗。新中国第一次使用轰炸机突袭大获成功。之后，又连续进行两次轰炸，终于收复了大和岛、小和岛，成为我军历史上第一次陆、空军协同作战并取得胜利的典型战例。在这次战斗中，抗美援朝纪念馆中所展出的这架图-2轰炸机发挥了重要作用。

因此次战役，这架飞机所在的空八师二十四团一大队空地勤人员荣立集体二等功。

★ 得来不易

"作为征集这件极为珍贵历史文物的亲历者，我不仅了解这架飞机的重要历史价值，更感受到了征集过程中的来之不易！"作为抗美援朝纪念馆的建馆元老之一，宋群基老人回想起当年征集这架图-2轰炸机的全过程，虽已时隔多年，但依然记忆犹新。

经中央批准并经多年筹备，1990年，抗美援朝纪念馆新馆建设工程启动，时任丹东市文明办主任的宋群基被抽调到抗美援朝纪念馆建馆指挥部，担任陈列组组长，负责陈列馆、全景馆和露天兵器陈列场的陈列布展工作。

针对文物征集相关事宜，时任全国政协副主席、原志愿军副司令员洪学智指示，作为全国唯一、最大的抗美援朝纪念馆，要多征集一些参加过抗美援朝战争的武器装备，以展示战争的气势。据此，沈阳军区和各参战部队，陆续向抗美援朝纪念馆捐赠了大批武器装备，在兵器陈列场展出。

为了征集到更多更有价值的历史文物，1992年8月，宋群基同陈列组副组长、抗美援朝纪念馆馆长梁秉祥来到位于北京市昌平区的中国航空博物馆。在馆长薛培森的陪同下，参观了多种型号的飞机，其中就包括参加过抗美援朝战争的"佛教号""常香玉号""少年先锋号"等。

在参观过程中，宋群基和梁秉祥发现，在馆内陈列着两架同样的图-2轰炸机，便与薛培森馆长商量，想征集一架以充实抗美援朝纪念馆的兵器陈列场。身为全国著名的飞机收藏家，薛培森不舍得相让。他向宋群基和梁秉祥表示，这种飞机现在已经"绝版"，是世界上的稀世珍宝。曾有一个法国的飞机收藏家，提出高价收购或以当时世界上任何一款最先进的飞机来交换，他都拒绝了："国宝怎么能出卖和交换呢？"

机遇难得，不能轻易放过。宋群基和梁秉祥反复向薛馆长解释建设抗美援朝纪念馆的重大意义，特别提到："抗美援朝纪念馆作为全国全军唯一全面展示抗美援朝战争的军事题材专馆，特别需要这一类极为珍贵的历史文物。"并传达了洪学智的指示精神。几经商讨，薛馆长终于答应"借"一架图-2轰炸机给抗美援朝纪念馆，但还要经过空军领导批准。

时任空军司令员王海上将曾参加过抗美援朝战争，在空战中曾一人击落击伤9架敌机。抗美援朝纪念馆的建设，就得到王海上将的关注，他特派薛培森等同志到丹东考察，并决定捐赠200万元支持建设工程，这可是全军各部队中最大的一笔捐款。有了友好交往的思想基础，当薛培森馆长向王海司令员汇报抗美援朝纪念馆想要征集一架图-2轰炸机时，王海司令员立即主持召开空军党委常委会议，经讨论，同意将这架图-2轰炸机无偿捐赠给抗美援朝纪念馆。

★拆解运输

接下来，如何将这一庞然大物从北京昌平运回丹东成了难题。正当宋群基和梁秉祥犯愁时，航空博物馆的薛馆长和工作人员又一次给予帮助。他们派出专家和技师，凭借多年搬运飞机的经验，将这架大型飞机按部件拆解开来，用4辆超大型载重汽车装运。在相关省市政府和公安、交通部门的全力支持下，一路经过7天7夜的艰苦运行，终于在1993年6月24日，由昌平经过北京、河北，到达辽宁，安全运抵了抗美援朝纪念馆。随后，专程跟随而来的十几位专家和技师用了一周时间，又将这架飞机重新组装起来。

如今，又历经了几十年风雨，这架图-2轰炸机与当年"并肩作战的兄弟们"一起，静静陈列于抗美援朝纪念馆兵器陈列场上，以威严的身姿展现在世人面前，无声述说着那段光荣岁月……

英雄机车的前世今生
——1115 号机车

这是一辆老式蒸汽机车——1115号机车，抗美援朝战争中，中国人民志愿军军管总局车务大队司机长李国珩，就是驾驶着这辆机车，在抗美援朝战场上与敌机斗智斗勇，圆满地完成了向前线抢运物资的任务。如今，战争的硝烟已经掠过，战场上的辉煌恍若隔世，这辆英雄的蒸汽机车，已经光荣"退休"。但它所承载的那段激情燃烧的岁月，正如它本身一样，矗立在历史深处，时时惹人追思、怀想……

★行动遇袭

1951年7月12日深夜的朝鲜定州，室外漆黑一片，伸手不见五指。此时，一辆车号为1115的蒸汽机车正从朝鲜定州开往阳德。车厢被苫布蒙得严严实实，外面的人根本看不到里面装的是什么。机车中部、尾部都装上了电话，机车水箱上架着两挺高射机枪。宿营车上也装有电话。车上还有一位志愿军部队首长带着两名荷枪实弹的警卫员。从这些特殊的装置上看，机车司机李国珩意识到这次运输责任重大。

出发前，车组全体人员在宿营车上宣誓："一切行动听指挥，保证人在车在，誓死完成任务！"

从定州到阳德虽说不算远，但对正在执行任务的1115号机车来说却是无比漫长。因为这一时期以美军为首的"联合国军"对志愿军发动了"绞杀战"，在朝鲜北部所有的铁道线上都投下大量的定时炸弹。在主要交通干线上，甚至每两米就有一颗。铁路上弹坑累累，路况极差。如果列车速度稍快一点，就有脱轨的危险。在这样的情况下，机车司机不仅要有高超的技术，更要胆大心细，勇敢沉着。

7月的朝鲜，天气炎热干燥。正在驾驶机车的司机李国珩凝视前方，稳健地操纵机车向前运行。驾驶室里，李国珩被闷热憋得透不过气来，汗水顺着脸颊不停地往下淌，湿透的衬衫紧紧地贴在脊背上。他顾不得抹掉脸颊上的汗水，聚精会神地观察着空中情况和前方的线路。此时，他只有一个念头：在线路允许的条件下，让机车以最快速度前进，在天亮前到达阳德。

可是，就在机车快要穿过敌机集中封锁区大同江桥的时候，上空突然出现3架敌机。伴随着轰轰的马达声，飞机投下30多颗照明弹。顿时，天空亮得如同白昼。敌机借着照明弹的光亮发现了李国珩的机车。瞬时，列车便被敌机包围起来，一颗颗炸弹擦着车顶轰然爆炸！

情况危急！随车的志愿军部队首长立即找李国珩商量对策。一名警卫员气愤地喊道："敌人太嚣张了，首长，让我们用高射机枪射击吧！"话音未落，李国珩马上喊道："绝对不行，如果那么做，我们会把自己暴露得更加明显，就完全没有退路了！"

李国珩说完后，机车里一片寂静。怎么办呢？李国珩急得直挠头：如果还击，会明显暴露目标；如果停车等着挨打，更是死路一条；如果把列车开进山洞，恐怕要拖延时间，天亮前不可能到达阳德，而且还会贻误前方战机……没有别的办法，只能冒险突围了！

★ 冒险突围

在征得随车志愿军部队首长的同意后，李国珩下定决心冒险突围。

"多添煤！送风器打开！快放大烟！"顾不得个人安危，李国珩高声命令，同时，他机警地将机车气门拉开，又提了一挡速度，并向车组人员高呼："同志们，我们要闯过难关，誓死把机车开到阳德！""人在车在，为祖国人民争光！"群情激愤，大家纷纷应答。

机车就像插上了翅膀一样，风驰电掣般向前驶去，很快通过了大同江桥！这一下，更加坚定了李国珩和全车组人员的信心。李国珩命令副司机牛洪学用大铁锹再往火室里添煤，同时，他拉开气门。只见机车烟囱就像即将爆发的火山口，喷着滚滚冲天的浓烟。李国珩看看空中翻滚的"乌云"，又仔细地观测了机车速度，意识到时机已经成熟，急忙命令停止添煤，关闭机车气门。借着还未散去的黑烟，机车飞快地向前驶去。

从机车上冒出来的浓烟，迎风一刮，弥散开来。敌机再转过头来俯冲，只看到下面滚滚冲天的浓烟，以此判断下面有轰炸的目标，并不断地投掷炸弹——但他们万万没有想到，我们的列车早已安全地通过了险区。

敌机发现上当了，更加疯狂地追赶和投掷炸弹。而李国珩仍然采用巧喷黑烟的方法，迷惑敌机。就这样，1115号机车与美机整整持续相斗了两个多小时，终于冲破敌机的重重封锁。

黎明时分，这辆负有特殊使命的军列，冲破艰难险阻，胜利到达了阳德车站。随车志愿军部队首长穿过站台上欢呼跳跃的人群，走到1115号机车组人员面前，激动地说："铁路战友们，祝贺你们奇迹般地完成了这次特殊的使命！我代表全师指战员，代表祖国人民，向你们致谢！"他语音刚落，人群中就爆发出一阵热烈的掌声。

接下来，当司机李国珩和机车组人员看到从机车上卸下的是一架架"卡秋莎"火箭炮时，激动的心情无以言表。因此次奇迹般的突围成功，全机车组立大功一次、小功一次；司机李国珩则荣立特等功，获"二级战斗英雄"称号，并获朝鲜民主主义人民共和国二级战士荣誉勋章；副司机牛洪学立二等功。

★ 英雄归来

在此后多年的艰苦岁月里，李国珩率领这支英雄机车组依然行进在朝鲜战场上，并多次出色地完成了军事任务。此间，机车曾10多个月没有回国保养，出了毛病，李国珩就和大家想方设法随时随地修理。到后来，尽管敌人轰炸得更凶，但铁道战线却更加坚强。有一次夜间，机车在10个小时内跑了400多公里，把作战物资送上了前线。

1953年7月27日，朝鲜战争停战后不到一周，铁路便从新幕修到开城。8月初，李国珩开始带领着他的车组奔跑于朝鲜各地，为中朝两国的友谊搭起桥梁。

1955年，英雄的1115号机车荣归祖国，但行进的脚步却没有停歇，又被调配到沈阳铁路局四平机务段继续工作。

硝烟散去数十载，1115号英雄机车承载着铁道英雄们的大无畏精神，也是那段历史最好的叙述者。1996年，经国家铁道部批准，沈阳铁路局决定将这辆历经战火考验的英雄机车捐赠并亲自运送至抗美援朝纪念馆。

抗美援朝纪念馆原办公室主任张丽参与了整个捐赠过程。1115号英雄机车被运送来的那个微凉的夏夜，虽时隔多年，但她仍然记得。

此前，就如何将"1115号英雄机车"平安运送至抗美援朝纪念馆，沈阳铁路局原副局长韩克勤组织铁路和抗美援朝纪念馆等相关人员多次召开会议，最终确定运送方案："1115号英雄机车"由吉林省四平市出发，一路开至丹东离抗美援朝纪念馆最近的原丹东制药厂铁路道口，再由丹东站的机务段工作人员将机车拆卸为蒸汽机车头、煤水箱、底座三大部分，然后由华能电厂支援的两辆超大型载重汽车分批运送至抗美援朝纪念馆。

那天早上8点半，当韩克勤副局长和抗美援朝纪念馆的工作人员看到"1115号英雄机车"缓缓驶进原制药厂铁路道口时，激动不已。一切都按照原订计划有条不紊地进行着，但还是出现了一个小难题：运至抗美援朝纪念馆的上坡路，载重汽车开到一处"胳膊肘弯"时，无论如何也拐不过去。超大型载重汽车体积大，转弯本就不便，何况现在身上又背着"大家伙"。司机师傅连试了十几次都没成功，最后，还是由华能电厂一位姓韩的总经理亲自上阵，才将车拐过弯去。接下来，丹东站机务段的工作人员开始铺设铁轨、组装机车。看着"1115号英雄机车"重新以威严的身姿矗立于面前时，大家都长舒了一口气。那时，已是第二天凌晨3时多了……

如今，陈列在抗美援朝纪念馆露天陈列场里的这辆英雄机车，经过维修保护，重新焕发出生机与活力。红色的火车头，铁灰色的车身，它卧伏在铁轨上，在蓝天与白云的映衬下，向每一个来访者骄傲地讲述着那段峥嵘岁月……

空中突击手，热血染蓝天

——孙生禄驾驶的米格—15战斗机型

抗美援朝纪念馆的露天兵器陈列场展出了一架喷着7颗红五星的米格-15战斗机。这就是抗美援朝战争中，中国人民志愿军一级战斗英雄、被追记特等功的空军英雄孙生禄曾经驾驶过的战斗机型。

★ 空中突击手

1951年10月，孙生禄随空三师来到抗美援朝最前线，参加同美国空军的作战。他当时是空三师九团一大队的飞行中队长，是著名的英雄王海大队的僚机组组长，专门负责掩护王海长机组作战。

1952年11月15日，孙生禄驾机飞临朝鲜大同江上空，执行巡逻任务。正当他结束巡逻任务准备返航时，突然发现前方出现两架敌机。经过仔细观察，敌机连副油箱都没有扔掉，正是一个攻击的好机会。他立刻率领僚机巧妙地绕到这两架敌机的后面，准备打它个措手不及。就在他准备向敌机攻击时，耳机里突然传来僚机马连玉的报告："注意！后面又跟上来两架敌机！"他迅速向后一瞥，看见敌机刚刚扔掉副油箱，孙生禄命令马连玉注意监视后面的敌机，自己迅速地向前面1架敌机冲了过去，立即开炮，只见这架敌机一头栽了下去。剩下的另一架，见势不妙，慌慌张张逃跑了。

从11月15日击落第一架敌机到11月底，仅半个月时间，孙生禄就先后击落敌机3架、击伤1架，被誉为"空中突击手"。

★ 舍生忘死救战友

1952年12月2日下午，美国空军出动一个机群向我方窜犯，企图轰炸新义州和清川江以南地面目标。其中，有2批16架F-86战斗机沿着朝鲜西海岸直窜铁山地区。

王海副团长奉命率领一大队12架米格-15战斗机起飞。飞至龟城上空时，传来了地面指挥所的通报："右前方有敌机！"这时，编队发现左前方又冲出4架F-86战斗机，直向长机王海扑过去，距离很近，十分危险。在这紧急关头，飞在机群后面的孙生禄，决心立即冲上去，坚决保卫空中指挥员。于是，他急促呼唤僚机马连玉："55号！跟我攻击！"孙生禄加大油门，从正面插入敌阵，把4架敌机吸引到自己身边。敌机射出的炮弹呼啸着向他飞来。可是，孙生禄不顾敌人炮火的攻击，如一柄利剑，一下子就把敌机的队形搅乱了。

很快那4架敌机又重整队形，疯狂地向孙生禄夹击过来。孙生禄临危不惧，4架敌机却紧紧咬住不放。孙生禄气得大喊："老子跟你拼了！"这时，僚机马连玉也赶了上来。他俩一起，向敌机猛打猛冲，敌机见势不妙，落荒而逃。

孙生禄打退了4架敌机，赶紧向指挥员王海编队靠拢。可是，在前进途中，陡然看见右边又有另外4架敌机，紧紧咬住了三中队的飞机。眼看三中队就要受到敌机炮火的攻击，而三中队的飞行员正与前面的几架敌机格斗，无暇对付后面袭上来的敌机。

在这千钧一发之际，孙生禄非常清楚，现在只有向敌机冲过去，才能解救战友。但是，他驾驶飞机冲过去时，却发现跟在后面的僚机左急转弯时，因动作过大而向下滑去。在这紧急关头，只剩下孙生禄单人单机了。他此刻只有一个念头：赶快救援战友！

孙生禄毫不犹豫地一人冲向偷袭的4架敌机。敌机一见孙生禄猛冲上来，3架敌机继续尾追三中队不放，1架敌机向孙生禄迎面冲来。孙生禄面临如此险境，沉着冷静，加快速度，径直向敌机猛冲过去！敌我两架飞机相距只有几百米，一眨眼就要相撞。此时，气势汹汹的敌人，在孙生禄面前变得胆怯了，急忙向左扭头，仓皇中给孙生禄闪开了一条前进道路。孙生禄趁敌人慌乱转弯的时刻，用瞄准具套住一架敌机，猛烈开炮，这个刚才还张牙舞爪的家伙，便一命呜呼了！

剩下的 3 架敌机一起向孙生禄袭来，孙生禄镇定自若，沉着驾机继续向前平飞。正当敌机要向他开火的一瞬间，孙生禄猛然来了一个下滑倒转，然后又急剧上升，正好绕到敌机的后上方，咬住了另一架敌机，射出一股猛烈的炮火，这架飞机也被击落！剩下的 2 架敌机看到两位伙伴转眼之间丧命，吓得望风而逃！空战结束，孙生禄怀着两次救援战友成功并击落 2 架敌机的喜悦心情，胜利返航。没想到，途经昌城上空时，突然又从云缝中窜出 2 架敌机，既隐蔽又凶猛，没等孙生禄回过神来，便猛然开炮，孙生禄来不及躲闪，机身一阵抖动，冷风呼呼地吹进了机舱，孙生禄的飞机连中 12 弹，天线拉索被打坏，机翼、座舱盖被打穿，飞机严重受伤。

在这万分危急的时刻，孙生禄敏捷熟练地操纵着飞机，继续向两架敌机猛扑过去。敌机被孙生禄的勇敢行为震住了，便掉头溜跑了！孙生禄摆脱了敌机的威胁，但面临的最大危险，是飞机几乎失去了控制，从高空一直往下滑落。在这种情况下，按常规完全可以跳伞了。可孙生禄却不忍心丢掉自己生死相伴的战机，无论如何也要把它开回去。孙生禄熟练地操纵着受伤的飞机，直到油料全部耗尽，他才不得不迫降在友邻机场。

当人们围拢上来一看，全都惊呆了，飞机全身上下到处是密密麻麻的弹痕！面对这样一位英勇无畏的年轻飞行员，人们无不称赞："真了不起，这样的飞机你也能飞回来！"第二天上午，孙生禄从友邻机场回到了部队。

在战后讲评会上，指挥员王海充分肯定了当天的战法。同时着重表扬了孙生禄，他为了救援战友，奋不顾身，在空战中处置灵活，动作敏捷，抓住战机，取得了一次空战击落 2 架敌机的好成绩，并号召大家向孙生禄学习。

★ 血染蓝天铸英魂

1952年12月3日上午，在副团长王海的率领下，12架米格-15战斗机再次起飞。孙生禄不顾前一天的疲劳，再次随队升天，直奔战区，与敌机展开了一场更加激烈的空中大战。

在清川江上空，指挥员王海率领12架战鹰与4倍于我的美空军F-86战斗机混战在一起，战斗达到白热化的程度。正在打得难解难分时，4架敌机蓦地从云缝中窜出，疯狂地向王海逼近。而此时，王海正在前面和一群敌机进行生死格斗。

"102，左前下方发现4只小狼！"飞在编队尾后的孙生禄迅速向王海报告。王海定睛一看，果然有4架敌机从清川江南面飞过来，连副油箱都没投下。王海断定：这可能是敌机的"鱼饵"，大股兵力肯定还在后面。于是，他立刻命令孙生禄和马连玉前去收拾敌人的"鱼饵"。

孙生禄和马连玉这对双机像老鹰抓小鸡一样猛扑过去，吓得敌人慌张逃跑。孙生禄趁机咬住1架敌机，正要开炮射击时，忽见前方左边又冲出4架准备偷袭的敌机，猛烈地向我军飞机开炮。炮弹在孙生禄座机周围爆炸，飞机座舱上面火花四溅。在这生死考验的紧急关头，孙生禄在数倍敌人面前，勇敢地冲了上去，挡住了4架敌机的去路，保证了我军编队机群脱离了险境。

这时，孙生禄自己却陷入了敌机的重重包围之中，上下左右十余架敌机的炮口都对准了孙生禄，形势十分险恶。孙生禄已经没有了退路，但却没有退缩。他稍微镇定了一下，便冒着枪林弹雨，上下翻滚，左冲右突，驾驶着严重受伤的战鹰，勇敢顽强地与敌机决斗！

凭着孙生禄的飞行技术，现在他完全可以冲出机群，甩掉敌机，寻机脱险。但孙生禄此刻非常清醒：只有我挡住这群敌机，才能保证大队编队的安全，赢得宝贵时间，取得空战胜利！孙生禄在敌机炮火的频频攻击下，战机多次受伤，操纵起来已经十分困难。他的僚机马连玉见此情景，在后面大声呼喊："54号，赶快跳伞！"

孙生禄清清楚楚地听到了战友的呼唤，但他没有选择跳伞，而是以顽强的意志，继续坚持与敌人搏斗。因为孙生禄清楚地知道：自己能多坚持一些时间，对战友的安全和对整个战斗的胜利，就可以多做出一份贡献！

孙生禄在极其危险与极端困难的情况下，用尽全身力量，操纵着已经不听使唤的飞机，仍然一颠一簸、一歪一斜地跟敌机纠缠着，格斗着！飞机起火了！孙生禄咬紧牙关，用尽最后一点力气，把机头一拉，驾驶着正在熊熊燃烧的战鹰，径直朝敌机猛冲过去……

孙生禄的僚机马连玉，眼看着亲密的战友英勇牺牲，他怀着满腔仇恨的怒火，勇敢地冲入敌阵，继续跟敌机顽强拼搏，一架敌机被击伤！又一架敌机被击落！终于，为战友报了仇！

指挥员王海的飞行编队，在孙生禄用生命的掩护下，终于打退了敌人的进攻，取得了击落击伤敌机6架的战绩。而年轻的飞行中队长孙生禄，为了战友的安全，为了整个战斗的胜利，献出了自己宝贵的生命。他用满腔热血染红了蓝天……

孙生禄同志牺牲时年仅24岁。他在抗美援朝战争中，率领飞行中队，击落击伤敌机12架，他所在的"英雄中队"荣立了集体功。他自己击落敌机6架，击伤1架，被追记特等功，追授"一级战斗英雄"的荣誉称号。

空战之王

——赵宝桐驾驶的米格—15战斗机型

这是一架米格-15战斗机，机身喷有7颗实心红五星和2颗空心红五星，在阳光下夺目耀眼。在抗美援朝战场上，这些机身上的"红星"代表着飞机的战绩，实心和空心五星分别代表着击落和击伤敌机的数目。所以，这架喷有7颗实心红五星和2颗空心红五星的飞机，记录着一位英雄搏击长空击落7架、击伤2架敌机的辉煌战绩。驾驶过这款机型的，是号称中国空军历史上的"空战之王"的赵宝桐。

★ 首战告捷

1951年8月，美国为了凭借其空中优势增加在谈判桌上的筹码，发动了以切断朝鲜北部交通线为目标的"绞杀战"。中国人民志愿军则针锋相对，投入到反"绞杀战"的战斗中。

10月12日，时任空军三师七团三大队副大队长的赵宝桐，在师长袁彬、政委高厚良的率领下，驾驶米格-15战斗机，飞赴抗美援朝最前线，这是赵宝桐第一次入朝执行战斗任务。

10时26分，随着空联司发布的命令，空三师七团22架飞机，由副团长孟进率领，在友军的掩护下飞至朔州上空。地面指挥所及时传来通报："价川上空约5000米高度，有F-84、F-80飞机2架。"

空中指挥员立即命令一、二大队为攻击队，高度6000米；三大队为掩护队，高度7000米。当耳机里传来大队长牟敦康的声音"大家注意，前面有敌机"时，前方大约6000米外，出现10余架F-84战斗机，高度4000米，分上下两层。赵宝桐看到这些"油挑子"正向海上窜去。"二中队掩护，一中队攻击！"牟敦康下达命令后，率先攻了过去。

驾驶3号机的赵宝桐率领僚机范万章紧随长机跟了上去。敌机越来越近，他看到弹光从右后方射去，这是僚机范万章对敌机开炮了，敌机被这突如其来的攻击打了个措手不及，本来整齐的队形被冲乱了。但赵宝桐由于向下俯冲速度太快，一下子钻进了敌机中间，瞬时，几个"油挑子"一齐把机头对准了他，情况十分急。赵宝桐在危急时刻没有慌乱，驾机向斜上方冲了出去，摆脱了险境，一道道弹光从他的机翼下方掠过，当他回过头来，僚机范万章和其他米格飞机全都不见了，却仍有十几架敌机在低空盘旋。

此刻，孤独、紧张感袭上心头。这时，赵宝桐突然听到指挥员的声音："保持空域，继续战斗！"他顿时冷静下来，原来战友就在身边。此时，有4架敌机从尾后向他攻来，机头都对准了他。赵宝桐抢先按下炮钮后快速跃升，敌机的炮弹也从他的机尾下飞了过去。由于失速，赵宝桐的飞机一下子进入了"螺旋"状态，迅速向下跌落。但他竭力保持镇定，拉住驾驶杆，又向高空冲了上去。

交战中，敌军的一架F-84战斗机被击中，此时已坠落江中。同一时间，牟敦康大队长也击伤了一架敌机。敌机看到形势不利，调转机头向西南方向逃去。赵宝桐怎肯放过，他盯住一架就追了上去。500米，400米，300米……他紧盯着瞄准具，直到敌机的尾部充满了整个光环，赵宝桐一串炮弹正打中敌机机翼，又一架F-84战斗机身子一歪，向下栽去，摔在一个小山坡上。

赵宝桐首次参战就击落两架敌机！

★ 为大队长报仇

1951年11月23日，赵宝桐随空三师七团第二次起飞迎战。12时45分，我方雷达显示：在平东南上空发现美空军一个大机群，共有F-86、F-84、F-80战斗机6批116架，高度7000米。当机群飞至肃川和清川江地区后，战斗轰炸机降至2000米以下，开始对地面铁路目标进行轰炸扫射。

空三师七团副团长孟进率米格-15战斗机20架，经新义州飞到龟城上空时，此时3批敌机已进入平壤、顺川、价川上空，孟进当即下达命令一、二大队攻击，三大队掩护。赵宝桐和大队长牟敦康迅速率队爬升至7000米时，发现清川江口附近，有敌战斗轰炸机正准备轰炸我地面目标。三大队迅即俯冲下去，快要接近敌机时，赵宝桐三炮齐发，正击敌机尾部，旁边一架敌机正要转弯溜走，赵宝桐乘胜追击，按动炮钮，把敌机机翼打了好几个大窟窿，敌机带伤逃跑。这一仗，赵宝桐又击落击伤敌机各1架。

两次参战，赵宝桐击落击伤敌机4架，成为空三师的大功臣。

1951年12月2日下午，我空军第一次参加了双方达到300架飞机的空战。当天14时33分，空三师第一次全师起飞作战，出动米格-15战斗机42架，配合友军4个团的兵力，进行反击作战。美机8批120余架准备袭击泰川、博川、顺川等地区的交通运输线，对志愿军后勤补给线进行空中阻滞。我空军指挥员命令："七团22架为攻击队，九团20架为掩护队，从8000—9000米高度进入战区。全师42架飞机搜索前进！"

当飞至顺川、清川江口上空时，美军20架F-86战斗机迎面飞来。我空中指挥员果断命令："七团攻击，九团爬高掩护！"一场大规模空战迅速展开。与赵宝桐交战的飞机是美空军F-86战斗机，此时，他心里燃烧着一团复仇的烈火：打掉它，一定要打掉它，为大队长报仇——在一次掩护任务中，大队长牟敦康在与F-86战斗机空战时，不幸牺牲。

赵宝桐飞到清江上空时，发现了敌机。他率领全大队投入攻击，不惧强敌全力开火。前面的敌机被我另一队机群打散，四处逃窜。这时，又从另一空域钻出两架敌机，向海边飞去。赵宝桐紧紧咬住敌机的尾巴，瞄准敌长机开炮，敌长机当即中弹栽了下去，击中敌机的赵宝桐快速追上做半转弯逃跑的敌僚机，用瞄准具的光环套住敌僚机，一按炮钮，再次击中。这次空战他击落了2架敌机。

★ 九星战鹰的荣耀

1952年1月11日，赵宝桐再次驾机出击，又击落击伤F-80战斗机各1架。

经过几次战斗，他击落敌机6架，击伤2架，创造了当时的最高纪录。《人民空军》杂志发表题为《志愿军英雄赵宝桐》的文章，报道了他的英雄事迹。同时刊发空军首长的贺电，指出"……这就达成了志愿军空军击落敌机的目前最高纪录，赵宝桐同志这种顽强勇敢的精神，体现了共产党员在战斗岗位上的优秀品质，这是值得全体飞行人员学习的。望你继续努力，不骄不躁，继续提高，继续进步，努力锻炼成为真正能把技术、战术、勇敢、技巧实际结合起来的人民空军指挥员。"

1952年11月21日，赵宝桐在副团长孙景华的率领下，又一次驾驶战鹰英勇作战。他没有辜负领导的期望和人民的重托，战斗结束后，他驾驶的英雄战机上喷上了闪闪的第9颗红五星，他成为志愿军空军击落击伤敌机最多的空军英雄。

攻不破的『东方堡垒』

——崔建功在上甘岭战役中使用的望远镜

"一条大河波浪宽,风吹稻花香两岸。我家就在岸上住,听惯了艄公的号子,看惯了船上的白帆……"

1956年,新中国拍摄的第一部反映抗美援朝战争的电影《上甘岭》,连同主题曲《我的祖国》一经问世,风靡大江南北。影片洋溢着强烈的爱国主义和革命英雄主义精神,影响着一代又一代的中国人。剧中,中国人民志愿军师长那句"要送,要送,不管花多大代价,一定要送!要多送萝卜!"的经典台词,令人记忆深刻。

这位志愿军师长的原型,就是崔建功。

★ 最忆上甘岭

崔建功,河北省魏县人。1935年参加中国工农红军,同年加入中国共产主义青年团,1936年加入中国共产党。土地革命时期,他历任团政治部、师政治部干事等职;抗日战争时期,他历任股长、营政治教导员、团政治处副主任、团政治处主任、团政治委员等职;解放战争时期,他历任军分区司令员、副旅长、旅长、旅政委、师长等职;新中国成立后,他历任副军长、昆明军区司令部参谋长等职。1952年抗美援朝期间,任志愿军十五军四十五师师长,担负了上甘岭防御作战任务。

"作为共和国的一名老军人,我打过许多仗,最难忘的是上甘岭。"每当回忆起自己的戎马生涯,崔建功将军总是对上甘岭战役念念不忘。他曾多次对身边人摊开一幅当年的军事地图,细细述说上甘岭的位置。"上甘岭位于五圣山的南面,两侧各有个小山头,加起来只有3.7平方公里。它们互为犄角之势，是五圣山前沿的重要支撑点。上甘岭战役，就发生在这两个山头上……"在将军的讲述中，上甘岭战役的历史徐徐在人们眼前展开。战役中，以美军为首的"联合国军"先后投入6万余人、300余门火炮，出动近200辆坦克、3000余架次飞机，发射炮弹190多万发，投掷炸弹5000多枚。志愿军陆续投入4万余人，山炮、野炮、榴弹炮133门，火箭炮24门，高射炮47门，迫击炮292门，发射炮弹35万余发。此战役兵力火力之密集，在世界战争史上是罕见的。

上甘岭战役持续43天，志愿军共毙伤敌2.5万余人，击落击伤飞机274架，击毁击伤大口径火炮61门、坦克14辆，创造了坚守防御的范例，打出了"上甘岭精神"，那就是为了祖国，为了人民，为了胜利的奉献精神；不屈不挠，团结战斗，战胜困难的拼搏精神；英勇顽强，坚决战斗，血战到底的胜利精神。

★ 阵地上的坚守

1952年10月14日凌晨，以美军为首的"联合国军"在300门大口径火炮、27辆坦克和40架飞机支援下，对志愿军四十五师两个连据守的上甘岭597.9高地和537.7高地北山，发起强大攻势。这两个高地以每秒落弹6发的密度被狂轰滥炸一个多小时，轰炸之猛烈超出了常人的想象。轰炸后的阵地主峰，标高被整整削低两米，寸草未剩，坚硬的岩土被炸成了1米多厚的粉末，志愿军四十五师精心构筑的野战工事荡然无存。

面对敌人飞机、大炮的狂轰滥炸，地面火力、坦克的轮番攻击，坚守上甘岭前沿阵地的志愿军四十五师，在师长崔建功的指挥下，巧妙地利用地形地物，与敌顽强战斗，寸土必争。志愿军机枪手陈治国，在工事被炸毁的情况下，毅然用自己的双肩代替射击台，让副班长射击，直至中弹牺牲。排长孙占元身负重伤，仍顽强地用两挺机枪向敌人扫射，在敌人拥上阵地、子弹打完的情况下，他紧握手雷扑向敌群，与敌人同归于尽……

战斗进行得异常惨烈。白天，敌人以猛烈的炮火狂轰滥炸，疯狂进攻，占领表面阵地；夜晚，志愿军组织战术反击，打得敌人措手不及，恢复表面阵地。连续的阵地争夺战，四十五师在大量歼敌的同时，自身的伤亡也很大。

志愿军十五军军长秦基伟对四十五师师长崔建功下了死命令："守住阵地，粉碎敌人的进攻。丢了上甘岭，你就不要回来见我了！"崔建功当即表态："请军长放心，我们保证坚守到底！打剩下1个连，我去当连长。打剩下1个班，我去当班长。只要有我崔建功在，上甘岭就是朝中人民的！"

★ 英雄的赞歌

在上甘岭坚守阵地的作战中，志愿军四十五师展现出了有我无敌，视死如归的英雄气概。志愿军部队在反击2号阵地时，遭敌地堡火力拦阻，副排长欧阳代炎冲上前去，机智勇敢地绕到敌火力点侧面，将手雷投入地堡，将敌地堡炸毁。激战中，欧阳代炎身负重伤。当他看到十几个敌人快要冲上阵地时，猛然爬起扑向敌群，拉响最后一颗手雷，与敌同归于尽。苗族战士龙世昌，连续炸毁了敌人两个地堡后，冲到敌人第三个地堡前。他将爆破筒塞进地堡时，敌人拼命往外推，他就用胸部顶着爆破筒将敌地堡炸毁。特级英雄黄继光，在连队进攻受阻的关键时刻挺身而出，毅然用自己的胸膛堵住了敌人的机枪射孔，谱写了一曲爱国主义和革命英雄主义的赞歌。

战至11月25日，上甘岭战役胜利结束。四十五师依靠坑道工事，寸土不让，与以美军为首的"联合国军"进行大规模争夺战29次，毙伤俘敌1.4万人，为上甘岭战役的胜利做出了重大贡献，其自身也付出了伤亡5000余人的代价，涌现出了黄继光、"特功八连"等英雄人物和英雄集体。毛主席说："历史上没有攻不破的防线，上甘岭防线没有被攻破，这是奇迹。"

1954年3月，志愿军四十五师胜利回国。同年，崔建功当选为全国第一届人大代表，老军长秦基伟为他题词"建功立业为人民"。大会秘书处将崔建功的原名"崔建工"的"工"改为"功"，表彰他为建立工农政权出了力，战"上甘岭"为中朝人民立了功。1973年9月，崔建功重返昔日战场，看望长眠于此的战友们。时光飞逝，人散曲未终。鲜血和生命筑起的丰碑，无言地警示后人，昭示未来。

如今，经过七十几年沧海桑田，崔建功在朝鲜战场使用过的一架老旧的望远镜，作为上甘岭战役胜利的重要见证物，展示在抗美援朝纪念馆中，向人们无声地诉说着那场伟大的胜利。

一把匕首背后的故事

——郑定富缴获敌军官李正龙的匕首

这是一把来自敌军的匕首。它的刀身被铜锈包裹，刀把上布满划痕。它看似不起眼，但缴获它的人却大名鼎鼎，他就是"爆破大王"、抗美援朝"二级战斗英雄"郑定富。如今，这把收藏在抗美援朝纪念馆中的匕首，虽锈迹斑斑饱含沧桑，但却一次次地向世人讲述着一个英雄的故事。

★ 光荣参军

1933 年，郑定富出生于四川省沐川县黄丹乡一个普通的农民家庭。抗美援朝战争打响后，"抗美援朝，保家卫国"的正义呼号响彻神州。1951 年 1 月，18 岁的郑定富和许多热血青年一样，积极报名参军，加入到保卫新中国、捍卫世界和平的队伍中。身高 1.79 米、身手敏捷的郑定富，在新入伍的青年中格外抢眼。部队领导把他单独挑出来，问他擅不擅长跑。郑定富打了个立正，自信地回答道："四川人，成天与山路打交道，没少爬山越岭，不怕跑路！"部队领导笑着拍了拍他的肩膀说："好样儿的，你就到侦察班吧！"

1952 年秋天，美国企图以武力夺取朝鲜停战谈判地——开城，开城反击战由此打响。战斗的前一天，郑定富趴在临时指挥所门口的木头桌上写下请战书，强烈要求从侦察班调到爆破班，最终如愿。

★ 主动请命

1952 年 10 月 1 日，祖国人民还沉浸在欢度国庆的气氛中，而在朝鲜战场，担负着攻打 86.9 高地的中国人民志愿军六十五军一九五师五八四团战士，正无声地穿过没腰深的芦苇丛，悄悄地接近朝鲜开城前线砂川河渡口。

86.9高地距离板门店只有10公里，是临津江北、板门店以南突出的制高点，和我军开城地区前沿阵地隔河相望。在此防御的是南朝鲜军海军陆战队第一团，他们不断加强阵地的防御工事和火力配备。整个山头布满了各式各样的地堡群，交通壕密如蛛网，铁丝网层层叠叠。志愿军如果夺取了这个高地，就可以控制敌纵深地域，取得军事上的主动。

部队陆续渡过了河，进入潜伏区，他们将要在这里潜伏一整天。担任观察哨的郑定富，心情特别激动，他在思考着如何完成爆破任务。然而，爆破任务是艰巨的，要炸开五道铁丝网，炸毁敌人阵地上几个最大的地堡，要为整个进攻部队开辟通路。

10月2日夜，一颗绿色信号弹划破了静寂的夜空。霎时间，与志愿军阵地一河相隔的86.9高地上火光闪闪，炮声隆隆，碎裂的土块、木柱、铁丝网在火光里飞迸，86.9高地上被浓烟烈火吞没。15分钟后，连长发出命令："火力掩护，爆破手上！"

借着炮火的掩护，爆破手马占学首先冲了上去，第一、第二道铁丝网被炸毁，他冲上去炸开了第三道铁丝网。再接再厉！爆炸声刚停，爆破手郑定富立即与郑大智抬着接在一起的3根爆破筒飞跑，冲到屋脊形的铁丝网前，把爆破筒贴着地面插进去，一拉火，第四道铁丝网也被撕开了一个大缺口。紧接着，郑定富后面的爆破手顶着浓烟炸开了最后一道铁丝网。跟在后面的突击班，踏着爆破手开辟的道路猛冲。爆破班在扫清障碍后，和突击部队一起冲入敌人阵地。

高地上的爆炸声、冲杀声连成一片，突击队和爆破手们冲到次峰下，只见一座地堡里的火力点在向志愿军战士们疯狂扫射。曳光弹从郑定富的腿边飞过，前进道路被封锁。

"如果不消灭这个火力点，突击部队就不能迅速向纵深前进，战友也要遭到伤亡。"郑定富来不及多想，纵身跃进交通沟，枪口对准了地堡侧后的射孔，一梭子子弹射进去，地堡里的机枪立刻哑了。

20时24分，突击队占领主峰。残敌退到地堡里固守顽抗，主峰下面和次峰侧后，还不断传来手榴弹和机枪声。这时候，排长命令郑定富炸毁次峰后的大屯兵洞，再配合第一突击班解决次峰侧后的地堡。

郑定富抱着炸药，顺着山坡向次峰侧后搜索前进。没走多远，他发现一座露出地面的地堡射出一道道火光，阻挡了突击队的前进道路。见此，郑定富爬起来向前冲去。没跑几步，一颗手榴弹飞来，落在他身后四五步远的地方。郑定富奋力向前奔跑，没等卧下，手榴弹片便擦着他的耳边飞过。当他跑到地堡前面时，发现有人正伏在地堡不远的枯草丛中。郑定富贴着地面爬近，原来是战友马占学。他伸出手招呼马占学，但马占学却一动不动——原来，马占学已经牺牲了……

★ 智取敌堡

郑定富发现，这既是座半坑道式的大地堡，又是屯兵洞。洞口连着交通沟，沟上有棚盖，沟前是射口。这样的地堡很难炸，得把炸药送到棚盖下面，并且要准确投到洞口和射击孔的中间才行。怎么办？郑定富灵机一动，先向交通沟里投进一颗手榴弹，趁敌人躲闪间，瞬时把炸药包投进去。"轰——"郑定富被震得昏昏沉沉，爬起来一看，敌人全被压在泥土下。

这时，郑定富发现左前方又有一座地堡，切断了主峰与次峰间的联系。

没有炸药了，郑定富把手榴弹绑在一起向地堡扑去。忽然，迎面有一个身影跟跟跄跄地走来，是战友邹从成！他左臂夹着爆破筒，右臂直溜溜地垂着。原来，他的右手腕被打断了！郑定富不容分说，夺过爆破筒就往前爬。

一会儿工夫，爆破筒响了。邹从成听到响声，就向郑定富靠拢。他俩用手电筒照了一圈，发现地堡已经被掀掉了一半，两个被震呆了的敌兵，昏昏沉沉地成了俘虏。

顺着交通沟走了没几步，郑定富发现前面不远处喷出一股火焰。他知道，那里是敌人的地堡，而且还在使用火焰喷射器！见状，郑定富跳出交通沟，正想从地堡侧后迂回过去时,猛然听到一阵怪响,炮弹呼啸着飞来。敌人发现了他们!弹片、尘土瞬时乱飞,山头震得直抖动。郑定富时而躲进交通沟,时而跳进弹坑,时而奔跑几步,时而就地打滚。衣服剐破了,鞋里灌满了沙土……

此刻,地堡中的枪口已正面对准了他。郑定富跳入弹坑,子弹擦着耳边呼啸而过,不要说前进,就连抬一抬头都不可能。

在离地堡不远处,机枪手史学礼身负重伤昏倒在山坡上。一阵密集的枪炮声将他惊醒。火光中,他看到一个战士被敌人压在火力下抬不起头来,便忍着伤痛端起机枪,瞄准地堡的射击孔发射。这样,敌人的枪口又对准了史学礼。趁着战友的掩护,郑定富一跃而起,迅速奔到地堡后面。

在那里,郑定富看见班长黄永贵身负重伤躺在地上,他悲愤难掩,正要给黄永贵包扎伤口,黄永贵却不顾伤痛拉住郑定富的胳膊,艰难地说:"定富,主峰和次峰都攻破了,就剩这些地堡结束不了战斗。咱们爆破班就剩你还能执行任务了……""放心吧,班长,我一定能完成任务!"郑定富坚定地说。

爬到地堡跟前,郑定富将炸药靠着门边的土壁溜下去。炸药一响,郑定富就冲进地堡,一个敌人正蹲在重机枪旁发愣,见郑定富冲进来,慌忙去拿手榴弹。机警的郑定富用手电筒往他脸上一晃,趁着他眼花的刹那,扑上去掐住那家伙的脖子……

★ 勇敢攻坚

预备队将大批炸药送上高地,高地上响起激烈的爆炸声。郑定富抱起一个10多公斤重的炸药包,搜寻着那座最大的屯兵洞。突然,3发红色信号弹从近处交通沟里发出来。"就是这里了!"郑定富翻身跳下交通沟,正好发现一个黑乎乎的洞口。

这时,从敌人主阵地打来一阵排炮。郑定富明白,刚才的信号弹正是洞里的敌人在要求炮火支援的信号。他咬着牙,用尽全力把重重的炸药包扔进洞中。随着爆炸声,整座坑道塌陷下去。探探敌人老窝!郑定富拿下铁锹,挖出一个小洞口，刚把头往里一探，浓烟一下子冲出来。郑定富连退几步，脑袋"嗡"的一声，一下子晕倒在沟里……

不知过了多长时间，郑定富醒了过来，只觉得脑袋昏沉沉，眼冒金星，身子发软，口里又渴又苦。但耳边不停的枪声，告诉他战斗还没结束。

"爆破班就剩下你一个人还能执行任务了！"班长黄永贵的话又在耳边响着。郑定富扶着交通沟壁，试着站起来，但两腿不听使唤，身子不由自主地往下倒。他再次挣扎着起来，但眼前仍天旋地转，胸口十分难受。一阵急促的枪声又从次峰背后传来。郑定富两眼一瞪，咬紧牙关，爬上交通沟，晃晃悠悠地朝枪响的方向走去。

那边，战友们正和最后一座地堡里的敌人战斗。原来，当郑定富爆破了第一座地堡往次峰侧后前进时，这座地堡的机枪就响了。敌人凭着坚固的工事垂死挣扎。郑定富眼看向地堡冲击的战友一个个倒下，急得喊道："你们掩护，我上去干掉它！"

突击队猛烈的射击，压住了敌人的火力。郑定富抱起炸药包，用尽全力向地堡爬去，终于将敌人最后一个地堡炸掉。怕没有将敌人炸彻底，等烟雾稍散，郑定富又钻进了那个刚炸塌的地堡中。只见一个敌军大半截身子被埋在土里，见郑定富进来了，直嚷："巴里！巴里！"（中文语意："快！快！"）郑定富仔细一看，这家伙还是一个穿着呢子装的少尉军官——这正是敌军少尉排长李正龙。郑定富把他从土里扒出来，李正龙立即向郑定富投降，郑定富缴获的物品中包括一把匕首。

战斗胜利结束。战士们看到二排长搀着郑定富晃晃悠悠地走下山来，他的脸被烟熏得乌黑，衣服碎成了条……

此时，兄弟部队攻占西场里北山和67高地的胜利消息传来，敌人在沙川河东岸的3个据点一晚上同时被消灭了。

1953年,志愿军总政治部授予郑定富"二级青年爆破英雄"光荣称号，随后，朝鲜民主主义人民共和国授予他二级战士荣誉勋章和军功章各一枚。抗美援朝战争期间，郑定富荣立一等功。每当人们赞誉郑定富成功爆破的英勇战绩，郑定富总是说:"在战斗中,我们班 11 个人牺牲了 10 个,只有我一名幸存者。英雄的荣誉不只属于我一个人,它应该给我们的集体,给死去的烈士!"

他创造了单兵作战一天歼敌 280 余人的纪录

——胡修道获得了 7.65 口径手枪的特殊奖赏

7.65毫米口径的手枪，是抗美援朝战场上中国人民志愿军的常用武器。在抗美援朝纪念馆的众多文物中，就有这样一把手枪，它之所以被珍藏，是因为它鼎鼎大名的主人。他就是曾创造了一人一天歼敌280余人的"纪录保持者"——胡修道。

★ 少年壮志

1931年，胡修道出生在四川金堂的一户贫苦家庭。由于家境贫寒，他自幼吃尽了苦头，常常饿得拾烂红薯皮来充饥。12岁那年，胡修道给财主家放牛，常常为了丁点儿小事，就被财主打得鼻青脸肿。一次，他被打得昏了过去，醒来后哭着走了几十里路回到家里，母亲一见，心疼得抱着儿子哭着说："饿死也不受这个肮脏气！你长大了，要好好做人，总有出头的那一天。"母亲说的话，在胡修道幼小的心灵扎下了根。

1946年，年仅15岁的胡修道被抓去给美国人修机场。因年幼力气小，胡修道挑不动土担，手脚一慢，美国监工就扯着他的耳朵一通乱打。小修道曾亲眼看见美国人用扁担打死两个中国人，此般的惨无人道，在他心中又记下一笔血账。1949年12月，家乡迎来了解放，也迎来了解放军。胡修道终于熬出了头，勇敢的他带领全村的民兵武装队，斗地主、反恶霸，事事都站在前头。

1951年6月的一天，胡修道从村里开会回来，告诉母亲一个决定："妈，我要参加志愿军。"母亲眼含热泪支持儿子的决定。告别的那一天，母亲杀了只鸡，煮了些鸡蛋，一边看着儿子吃，一边对他说："到了朝鲜，好好干，行事为人别亏了良心，别给你妈丢脸。"母亲说一句，胡修道点一下头。

来到朝鲜战场，乍一到部队上，本班的战士见胡修道整天不多言不多语，以为他有什么心事，常侧面开导他，但胡修道却说："嘴巴说得再好听，也是空话，要踏踏实实干嘛！"尽管他话语不多，脾气却很容易被摸透，一点儿不会装假，不怕苦，不怕累。胡修道常常说的一句话是："不立功，也捞个好。"他要做个顶好的中国人，有荣誉，有光彩。

★ 初生牛犊

1952年秋末冬初，志愿军和朝鲜人民军全线战术反击作战取得大胜利，以美军为首的"联合国军"处境愈加被动。为了摆脱其在战场上的被动局面，谋求在停战谈判中的有利地位，以美军为首的"联合国军"发动了"金化攻势"，对位于金化以北上甘岭地区的志愿军两个支撑点阵地597.9高地和537.7高地北山实施进攻。为争夺这两个高地，敌我进行了一次又一次激烈的反复争夺。11月5日，范弗里特和李承晚亲临前线，发动了"一年来最猛烈的攻势"，攻击的重点是上甘岭右侧的597.9高地的最高峰。主峰阵地的前头是9号阵地，右边是10号阵地，左边是3号阵地，阵地之间相距都不远。胡修道在班长李锋的带领下，和新战士滕土生奉命坚守3号阵地。由于敌我双方多次反复争夺，这时，阵地的工事已完全被炮火摧毁，山头上全是松土、沙石，只剩下一块被打去半截的青石头，根部还剩半人多高，是阵地上唯一可作为掩护体的自然地物。

从凌晨3时开始，敌人进行了猛烈的火力准备。5时40分，敌人分两路，一部分向597.9高地的3号、9号、10号阵地发动进攻，另一部分则向0号、4号高地迂回，企图分割志愿军的前后联系，战况空前激烈。志愿军六连连续打退敌人多路、多梯队的冲击，消灭大量敌人，但也付出了极大代价。此时，五连也奉命加入战斗，胡修道所在的五连二班负责坚守3号阵地。

这是胡修道第一次真枪实弹与敌人拼杀，年轻的他起初还有些心慌。一阵阵震天动地的排炮过后，敌人开始往上爬，越爬离阵地越近。胡修道看不清来了多少敌人，他只是紧紧抓住爆破筒，屏住呼吸等待命令。听到班长大喊一声

"开炮！"胡修道使尽全身力气，将爆破筒甩了出去，接着将手雷、手榴弹不顾一切地抛掷出去，直到手被班长李锋抓住，胡修道才意识到爬上来的敌人早已被打退。

接着，南朝鲜军两个多排的兵力又冲了上来。这次，胡修道壮了胆，待敌人靠得很近时，才由滕土生供应弹药，他和班长一个打头，一个拦尾，打得敌人四处乱窜。在老班长的带领下，经过几个回合的较量，胡修道和滕土生都由初上阵的新兵变成"老兵"，害怕的心理也早已烟消云散。在班长李锋的指挥下，连续3个小时的激战，打退了敌人向3号阵地发起的10余次进攻。

这时，9号、10号阵地的战斗也越来越激烈。指挥所里传来连长的喊声："李班长，9号阵地人不够了，你去守住！"李锋前往9号阵地前，再三嘱咐胡修道和滕土生："你们要好好守住阵地，保持我们的荣誉！"班长一走，3号阵地只剩下胡修道和滕土生两人了。

敌人的火炮又开始轰炸，这回打的是重型炮，异常猛烈，整个阵地似乎都在摇动。胡修道小心地探出头来，只见这次上来的敌人全是大个头，拎着清一色的卡宾枪。胡修道认出，这些都是美国兵，他暗暗骂道："过去你打我，今天该我打你了！"他顺手甩出一颗手雷，刚好落在敌指挥官身边，一声巨响，敌指挥官倒了下去，其余的美国兵上不来、下不去，哇哇直叫。胡修道抓起自动步枪，单膝跪在地下，居高临下向下扫射，一个个美国兵应声而倒。就这样，他和滕土生接连打退敌人10余波进攻。

★ 创造纪录

打退了敌人进攻，胡修道和滕土生刚刚喘了一口气，又传来了连指挥所的紧急命令："10号阵地没人了！敌人攻得正急！"连长朝他们一挥手，胡修道和滕土生立即从一个弹坑跳到另一个弹坑，冒着敌人的机枪火力封锁，直扑10号阵地，抢先登上制高点，将冲上来的敌人击退，保住了阵地。

紧接着，排长郭三旦从9号阵地赶来支援他们，可就在进洞的一瞬间，一发炮弹落在他的身边,排长负了重伤。胡修道见状立即用米袋子给排长缠住伤口,并紧紧地将他抱在怀里。排长望着胡修道,用微弱的声音说:"胡修道,我不行了,你死也要守住阵地啊……"说完,就停止了呼吸。胡修道再也止不住眼泪,转身对战友说:"滕土生,你去报告连长,就说排长牺牲了!"

滕土生才刚离开,敌军又冲上来了。胡修道擦干泪水,甩出一颗手雷。当他正要甩出第二颗时,几个战友跑过来对他说:"连长命令你快回3号阵地去,这里由我们负责。"胡修道拎起爆破筒,一口气跑到3号阵地,隐蔽在那半块大青石头下面。

此时,敌军的坦克一个劲儿地往上爬,几百门火炮一齐发射,飞机也在狂轰滥炸。随后,成群结队的敌军不断地往上涌。胡修道依靠所剩的弹药,在3号、10号高地之间来回不断地打击敌人,竟然奇迹般地一个人打退了敌人的好几次冲击。

在滕土生下火线后,敌军又有约两个营的兵力扑上来。胡修道一个人坚持战斗,奋不顾身,手榴弹、手雷一个接一个地向敌军投去,接连在敌群中爆炸,一次次地打退了疯狂冲击的敌军。

敌人因伤亡惨重,暂停了攻击。胡修道利用此战斗间隙,收集起阵地上的所有弹药,决心与敌人血拼到底。临近黄昏,敌人又一次漫山遍野地向山上爬。胡修道一个劲儿地往敌群中投掷手榴弹、手雷和爆破筒,掷完之后,又抓起自动步枪,跪在地上向冲上来的敌人扫射。接着,胡修道大喊:"敌人上来了!为祖国争光的时候到了!"正在这时,援军到了,胡修道终于能和兄弟们再次一起浴血奋战。3座阵地的枪声同时响起来,敌军彻底被击垮。

战斗结束后,胡修道又在阵地上见到了班长李锋,两个人很是激动。当李锋问他挂彩没有时,胡修道响亮地回答:"没有!"

胡修道最后一个人坚守阵地,竟打退敌人41次冲锋,创造了单兵作战一天歼敌280余人的纪录,而他自己却安全无恙,不能不说这是战争史上的一大奇迹!

为了表彰胡修道的英雄事迹,1953年1月15日,志愿军领导机关为他记特等功,并于1953年6月1日授予他"一级战斗英雄"称号;同年6月25日,朝鲜民主主义人民共和国最高人民会议常任委员会授予他"朝鲜民主主义人民共和国英雄"称号,同时授予他金星奖章和一级国旗勋章。因作战有功,上级领导将一把7.65毫米口径手枪奖励给他。

　　胡修道回国后,长期在中国人民解放军担任军事指挥员,曾任十二集团军副参谋长,当选全国人民代表大会代表和中国共产党第九、第十次全国代表大会代表。在抗美援朝纪念馆建馆之初,胡修道亲自将陪伴他数年的7.65毫米口径手枪捐献给纪念馆,作为永久留念。退休后,他经常深入基层连队为官兵作报告。2002年3月,胡修道病逝于南京。葬礼上,"上甘岭上建奇功,英名垂青史;一生奉献忠于党,风范成千古"的挽联是他一生的精炼概括。

一份电报救了一个团

——中国人民志愿军 15 瓦手摇发电机

抗美援朝战场上，涌现出数不胜数的中国人民志愿军英雄，仅志愿军通信官兵中，就涌现了15000多名战斗英雄和模范人物。电影《英雄儿女》中的王成就是以抗美援朝战场上的通信兵为原型塑造的。他那句"为了胜利，向我开炮"的悲壮呼喊，曾经久久回荡在无数观众的心中，教育和激励了一代又一代中国人。在抗美援朝纪念馆中，收藏了志愿军15瓦手摇发电机、收发报机等通信工具，穿过时光的隧道，它们默默讲述着通信官兵们用生命和鲜血筑就的一道道通信长城，托起了抗美援朝战争辉煌胜利的故事。而其中"一份电报拯救一个团"的故事，曾被广为传颂。

★ 忍着漏电发送电报

1952年夏，志愿军战士尹星斗随志愿军炮七师二十团转战到朝鲜松洞附近，指挥所设在大山沟里。到达的第二天上午10时，团首长命二十团通信员尹星斗向师部发电报："敌人有向我前沿阵地移动的迹象，请示将原定23时作战时间，提前到8时开始。"可是，山沟太深，电波信号不好，电报发不出去。

据尹星斗回忆，团通信股有4部电台，他手中的，是功率最大的一部。于是，尹星斗自告奋勇："把我们这部电台搬到山坡上，到高处发报。"得到了团首长的批准后，尹星斗和他的8位战友一起动手，往山坡搬运手摇发电机、发报机等器材。可就在这时，外面偏偏下起瓢泼大雨，尹星斗和战友们没有雨具，只好砍树枝搭个棚子，脱下上衣盖在棚子上，再在上面盖上青草……棚子里，尹星斗一边擦脸上的雨水，一边发电报。因为全身都被淋湿了，发电报时电键漏电，尹星斗的手被电击得又麻又痛，但他一直咬着牙，坚持把电报发完。

★ 电台周围突遭炮火袭击

几个小时后，师部回电，批准了二十团首长的请示。团首长立即通过电台，向各营下达新的作战命令。当尹星斗向一、二营发完电报时，敌人炮火开始朝我方猛烈袭击——因为敌人测出了我军电台的位置。炮弹在周围密集爆炸，尹星斗一面命令其他同志撤离，一面继续向三营发报，直至完成任务。当尹星斗抱起电台往山下跑时，一发炮弹在不远处爆炸，尹星斗被"土浪"和气浪打倒，滚到山沟底部，所幸只受了点皮肉伤，但他怀里还紧紧抱着宝贝电台。

各营按新的作战命令，向敌人准确地发射数百发炮弹，为步兵兄弟创造了良好战机。这一仗歼敌两个团。年底，团部因尹星斗在这次战斗中表现英勇，为他记了三等功。

★ 惊险跳出敌人"口袋"

炮七师赴朝后，正赶上第五次战役。我军从中间路线进攻时，敌人顺势后退。东西两侧的敌人却迅猛向北，去抄我军"后路"，企图将我军歼灭在狭长的山岭谷地之中。

一天晚上，炮七师二十团正准备向南转移时，突然接到上级急电，要求停止前进，速到某地集结待命。团长看了后脸色铁青，指着地图说："这个地方不在前面，而在大后面，这不是让我们向后撤退吗？这绝对不符合原来的作战意图。"团长、政委质问："是不是电报出了问题？"发报员王义成经过认真核查后，肯定地说："绝对没错！"于是，团首长当机立断，决定部队迅速向后转移。当全团到达上级指示地域时，得到消息，敌人已将"口袋"包围严实，而此时，二十团全团已在"圈外"——这就是朝鲜战场广泛流传的"一份电报救了一个团"的真实故事。

坚如磐石的堡垒

——中国人民志愿军修坑道用的工具

1951年6月，抗美援朝战争第五次战役结束后，战争进入相持阶段。在阵地防御作战中，装备处于劣势的中国人民志愿军战士依靠集体的智慧和力量，创造出坑道战法，构筑起一道坚不可摧的"地下长城"。此举不仅有效地削弱了敌人空炮火力的杀伤效果，大大增加了志愿军防御的稳定性，也为此后志愿军在战场赢得主动权奠定了坚实的基础。在抗美援朝纪念馆展厅里，就陈列着一组当年志愿军战士修筑坑道的工具——铁锤、铁镐、铁锹、钢钎、耙子……就是这些看似平常的工具，在英勇的志愿军手里，创造出了现代战争史上的伟大奇迹。

★ 凝聚鲜血和汗水的发明创造

1951年下半年，以美军为首的"联合国军"依靠武器装备上的优势，对志愿军发动了"夏季攻势"和"秋季攻势"。为提高生存能力，志愿军战士们在战斗实践中不断改进阵地工事。在反击"夏季攻势"中，志愿军四十七军一四〇师的战士在阵地堑壕壁上挖了一个洞，俗称"猫耳洞"，炸弹爆炸时，只要不在洞口，即能避过杀伤。但炸弹达到一定密度时，藏在洞里仍难以幸免。于是大家就把洞往里面挖，但重磅炸弹产生的冲击波仍然能够伤人，于是再拐九十度弯往深里挖，这样炸弹就很难直接杀伤人了。某班的两个洞一个左拐，一个右拐，恰好对接连通，形成了 U 形小坑道。敌人轰炸时，战士们就躲进去隐蔽；敌人步兵进攻表面阵地时，战士们就冲出去杀伤敌人。这样一来，具有作战功能的坑道已具雏形。

坑道工事对防御稳定性起到了明显的作用。志愿军司令员彭德怀对此极为重视，亲自钻进坑道视察，认为这是劣势装备的志愿军同优势装备的美军作战的一种好形式，称赞是个了不起的"发明创造"。苏联顾问团总顾问还亲自向一四〇师师长黎原询问坑道是谁发明的，"应当给这个人以很大奖励"。黎原回答："这个人叫'群众'，是广大指战员用鲜血和汗水发明创造的。"

以美军为首的"联合国军"的"秋季攻势"被粉碎后，战场相对平静。彭德怀司令员下令全军抓住这一时机开展大规模的坑道构筑作业，在战略防御地带构筑起一条坚不可摧的"地下长城"。故此，志愿军又把构筑坑道称作"筑城"。

志愿军战士们一手拿枪、一手拿钎，一边战斗、一边筑城。以美军为首的"联合国军"在上面打炮，志愿军战士在下面放炮（坑道爆破），日日夜夜滚动着隆隆的爆炸声。时值朝鲜最寒冷的时节，气温在零下二三十摄氏度，冻土层厚达 1 米左右，战士们不怕天寒地冻，不怕流血流汗，昼夜突击施工。缺乏工具，就自建铁匠炉，收集战场上的炮弹皮和装备残骸打造铁锤、钢钎等工具，仅十二军就设铁匠炉 42 盘，打制工具 1.06 万件。没有炸药，就冒着生命危险，从拆卸敌人未爆炸的炮（炸）弹掏出炸药，用于坑道爆破，保证了"筑城"工程的顺利进行。

★ 坚不可摧的"地下长城"

1952 年 4 月 7 日，彭德怀司令员从朝鲜前线返回北京治病。他向毛泽东主席、周恩来总理汇报了朝鲜战局，认为双方在战役相持阶段，志愿军应该依托坑道战同美国人对抗。毛泽东主席和周恩来总理都同意志愿军打坑道战。

1952 年 4 月 26 日，刚刚代理彭德怀在朝鲜职务的陈赓，在志愿军总部主持召开各兵团、各军参谋长筑城会议，他强调："坑道作业不仅仅是为了保存自己，更重要的是为了更好地消灭敌人。今后我们的坑道作业，要向既能防又能打的战术坑道方向发展。坑道必须与野战工事相结合，必须与防御兵力相适应，必须有作战与生活的设备，有统一的规格标准。像彭总说的那样，构筑一条坚不可摧的'地下长城'。"

经过几天的讨论，大家统一对筑城重要性的认识，进一步确立了科学筑城的技术标准和战术要求。必须达到"七防"的标准：即防空、防炮、防毒（疫）、防雨、防潮、防火、防寒；坑道工事必须与野战工事相结合，成为"四能"的完整体系：能打（消灭敌人）、能防（保存自己）、能机动、能生活。

会后，志愿军各部队在紧张的战备期间，抽出大量人力开展筑城，有的部队达99%，少的也在50%左右。他们按照志愿军总部提出的技术标准和战术要求，重新做出规划并加紧施工，改进了坑道顶部过薄、出口过少、不够隐蔽、不便运动和缺少生活设备等薄弱环节。坑道内部结构一般呈U形、Y形、H形、F形等。坑道内既有战斗设施，也有生活设施，如厕所、厨房、水池等，以适应战术与长期作战的要求。

1952年4月，志愿军十五军接防了二十六军的五圣山阵地。十五军军长秦基伟发现该阵地野战工事很强，但筑城滞后，就立即向陈赓汇报。陈赓急调十二军、六十军的坑道作业部队协助十五军筑城。十五军迅速成立了军、师、团筑城指挥部，提出"破开山腹筑长城，挖空岭心安我家"的豪迈口号。在十二军、六十军大力协助下，十五军一边抗击敌人进攻，一边紧锣密鼓地筑城。经过3个月的艰苦施工，阵地上共修筑坑道9000余米，新挖掘堑壕、交通壕5万余米，五圣山地区的阵地上建成了一套完整的能打、能防、能机动、能生活的坑道防御体系。

6月，志愿军总部又决定在中和、沙里院、伊川、淮阳一线构筑第二防御地带，加强防御纵深，抽调4个军的兵力参加筑城。到10月份，在横贯朝鲜半岛中部250公里长的整个战线上，形成了具有20至30公里纵深、以坑道为骨干、支撑点式的阵地防御体系，构筑起一条坚不可摧的"地下长城"。截至朝鲜停战，志愿军构筑的大小坑道总长1250多公里，挖堑壕和交通壕6240公里，比中国的万里长城还要长；共挖土石方6000万立方米，如以1立方米规格排列，能绕地球一周半，堪称人类战争史上的奇迹。

★ 攻不破的"东方堡垒"

志愿军坑道按照抗强烈度轰击要求构筑，战斗坑道能抗500磅级炸弹轰炸，大屯兵坑道能抗2000磅级的炸弹轰炸，明显地削弱了以美军为首的"联合国军"的火力优势。在依托坑道防御后，志愿军防御作战的稳定性大为提升，以美军为首的"联合国军"在极猛烈的炮火支援下，以小部队攻击志愿军阵地273次，后来不得不承认"仅成功11次"，而后期"小部队攻击90次，无1次成功"。

1952年10月14日，以美军为首的"联合国军"发动"金化攻势"。志愿军十五军在金化以北的上甘岭依托坑道工事进行了极其顽强的防御作战，经受住了世界战争史上力度空前的炮火打击，创造了抗美援朝坑道战的典型战例。

上甘岭的主要战场是537.7高地和597.9高地，只有3.7平方公里，属于五圣山的前沿阵地。597.9高地共有3条大坑道，8条小坑道和30多个简易防炮洞。

以美军为首的"联合国军"在强大的空炮火力的支援下，轮番向两个高地发起猛烈进攻。"联合国军"白天刚进占表面阵地，志愿军就在夜间发起反击，夺回阵地。战斗中，志愿军部队依托坑道一面呼叫纵深炮火，反击美军对坑道口的破坏；一面派出战斗小组夜间出击，于午夜到拂晓前乘敌疲惫、警戒疏忽时秘密接近敌工事，投入爆破器材后迅速撤回坑道，搅得敌人昼夜不得安宁。从10月21日到29日，志愿军坑道部队发动夜袭158次，歼敌4700余人，大量消耗了敌人的有生力量。

以美军为首的"联合国军"遭到沉重打击后，对坑道部队与后方的交通线实行严密炮火封锁。在极端困难的情况下，英勇无畏的志愿军指战员们顽强地坚守在坑道里，使占据表面阵地的"联合国军"如同待在火山口一般，终日惶恐不安。志愿军火线运输队则采取"匍匐运输""接力运输"等方法，千方百计把物资送进坑道。

在历时43天的上甘岭战役中，坚守阵地的志愿军指战员们依托横纵贯通的坑道工事,用血肉之躯在上甘岭筑造一个被对手称之为"攻不破的东方堡垒",使战线始终稳定在"三八线"南北地区。美第八集团军司令兼"联合国军"地面部队总司令范弗里特也不得不承认:"中国军队已在朝鲜山头阵地之下挖掘了实际的地下城市,构筑了四通八达的地下堡垒。"

　　毛泽东主席曾对坑道斗争予以很高的评价。他说:"能不能守,这个问题去年也解决了。办法是钻洞子。我们挖两层工事,敌人攻上来,我们就进地道。有时敌人占领了上面,但下面是属于我们的。等敌人进入阵地我们就反攻,给他极大的杀伤。我们就是用这种土办法捡洋炮,敌人对我们很没有办法。"1978年,叶剑英在一次重要讲话中指出:"上甘岭战役,在那么个不大的山头上,敌人投射了数千枚炸弹和上百万发炮弹,我们的战士就靠勇敢靠技术,同时也靠洞子,有效地保存了自己,大量地消灭了敌人。"

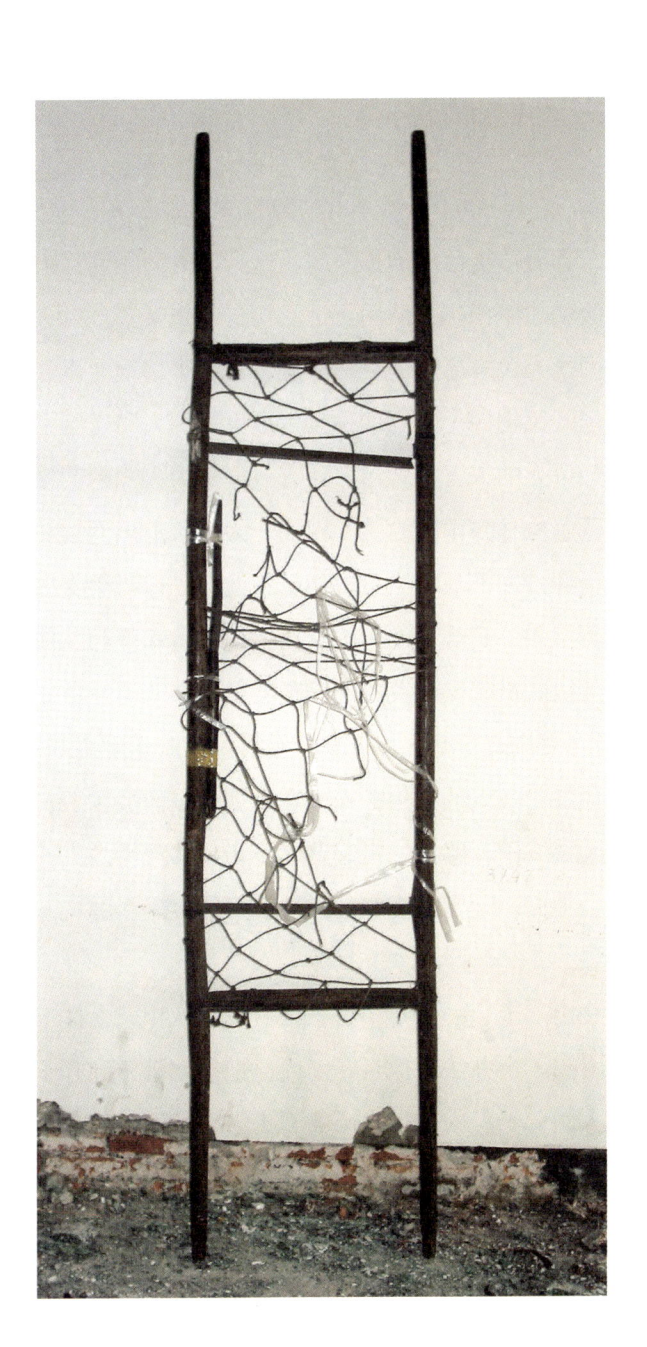

不穿军装的人民英雄

——赴朝参战民工使用过的担架

这是一件特殊的文物。它长300厘米、宽67厘米，由几根原木和草绳组成，长方形的木头骨架之间，部分草绳已经破损断裂。这样一件简陋到让人猜不出用途的文物，就是抗美援朝战争中担架队用于运送伤员的担架。

著名作家魏巍依据中国人民志愿军的英勇事迹，写下了战地通讯《谁是最可爱的人》，从此，祖国人民把一个崇高的称号"最可爱的人"送给了志愿军全体将士。然而，在"最可爱的人"的背后，还有一群鲜为人知的英雄，他们也跟着"最可爱的人"冒着枪林弹雨，驰骋在疆场，为保家卫国而战斗着。他们不是军人，却像军人一样，冲上战场去抢救伤员；他们也像当年支援解放军那样，推着独轮车，扛着担架，到烽火连天的战场运送粮食和弹药。他们就是赴朝参加战勤工作的担架队队员。支前英雄宁儒贤就是担架队的一员。

1950年11月，宁儒贤跟随辽宁阜新担架队，在村民的欢送中离开了家乡。

在第五次战役中，他冒着敌人的炮火，穿梭在硝烟弥漫的战场上，救下了数百名伤员。"有时候天黑下雨，路滑，走起路来步步是稀泥。敌人的炮弹不断地在担架前后方落下，地面上是密密麻麻的弹坑。每绕过一个弹坑，担架都颠得很厉害。"

最难的是抬着伤员往山上走，一个不小心，伤员就会从担架上摔下来。为了让担架更平稳，宁儒贤想了个办法。他走在前面，把担架带挎到脖子上，两手拄地跪着走，后边的人站着走。山路上尖硬的石头磨破了他的膝盖，血染红了裤腿。可他说，自己当时只有一个念头：救伤员要紧。

据宁儒贤回忆，有一次他们突破重重封锁，把伤员们抬到一间被敌机炸坏了的房屋里休息。其中有一位脸色憔悴的女战士，双眼紧闭，左腿用夹板夹着，已被鲜血染红，但她没有叫过一声。

宁儒贤和同志们帮她清洗伤口，翻身，换下脏衣服，悉心照顾她。女伤员很感动，告诉宁儒贤自己叫黄起荣，19岁，是在学校参加志愿军的，随部队前进时踩上地雷炸坏了一条腿。宁儒贤打心眼儿里敬佩这位女战士，专程把她护送到了义川兵站。临上车时，她紧紧握住宁儒贤的手说："我还要回来，咱们战场上见。"

英勇的志愿军战士不怕牺牲的精神，也鼓舞着担架队队员。战前动员时，曾有人向宁儒贤描述战场如何惨烈，他却说："我报名时就想好了，死也要死在前线。"他所在的担架队出国时有170名兄弟，归国时只剩下120名。

据不完全统计，辽宁人民在抗美援朝初期，根据志愿军赴朝参战的需要，组织了8011副担架、50070人赴朝直接支援战争。1950年11月，又组织了1000副基干担架和6703名人员赴朝执行任务。1951年1月，根据战争的需要，组成5个精干灵活的半军事化的担架团（共2160副担架、10900人），经过短期训练，赴朝长期随军执行战勤任务。为了满足战争的多方面需要，辽宁还动员了医务人员、汽车司机、铁路员工、翻译、船工等技术人员3万余人奔赴朝鲜提供随军服务。据统计，自1950年10月志愿军赴朝参战，到1953年7月朝鲜停战，辽宁先后共动员246.2万人次（1951年辽宁人口为1888.8万人）参加抗美援朝的各种战勤工作，有力地保证了前线作战对各种物资和人力的需要，为取得抗美援朝战争的伟大胜利做出了重要贡献。

1951年5月，第五次战役紧张之际，辽宁的担架队员们接到命令，到金刚山地区转移伤、病员。这时，敌军正在向金刚山地区反扑，形势万分紧急。这里2000余名伤员必须立即转移。担架队队员紧张地投入抢运伤员的战斗。他们把轻伤员抬上汽车，由志愿军部队马上运走；重伤员就由担架队队员抬着转移。正当他们紧急抢运时，敌机前来轰炸，敌人的地面炮火也不断地袭来。担架队队员们全然不顾，坚持继续抢运伤员。这次抢运，一副担架最多的抬过20多名伤员。支前的担架队队员们在各级党组织的领导下，充分发挥共产党员、青年团员的先锋模范作用，在危急时刻冲锋在前，克服一切困难，保证完成支前任务，表现出高度的爱国主义、革命英雄主义和国际主义精神，成为宝贵的精神财富，流传至今。

在看不见的战线上

——安东铁路电务段话务班王静彬的耳机零件

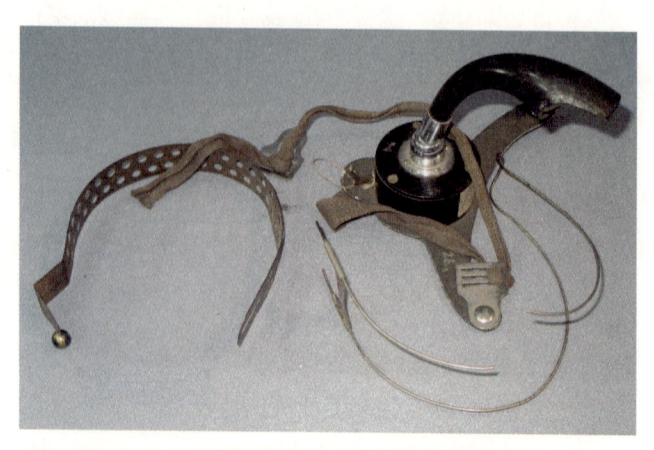

伟大的抗美援朝战争，牵动着每一个中国人的心。英勇无畏的中国人民或勇敢地走上前线，与侵略者进行面对面的殊死搏斗；或战斗在后方，一切为着前线服务。他们当中有热血男儿，也不乏巾帼英雄。在抗美援朝纪念馆珍藏的文物中，有一副耳机零件，就属于战斗在安东铁路电话所的女英雄、女模范——王静彬。

★ 电话所里的旗帜

抗美援朝战争开始时，王静彬还是一个19岁的姑娘。她个子不高，一双大眼睛总是注满憧憬、智慧和干劲儿。坐在电话所的交换台前，她的眼神、手指和话语，配合协调，每天不知疲倦地把各方来电接通、送出。

电话所的二层小灰楼，距离鸭绿江大桥仅二三百米。敌机把大桥作为重点轰炸目标，王静彬和伙伴们几乎每天都面临着死亡的威胁。一天，"隆隆"的敌机轰炸声，把电话所震得左右摇晃，墙面石灰噼啪啦地向下掉，尘土飞扬，隔音板被毁，工作台摇摇欲坠。王静彬和二十来位年轻姑娘惊恐万分。才过上好日子，她们却又噩梦一样陷入了战争的恐怖之中。

渐渐地，敌机轰炸成了家常便饭，大家也就习以为常。战争使得安东铁路电话所的地位和任务更加重要起来。3个市话台和2个长途台，整天整夜地繁忙，这是一个看不见的战线。中央首长的命令、军事物资运输通知、特急电话，不停地从外面传来，再迅速地传送出去，成为战时铁路交通运输的一根中枢神经。王静彬深知电话所工作的重要，她在残酷的战争面前，变得更加深沉和富有思想。作为党员、团支部书记和电话班班长，她不仅以身作则，在敌机轰炸时主动替换同志躲避，更注重做好思想政治工作和宣传工作。使得姐妹们从她身上，看到了友情，看到了意志。在她的带领下，电话所很快就成为一个坚强的战斗集体。而王静彬则是这个集体里的一团火焰、一面旗帜。

1950年11月2日，安东铁路分局召开抗美援朝生产竞赛大会，王静彬代表电话所发言时说："祖国需要我们的时候到了！鸭绿江水可以干，我们的意志不可以屈服。在任何情况下，我们都要坚守工作岗位，不因电话故障而影响全路工作，保证完成任务！"这铿锵有力、掷地有声的话语，赢得了会场上一阵阵热烈的掌声。其他站段的代表也纷纷奔上主席台，响应王静彬的倡议。一场空袭条件下的劳动竞赛，在安东铁路系统轰轰烈烈地展开了。

也就是从那时起，人们开始对王静彬这位文静的姑娘刮目相看。而更多人了解到她的勇敢，认识到她的"泼辣"，则是在1950年11月8日。

那天，100余架次的敌机不断飞来，将航空炸弹、燃烧弹倾泻到鸭绿江上的两座大铁桥上。一时间，水柱冲天，硝烟蔽日。电话所的小灰楼被炸得摇摇晃晃，里面的人被震得耳膜都要裂了。突然，一声"大桥起火了"的惊叫传来，王静彬焦急万分——鸭绿江大桥是通向前线的咽喉，保护好江桥事关重大！她顾不得多想，迅速安排好值班人员，然后拎着水桶，带着姐妹们向江桥奔去。

这时，空袭警报还未解除。但王静彬奋不顾身地跑在最前面，奋力扑火。她满身是水，脸被烟熏得黑乎乎的，若不是头上扎着辫子，没人认得出她是位姑娘。终于，大火被扑灭了。王静彬的英勇表现受到了领导和同志们的赞扬，同年，她被评为安东市劳动模范。

★ "六三制"

战争使王静彬深知，电话所里的工作如同铁路交通运输的一根中枢神经，这根神经一旦出现问题，后果将不堪设想。当时，安东铁路电话所只有3个市话台和2个长途台，虽然整天整夜不间断地忙碌，也难免出现这样或那样的差错。为此，王静彬感到，单单靠勇敢、靠工作热情和干劲儿是远远不够的，最重要的是把勇敢的精神和科学的工作方法、严密的工作制度结合起来。

于是，王静彬把工作经验和用户意见一条条记录下来，对外地电话所的先进方法反复琢磨，对照电话业务管理资料，逐条分析落实，提出了一套比较新颖、适用、可靠和富有效率的工作制度，概括为"六三制"，并请所里的同志们讨论，提出补充和修改意见。经过辛勤研究，不断完善，"六三制"作为安东铁路电话所的第一套完整的工作制度，正式建立并运行。

"六三制"具体规定：

三快：快接——市话和长话接线分别为5秒、7秒；快送——市话送信号不超过2秒；快撤线——市内外撤线8秒，接转时间1至4分。

三好：态度好——不向临席、用户和对方电话发脾气；联系好——与实验室、对方话所、市内台和长途台取得密切联系；节约好——爱护机械，执行电话编号。

三勤：勤学习——学政治，学业务，考试成绩必须达到规定；勤问——经常访问用户，收集意见，工作和学习上有疑难就问；勤溜线——每3秒溜一次。

三不：不闲谈；不错送电话——熟记电话号码，注意听，注意看；不接三股线——在共电复式交换台接线前必须试听再挂。

三正确：记录正确——字体正确，回答清楚；处理正确——要正确掌握通话时分流通话票顺序，处理统计正确；应答正确——做到耐心、简洁、明了。

三活：灵活运用回线；灵活操纵机械；灵活运用时间，保证完成回线运用率80%以上。

"六三制"不仅仅改变了电话所的工作面貌，而且为抗美援朝战争的铁路运输赢得了宝贵时间。执行"六三制"以后，生产劳动竞赛有章可循，电话所工作井然有序，工作效率大大提高。电话班热情、周到、细致的服务，受到各方用户的表扬。王静彬本人创造了万次接通电话无差错的纪录。

★ 荣誉

"六三制"工作法在铁路系统引起了强烈反响,铁路安东系统首先推广了"六三制",号召学习王静彬刻苦钻研业务,为着战争的胜利勤奋工作的革命精神。铁道部东北特派员办事处电务部,号召全东北铁路系统电务段学习"六三制"工作法。在辽东省工会会员第一届代表大会上,王静彬向与会代表介绍了"六三制"。

1951年4月,王静彬领导的话务班向全国铁路系统话务所提出竞赛挑战,来自北京、沈阳、鞍山等地的32个话务所应战。就在这一年,王静彬被授予"在敌机轰炸下,坚持工作岗位的好榜样"称号,并被选为全国铁路劳动模范。她的模范事迹,被《工人日报》《人民铁道报》《辽东大众》刊载。她所在的电话所也被评为东北铁路系统模范电话所。

1951年7月,王静彬接到团中央通知,到北京集训,准备随中国青年代表团出席在民主德国柏林召开的世界青年与学生和平联欢节。这是王静彬一生中最难忘的一段经历。临行前,她见到了敬爱的周恩来总理。当团中央领导将王静彬介绍给周总理时,周总理握住她的手,亲切地说:"你就是安东的那位青年电话班班长吧?"王静彬激动得连连点头。她做梦也没有想到,周总理能记住她这个普普通通、平平凡凡的电话班班长的名字。在出访期间,王静彬与100多个国家的青年代表聚集在一起,欢度第三届世界青年与学生和平联欢节。所到之处,她看到外国朋友对中国青年代表团的友好和尊敬,为祖国而自豪的心情一直伴随着她。她更加下定决心,无论何时何地,只要祖国需要,就将义无反顾,奋勇向前。

尽管有了那么多的工作成绩和荣誉,王静彬仍然热衷于电话所的工作。到外地参加各种会议和活动回来,她甚至连家都不回,马上赶到电话所工作。电话班的同志把王静彬的光荣看作大家的光荣,更加团结一心,各项工作均达到历史最好水平。而王静彬越是有荣誉,就越严格要求自己;越是眼界开阔,就越密切联系群众,直至抗美援朝战争结束后,她依然忘我地工作在这条看不见的战线上……

誓死保障通信畅通

——安东报话局模范话务员王心力的耳机零件

抗美援朝战争开始后，美机不断侵入安东（今丹东）市上空狂轰滥炸，市内的长途电话线路多次遭到严重破坏。安东电报电话局职工发扬不怕苦、不怕死的精神，冒着美军飞机的轰炸和扫射，坚守机台，抢修线路，保证了全市党政军机关重要电信的畅通，为支援抗美援朝战争做出了重要贡献。在战争期间，人们把这条电话线誉为炸不断的"中枢神经"。

在抗美援朝纪念馆，就收藏着一组来自于抗美援朝期间"英雄话务班"班长王心力的耳机零件。

★临危不乱的巾帼话务员

1950年11月8日，成群的敌机对鸭绿江大桥进行了狂轰滥炸，安东市的通信线路遭到严重破坏。敌机俯冲的吼声与炸弹的爆炸声连成一片，安东电报电话局大楼的玻璃几乎全部被震碎，桌椅随着爆炸声不停地震动。在人们大都躲进防空洞的时候，电报电话局的话务员们为及时传输军事通信，冒着炸弹随时可能落在头上的危险，坚守在工作岗位上。她们的双耳被震得嗡嗡直响，手中的塞头在摇晃中总是不能插入塞孔。然而情况越是紧急，电话也就越多，话务班班长、共产党员王心力深知，此时的电话不是指挥战斗，就是传递防空情报，每个电话都与前线、后方息息相关，如果稍有疏忽，就会给国家和人民的生命财产造成不可估量的损失。危急关头，她沉着冷静地把一个个塞头准确地插进塞孔，及时接通来自各个方面的信息。在她的鼓舞下，话务班的19名女话务员（其中3名党员，14名团员）都已将个人安危置之度外，想尽一切办法稳定住身体，双手迅速敏捷，将前后方频繁的电话一次又一次地准确接通，确保了在紧急情况下的电话畅通。

★ 用生命争取时间

1951年11月8日上午，由于敌机的轰炸，全市通信线路面临巨大危机的时刻，安东电报电话局共产党员、杆线线务员张智生接到一项重要任务：务必在13时之前，从镇江山（现锦江山）到鸭绿江桥头架设一条军事通信线路。他深知这条线路的重要性，二话没说，立即拿起工具和另外一名同志前去执行任务。他顶着敌机的轰炸，穿梭在滚滚的硝烟里，炸弹一次次地在他身边爆炸，一枚枚弹片从他身边擦过，硝烟熏得他头晕目眩，甚至差点儿从几十米高的电线杆上摔下来。他却仍然不顾自身安危，捏着钳子把使劲儿地拧着线头，一根线杆一根线杆地往前接，硬是在敌机的轰炸中提前完成了架线任务。

在这次敌机轰炸中，安东市沿江一带20余根电杆被炸毁，造成重要通信线路中断，负责这一带通信线路维修工作的是安东电报电话局线务员战德兴。他接到抢修通知后，冒着敌机的轰炸和扫射立即赶往现场，用坚定的信念和顽强的意志仅用1小时20分钟就将线路修通，创造了快速抢修通信线路的纪录。此后，这条线路经常被炸，战德兴同志用熟练的业务确保了这条重要的通信线路在战火中畅通无阻。用他的话说："饭可以不吃，觉可以不睡，但线路不可一时不通。"

★ 你扔你的炸弹，我架我的杆线

在抗美援朝战争中，安东电报电话局杆线班打造了一支英雄的战斗集体。架设2000米沿江国防通信电缆线工程是在敌机的轰炸下施工的，李凤林、杜秉钧、姜振海等5名同志废寝忘食地连续工作了三天三夜，完成了平时需要10天完成的工程量；架设机场重要电话线也是在敌机的轰炸下施工的，经过夜以继日的突击，使上级原计划20天完成的架线工程，仅用了10天便完成，提前沟通了机场与内地的通信联系；架设鸭绿江临时通信线路仍是在敌机的轰炸下施工的，敌机轰炸鸭绿江大桥时，穿过鸭绿江的水底电缆被炸坏，杆线班的同志立即赶赴现场，冒着敌机的轰炸，迅速地在江桥上架起了临时线，保证了安东与新义州之间的通信。后来，他们又千方百计克服了缺乏原材料的困难，于1951年9月底彻底修复了过江电缆，确保了我国与朝鲜的通信畅通。

★ 三次"搬家"

抗美援朝战争时期，针对敌机频繁轰炸扫射以及电报电话局地处敌机轰炸中心的实际情况，为确保通信线路畅通和通信设备的安全，安东电报电话局进行了三次大搬家。第一次于1950年11月8日敌机大轰炸前后，从七经街局址搬至八道与九道之间的水洞里。由于雨季雨水增多，在水洞里的通信设备无法安全运行，1951年春夏之交，电报电话局又从水洞搬出，一部分搬至现丹东市第一医院后面平房，另一部分搬至八道派出所平房。1951年冬天，八道防空洞工程基本完工，通信设备全部搬入洞内。

安东电报电话局的三次大搬家，是在保证通信不间断、在敌机轰炸扫射的情况下进行的。为了确保在迁移过程中不中断通话通报，减少物资消耗，职工们发挥聪明才智，将外部地下线改成直通线，直接接到新搬的通信设备上开通使用，这样既不用架新线，又可以在搬迁过程中照样通话通报；机务站采取机器来回倒的办法，开通这部载波机，再挪另一部载波机，工作量增加了几倍，但却保证了搬迁与通话通报两不误。这三次搬家，工作量比新建一个电报电话局的工作量还要大，但15名同志只用了4天的时间就完成了全部搬家任务，电报电话一刻没有停过。在搬迁过程中，职工们还对各种通信设备的布局重新进行了编排，使其更加合理，更加适合防空和军事通信的需要。

在抗美援朝战争中，安东电报电话局作为抗美援朝战争总后方基地最前沿的通信单位，在艰苦的条件下，胜利地完成了军事通信任务，立下了不可磨灭的历史功绩。1950年12月17日，东北地区邮电管理局通令嘉奖处于国防第一线的安东电报电话局职工，号召全东北地区的邮电职工向安东电报电话局职工学习，为抗美援朝多做贡献。19日，东北邮电管理局授予安东市电报电话局长话班"'沉着、英勇、坚定、确保邮电畅通'先进集体"称号。1951年5月，辽东省首届妇女代表大会赠予安东电报电话局王心力模范话务班一面锦旗，勉励她们"继续发扬高度的爱国主义精神，保持全班的光荣"。

美国空军战俘换回钱学森

——美军侦察机被中国人民志愿军击中后美军逃生使用的白色降落伞

战斗战场篇

当你走进抗美援朝纪念馆,会看到一个不再洁白的降落伞,静静地伏在展柜里。

1950年6月25日,朝鲜战争爆发。7月7日,美国不顾中国和世界爱好和平人民的一再警告,操纵联合国安理会通过非法决议,纠集15个国家的仆从军队,打着"联合国军"的旗号,武装入侵朝鲜,公然实施侵略。据统计,至1950年10月底,美国空军共有14个联(大)队,其中2个战斗机联队、3个战斗轰炸机联队、2个轻轰炸机联队、3个中型轰炸机联队、1个海军陆战队航空兵联队、3个舰载机大队,各型作战飞机1100余架,连同英国、澳大利亚、南非联邦及南朝鲜空军的兵力,总共有各型作战飞机1200余架。美军飞行员大部分参加过第二次世界大战,飞行时间多在1000小时以上,经验比较丰富。

面对敌人强大的空中优势,中国人民志愿军战士发扬了伟大的抗美援朝精神,不畏强敌、英勇善战,圆满完成了中国人民赋予的光荣而伟大的使命。在辽宁省丹东市,还流传着一个"五龙山下捉飞贼"的故事。

★ 志愿军空军歼击美军间谍

1953年1月12日21时15分,美军581空中补给与通信联队上校司令官诺克斯·阿诺德率领13名美军特务驾乘RB-29侦察机窜入安东市境内侦察。

RB-29侦察机窜入安东境内后,就被志愿军地面警戒雷达发现。志愿军空军浪头机场两架米格-15战斗机紧急起飞拦截,长机正是击落过美国"王牌飞行员"戴维斯、大名鼎鼎的志愿军空军飞行员张积慧。两架米格-15战斗机直向中朝交界的鸭绿江上空飞去,当时的志愿军空军昼间战斗机基本都没有装载对空搜索雷达，对目标的搜索只能停留在目视搜索和地面雷达引导。

地面雷达判断这是一架 RB-29 侦察机，张积慧与僚机分工监视着周围空域。突然，张积慧发现前方的高空有一道飞机拉出的尾迹，他与僚机连忙急速向敌机逼近。此时正肆无忌惮在我领空偷窥的美机丝毫没有觉察。张积慧对僚机下令："准备战斗！"两架米格-15 战斗机迅速爬高占位，这种战术是志愿军战士常用的攻击方式，可以充分利用高度的优势。

随后，两架米格-15 战斗机占据美机右上方有利位置，张积慧战机的瞄准器光环已套住敌机，随着一连串炮弹射出打在 RB-29 侦察机上，美机开始冒烟，但依旧能飞行。美侦察机不甘失败，飞机姿态由上升突然改为俯冲，企图再次逃窜。僚机紧紧咬住不放，又向其猛烈开火，美机摇摇晃晃冒着浓烟向下坠去……张积慧在空中掉头，又追着美机进行第二轮猛烈射击。22 时 14 分，这架 RB-29 侦察机摇晃着向安东北部的九连城、楼房、老古沟、五龙背方向坠去，机上人员先后跳伞。

★ 安东人民捕获美军间谍

此时，安东市公安局干警吕永令正回家走在十字路口处（今丹铁招待所旧址附近），恰好目睹了空中激战的场面。他立刻返回局里，向治安行政科科长刘玉奎报告了情况。刘玉奎听后，马上同市防空指挥部联系，查明美机坠落五龙背的方向。随后治安行政科副科长董绍忠带领王宝禄等 5 名侦缉队员前去搜索坠落飞机，组织当地民兵搜捕空降人员。沿途的干部、群众闻讯后，也纷纷行动起来。

就在美机被我军击中起火之时，五龙背区（今五龙背镇）区长王春荣刚开完区委会从会议室出来，忽听机声隆隆，抬头一看，一架飞机吐着火舌，呼啸着向五龙背方向坠来。王春荣见状，立即同于心田等 3 名公安干警及 7 名区干部徒步朝飞机坠落方向追去。他们跋涉十余华里后，追至与五龙背区交界的凤城县边门区（今汤山城乡）榆树林村，忽然发现该村南山沟里火光冲天，便直奔过去，只见一架被摔得七零八落的飞机正在燃烧。王春荣等人上前将机号记下：44-62217，并步量了机翼长短，随后撤离现场。

几乎与王春荣发现飞机同时，五龙背区老古沟村民兵宫同臣接到区武装部电话："一架敌机向五龙背方向坠去，你村民兵要立即行动严密监视动静。"宫同臣放下电话，立即让民兵张永功给民兵队队长蔡喜厚送信。蔡喜厚得到敌情报告后，连夜派民兵将各交通要道及隘口看住。13日5时左右，市公安局接到侦缉队队员报告：美机坠落地点已经查明，现已组织人力搜索跳伞人员。随后，市公安局治安行政科科长刘玉奎带领39名公安队员于拂晓出发。7时许，秘书科科长王悦鹏又率两名干警和一名英语翻译前往五龙背，配合当地政府指挥搜山。

5时左右，一名美军躲到五龙背区新康村民兵何连贵家的柴垛里取暖，被何的妻子发现，立即喊来丈夫和民兵将其捉获。几乎在同一时刻，新康村民兵队队长王吉生得到报告：一降落伞落在村民王金玉家对面的河套西侧。王吉生赶到现场，只见一只降落伞挂在河套边的树上，两个清晰的大脚印留在雪地上。王吉生一面派民兵孙勇和等人上区政府报告，一面准备带人搜索。就在这时，东山传来了枪声，王吉生带民兵张学材、李月亮、孙永芳等20余人直奔东山。这时天光已朦胧，一名腿部受伤的美军正坐在东山坡一沟沿处，降落伞堆在其身后的一片小松林里。王吉生手握仅有的一杆长枪，带领民兵们顺山沟绕到美军身后，猛地喝道："不许动！"美军便乖乖束手就擒。

这时新康村西山又传来了枪声。正在执行任务的民兵郑范英、蔡运清二人迅速向枪响处跑去。当二人来到西山顶时，一美军正站在一棵树下，四处张望。蔡运清、郑范英手持木棒猛冲上去，美军见状，赶忙举起双手投降。

7时许，王吉生又接到报告：民兵孙勇方家后山（西山）一石砬子处发现了美军。王吉生又带20余人前去捉拿，由民兵李月亮抢先将其捉获。新康村民兵抓获4名美军的消息很快被公安人员得知。8时许，市公安局秘书科科长王悦鹏带9名干警及一名翻译，由五龙背区政府赶至新康村，将4名美俘押回区政府。经审讯方知：12日晚被击中的飞机内共14人，大都跳伞。据此，安东市公安局遂把搜山重点放在已发现的空降人员周围十数里的地方，以尽快抓捕剩余美军。11 时左右，我公安人员把飞机坠落现场保护起来，并将机舱内和周围树上发现的两具美军尸体也看护起来。

就在新康村民兵行动的同时，荒湾村民兵也开始行动起来。7 时左右，一美军跳伞后饥饿难忍，高举双手到村民李开江家要东西吃。李开江一面找东西给他吃，一面派孩子找来民兵张万忠等人将其捉获。9 时左右，民兵姜殿村在北山冈发现两个大脚印。于是，他便顺脚印往前搜索，当来到一大石砬子旁再往前走时，脚印中断了。姜殿村正在纳闷，猛然，从石砬子边站起一个人来。只见此人黄头发、蓝眼睛、高个子，身穿皮夹克，脚蹬长筒皮靴。姜殿村马上断定：这就是跳伞的美军。于是，他灵机一动，把手背到身后，佯装要掏枪。美军见状，以为他真的有枪，便赶忙举起双手，做了俘虏。10 时左右，在村北山梁善仁家附近，民兵唐景有、娄德财和闾长夏义成 3 人发现一个降落伞挂在一棵树上。3 人经过两小时的搜索，在一山坡背风处的小洼地里，搜出了躲在这里的一个美军。

老古沟村的民兵在各交通要道与隘口警惕地守候了一夜。13 日 6 时，小学生时纪念向民兵宫同臣报告：在于长太家附近的地头上发现一具美军尸体。宫同臣和民兵李玉福、时纪贤等人立即赶赴现场，并将现场保护起来，同时注意观察周围动静。约 8 时左右，宫同臣发现：前方不远的半山腰，有个人影在一块石砬子后晃来晃去，持续了好长时间。宫同臣怀疑有敌情，遂与时纪贤等人分两路，从山沟两侧向山上摸去，等靠近石砬子时，时纪贤高喊"不许动，缴枪不杀！"躲在石砬后的美军扑通一声跪到地上，举手当了俘虏。与此同时，民兵郝永昌、张永礼和张学福等人在向曹文甫大岗搜索途中，也捕获了一名美军。这时，民兵刘所有、唐风志等十余人，正搜至本村三道湾处，刘所有发现沟底有降落伞。于是，他们迂回到西南面的一个山头，看见在沟底的降落伞旁边坐着个美军，正在摆弄枪。他们立刻分成两路，唐风志持枪带人从侧面迂回，刘所有一人佯装无事从正面向美军靠拢。等美军发觉时，已将其包围，美军只好乖乖束手就擒。

就这样，经过一夜一上午的紧张搜捕，到 15 时左右，五龙背区政府院内，已先后羁押了 10 名美军俘虏。据俘虏供称，还有一名叫阿诺德的头目尚未被抓获。

16 时，老古沟村民兵队队长蔡喜厚，在本村速成班（扫盲班）院里，又接到值班民兵的报告："区上来电话，说还有一美军头目尚未抓获，要我们继续搜索。"蔡喜厚立即带民兵张水斗、于振权等 4 人来到村北的窑沟地带。在一偏僻山坡上，蔡喜厚突然发现地上有人坐过的雪坑。此时天已快黑，为尽快捉到这个美军头目，蔡喜厚指挥大家分头行动，四下搜索。4 人分开后不久，于振权首先高喊："这儿有一个！"蔡喜厚等人听到喊声，立刻向于振权奔去。这时，在离他们 10 米远的地方，一军官模样的美军正蹲在一棵松树下，看其面容 40 多岁，身材魁梧。蔡喜厚率先冲上去，猛地将其后腰抱住，但被其用力一甩，差点把他甩到沟里。这时，民兵张永斗一个箭步冲上去，奋力死死抱住他，在蔡喜厚等人协助下，从其身上下了手枪，朝天鸣放，以示警告。他这才投降就擒。

经审讯得知，此人名叫约翰·诺克斯·阿诺德，为美国 581 空中补给与通信联队上校司令官。这次他共带 14 人入侵我领空进行战略侦察，不想被我一网打尽。至此，在我公安干警与当地民兵密切配合下，经过昼夜奋战，终获全胜；除 3 名美军摔死外，其余 11 名全部捕获；同时，还缴获手枪 14 支、子弹若干、大小电台 3 部、绢质地图 8 张、降落伞 10 个及大量救生物资等。

美机入侵安东上空的事件，很快引起我国政府的高度重视。1 月 21 日，周恩来总理发表声明，抗议美国派遣军用飞机侵犯我领空的罪恶行径。为了维护我国领空的尊严，我最高人民法院就此事件，经过近两年的调查、审理，1954 年 11 月 23 日，中华人民共和国最高人民法院军事审判庭开庭审判美国间谍案，对入侵安东地区以美国第十三航空队 581 空中补给与通信联队上校司令官约翰·诺克斯·阿诺德为首的 11 名美国军事间谍分别判处 4 年至 10 年有期徒刑。

1955 年 5 月 24 日，北京最高人民法院军事法庭对哈罗德·爱德华·费席尔、埃德温·赫勒尔、罗兰德·帕克斯、莱尔·卡梅隆 4 名美国飞行员进行审判，均以侵犯中国领空罪被判处 10 年有期徒刑。

美国间谍案、美国飞行员案的宣判，在国际上，特别是在美国国内引起了强烈反响，给美国政府造成了巨大政治压力。

★ 意外换回钱学森

钱学森，世界著名科学家，空气动力学家，中国载人航天奠基人，中国科学院及中国工程院院士，中国两弹一星功勋奖章获得者，被誉为"中国航天之父""中国导弹之父""中国自动化控制之父"和"火箭之王"。1934 年，钱学森从国立交通大学机械工程系毕业，第二年赴美进修。1955 年，在毛泽东主席和周恩来总理的争取下回到中国，先后担任了中国科学技术大学近代力学系主任、中国科学院力学研究所所长、第七机械工业部副部长、国防科工委副主任、中国科学技术协会主席、中国人民政治协商会议全国委员会副主席、中国科学院数理化学部委员、中国人民解放军总装备部科技委高级顾问等重要职务。由于钱学森回国效力，中国导弹、原子弹的研制和发展速度大大加快。

新中国成立后，赴美留学的钱学森一心想要归国报效，却被美国以各种方式阻止。但可能鲜有人知，钱学森的归国，也有抗美援朝战争胜利的因素，不仅如此，还与整个抗美援朝大后方、安东人民勇抓美军俘虏的事件息息相关。在抗美援朝战争中，志愿军曾对入侵中国领空的美国侦察机、轰炸机和战斗机进行有力反击，不断击毁和击落来犯敌机，安东公安也积极配合，组织民兵群众搜捕被击落之敌。而这次特殊的胜利，加速了钱学森归来、报效祖国的进程。

早在中华人民共和国宣告成立后，钱学森和夫人蒋英便商量着要早日回归祖国，为自己的国家效力。但一直被美国限制他的自由，不准离开美国。当时美国海军次长丹尼·金布尔声称，钱学森无论走到哪里，都抵得上 3 至 5 个师的兵力。而对中国政府来说，新中国成立后，尤其是在 1953 年中国开始执行第一个五年计划后，更需要掌握国防科学技术的建设人才回归祖国。当时周恩来总理提出，在美国对华政策相当敌对和僵硬的条件下，可以抓住美国急于要求释放被押在华美侨的愿望，开辟接触的渠道，寻求改善两国关系的可能性。

正是在这种历史背景下，中美两国政府都有通过谈判使本国侨民得以顺利归国的意向和需求。

1954年4月，中、苏、美、英等国代表为解决朝鲜和平问题，在瑞士日内瓦举办国际会议。周恩来总理作为中国代表，带领众人参加了此次会议。在此期间，美国委派英国驻华大使杜威廉拜访周总理，向周总理传达美国希望中国释放美军俘虏和美国公民的想法。

"这是个绝佳机会"，周恩来总理将此消息传给毛泽东主席后，两人就如何营救包括钱学森在内的中国留学生一事，很快达成一致。

美国最想要回去的，是美国飞行员。培养一名飞行员，要耗费巨大的财力，更何况这些被俘人员还有非常丰富的作战经验。周恩来总理传达指示，只要双方都想解决问题，都满怀诚意，问题就能迎刃而解。

而美国却异想天开，一边想要回被俘人员，一边又不想和中国政府正面谈判，从而承认中华人民共和国的既定事实。最终，美国还是派出副国务卿约翰逊同我国谈判，周恩来总理则指派时任外交部办公厅主任、中国代表团秘书长王炳南作为中方代表，前去参加会谈。

会谈进行了4次。第一次会谈地点，是在美方提议的国联大厦。双方交谈了近半个小时，气氛融洽，只是没有谈到具体问题。第二次会谈地点，是由中方提议的，还在国联大厦。此次会谈与第一次会谈相比，气氛相当严肃。

会上，约翰逊拿出一份被中方拘禁的美国人员名单，希望中方能让这些人早日回家。

王炳南看了名单后，淡定地说道："问题不大。对于美方的请求，我们同意这些人跟他们的家人通信，但他们在中国领土犯了罪，中国政府就要对他们进行审判，至于是否减刑或释放，这还要看他们的表现。"

随后，王炳南谈到重点："但中国在美国的近5000名留学生，他们只是在美国学习，却无故被扣押，如今他们要求回国，又被百般为难，这是说不通的。我方希望美方能释放这些留学生，还他们自由，让他们回家。"

此次会谈结束后，周恩来总理根据当时情势，做出决定：为了让钱学森等人早日回国，中国可以率先表示诚意，释放一部分抗美援朝战争中俘获的美国飞行员。日内瓦会议结束后，中美双方就此问题继续进行谈判。最终，中国决定提前释放4名美国飞行员。

眼看双方就要达成共识，美国却在此时耍起了无赖。

约翰逊在会谈中诡辩："美方可以释放其他留学生，可对于钱学森，由于他本人并没有要求回国，所以美国政府不会放钱学森回国。"彼时的钱学森时时被美国政府监控，言行都不能跟随内心，他要如何向中国表达自己想要回国的迫切呢？谈判陷入了僵局。

就在中方一筹莫展之际，一封署名为"钱学森"的信送到了周恩来总理手里。原来，早在1955年6月，钱学森在一份材料中看到了关于中国领导人在天安门广场庆祝五一劳动节的照片。照片中有他认识的一个人，这人就是陈叔通，当时的他是全国人大常委会副委员长。陈叔通家和钱学森家是世交，此时已经被美国政府监视的钱学森，灵机一动，决定向陈叔通求救。

信中有一段这样写：

"……报纸上说中美交换被拘留人之可能，而美方又说谎，谓中国学生愿意回国者皆已放回，我们不免焦急。我政府千万不可信他们的，除去学森外，尚有多少同胞，欲归不得者……我们在长期等待解放，心急如火，惟恐错过机会，请老先生原谅，请政府原谅。"

已经被监视看管的钱学森是如何把这封信邮寄回国的呢？他和妻子蒋英商议后，决定让蒋英模仿孩童字迹，并用左手抄写在一张薄纸上。然后，两人假装去逛集市。到集市后，为了不引起美国特工们的猜疑，在路过一家较大的商场时，钱学森让妻子一个人去逛，自己则假装在外面等。蒋英则将这封信投递到了商场的邮筒里。

收件人当然不是陈叔通,更不是周恩来总理,而是远在比利时的蒋英妹妹蒋华。蒋华收到信后,迅速将信转寄给在上海居住的钱学森父亲钱均夫。钱均夫看到来信,意识到兹事体大,把信送到了外交部,外交部把信送到了陈叔通手里。

这封至关重要的信件,时隔几个月,几经辗转,终于被周恩来总理看到。读完信后,周总理又秘密将信送到了正在跟美方谈判的王炳南手中。

1955年8月1日,中美双方再次进行会谈。

会上,"中方以释放11名美飞行员和钱学森亲笔书信为筹码",希望美方遵守之前所说,释放有回国意愿的中国留学生,并协助中国政府帮他们回国。

会谈结束后的8月4日,钱学森就收到了美国移民局准许回国的通知。

1955年9月17日,被美国政府扣留长达5年之久的著名火箭专家钱学森携妻与子,从美国洛杉矶登上了"克利夫兰总统号"轮船,踏上了回归祖国的旅途,梦寐以求的回国愿望终于实现!

他发现了美军投放的细菌弹

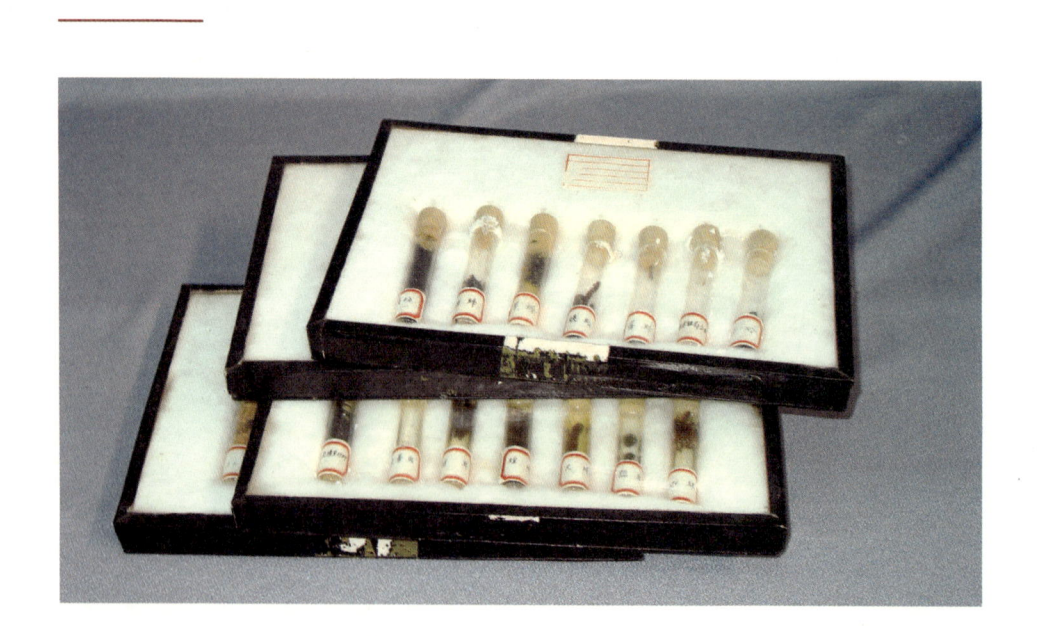

——美军在宽甸投放的细菌毒虫标本

1952年初，抗美援朝战争陷入胶着状态。为了取得战场上的优势，美国当局竟违反国际公法，在朝鲜北方和中国部分地区秘密进行细菌战，企图以此残害中朝军民，削弱中国人民志愿军和朝鲜人民军的防御力量，增加中朝方面的压力，以影响停战谈判，同时试验其细菌武器的性能。在抗美援朝纪念馆中，就保存着美军在抗美援朝战争中投放的细菌毒虫标本等罪证。

★ 发现细菌弹

1952年春，18岁的李克俭正在宽甸县中学读初中一年级。当时，美国侵略者向朝鲜战场和我辽东地区撒布了大量带有细菌的昆虫，宽甸县受害最重。从3月3日夜间起，美机不分昼夜，连续多次在宽甸县境内投放带细菌的毒虫和化学毒弹。3月12日中午，8架美机侵入宽甸县城上空，投下一白色物体，目击者韩永斌当即报告县政府，县政府随即组织群众搜寻未果。3月20日，美细菌战罪行调查团东北分团团长田德明与团员到宽甸县调查美机撒布细菌毒虫的罪行。21日上午，宽甸县中学师生向调查团控诉了美国侵略者灭绝人性的罪行。下午，宽甸县中学全校师生到城东门外漏河套大地里去捕捉细菌毒虫。

那时，与同学们一同检视美军细菌战罪证的李克俭，突然在漏河东一块苞米地里，发现了一个白色凹形半圆金属物体，上面印有清晰的"USA"字样。在这物体旁，有很多用剪子剪过的鸡毛，还有大量苍蝇、蚊子等昆虫，有的已死亡，有的爬出晒太阳，有的成群聚集在苞米秆上。李克俭不免怀疑起来——刚刚下了一场雪，天还很冷，哪儿来的这么多苍蝇、蚊子？他马上将这一情况报告了校长王从安。王从安立刻向县政府报告，县政府又报告了调查团。调查团的同志接此报告，马上赶赴现场进行考察，并取得苞米秆与弹体，进行化验，结果证明，苍蝇、蚊子都带有炭疽杆菌。

★ 控诉罪行

3月24日，中外记者团到宽甸县，调查美机投放细菌毒虫的罪行。作为目击者，李克俭向记者团详细讲述了发现细菌弹的经过，并带记者团成员到现场进行拍照和搜集物证。同时，他还协助拍摄了纪录电影。晚上，宽甸县县长胡安和校长王从安送李克俭和另一名目击者韩永斌去位于安东的辽东省委，省政府主席高扬接见了他们。次日，他们又被送到沈阳东北人民政府，东北人民政府卫生部副部长白希清接待了他们，并让他们讲述了有关情况。

3月末，李克俭和韩永斌再次去沈阳。这次，他们在那儿住了七八天。这期间，他们接受了中国及世界许多国家的记者的问询，详细讲述了美机投放细菌毒虫的罪行。此间，国际律师调查团在沈阳召开会议，律师调查团反复向李克俭发问："你是怎样发现细菌弹体的？你怎样肯定这是美国投放的？"等等。李克俭都给予肯定地回答："弹壳上印有清晰的'USA'字样，这是全世界众所周知的美国标记。在我们宽甸县冬天从来未发现过苍蝇、蚊子等昆虫，更不用说成堆地在雪地活动了。而且这些昆虫就在标有'USA'字样的弹壳旁，经化验都带有炭疽杆菌。所以，它们是美机投放的是无疑的！"对于李克俭有理有据的回答，律师调查团成员都做了详细的记录。

4月7日，李克俭和韩永斌被送到北京作见证人。在北京，他们受到了周恩来总理和邓颖超、彭真、聂荣臻、郭沫若、沈钧儒、康克清等党和国家领导人的亲切接见。特别是周总理如慈父般的亲切嘱咐，令李克俭终生难忘。周总理对李克俭说："外出不要说是来做证人的，现在特务很多，要防备敌人杀人灭口。"聆听了周总理的亲切嘱咐，李克俭心里暖乎乎的，有一种说不出的感动。为了深刻揭露美国侵略者的罪行，中国举办了美国侵略者细菌战罪行铁证展览。而宽甸县送去的实物也在那里展出了。

五一国际劳动节期间，世界上50多个国家的代表团来到中国。周恩来总理邀请他们参观了展览，在全世界形成了谴责使用细菌武器的强大舆论。

★ 消除质疑

6月，李克俭又接受了莫斯科国际经济会议各国代表的问询。他们中有不少人是带着质疑到中国来的。他们认为，美国是世界上强盛的文明国家，不会使用细菌武器。李克俭和韩永斌用铁一般的事实，向质疑者揭露了美国侵略者的野蛮行径，消除了众人的怀疑。

8月，李克俭和韩永斌出席了国际科学委员会在沈阳召开的会议。会上，来访者提出了一个李克俭从未回答过的问题：3月12日投的细菌弹，21日才被发现，时隔9天，中间还下了一场雪，苍蝇、蚊子为什么还活着？

李克俭一时没反应上来，愣在那里，急出了一头汗。这时，科学家钱三强的爱人用五个手指在桌子上一支，东北人民政府副主席林枫又指了一下地图，李克俭顿时心中一亮。他走到地图前指着地图说："我们宽甸县与朝鲜一江之隔，美国飞机来得很容易，但他们绝不是来游玩的，凡来者都有其目的。细菌弹落在一块苞米地里，苞米茬子支棱起来离地面有三四寸高，而且又是空心的，这是苍蝇、蚊子隐蔽的好场所。虽然下了场雪，但那时已是初春，气温在逐渐上升。因此，这些受过特殊'训练'的苍蝇、蚊子藏在里边没有全部冻死是毫不奇怪的。"一些外国科学家听了李克俭的回答直点头。会后，东北人民政府卫生部副部长白希清对胡安县县长和王校长说："外国人称赞中国青年真了不起！"

美军撒布细菌毒虫的罪行被揭露以后，为了达到隐蔽投放细菌的目的，又在宽甸县境内撒布大量带菌的植物叶子。8月，美机又在步达远村撒下大批小白蛾，像雪花一样满天飞舞。在施放细菌毒虫、植物叶子的同时，美军还施放大量化学毒剂。1952年2月18日、19日、22日、25日，敌机先后在车道岭子村、光复村、灌水村、宽甸镇等地投放大批细菌毒虫，面积达8000平方米，每平方米千余只，而且投入饮水井内若干，致使井水污染。

★ 反细菌战

美国侵略者发动的细菌战争，严重威胁着安东人民的生命安全。从1952年3月3日，美国侵略者开始在安东地区投掷第一枚细菌弹，直到1953年抗美援朝战争结束，美国飞机几千架次在安东、凤城、宽甸投下了大量的毒虫和毒物30多种，安东人民开始了全民反细菌战运动。在这一年多的时间里，安东人民付出了巨大的代价，更在反细菌战运动中做出了重要贡献。

1952年，中国科学家钱三强，英国科学家李约瑟，巴西科学家贝索亚教授及其夫人，法国科学家马戴尔，瑞典科学家安德琳，意大利科学家葛拉求西和欧利佛，苏联科学家可华斯基、茹科夫·维勒期尼科夫组成了调查细菌战事实国际科学委员会。在他们编辑的一本记录美军细菌战的黑皮书中，这样描绘了当时安东地区的反细菌战运动："成百甚至上千的人带着自制的如筷子似的镊子，一天一天地在他们自己的乡村里慢慢地移动着，弯着腰收集一个个小昆虫和羽毛，不惧近在身旁的死亡。"

仅以宽甸为例，在反细菌战运动中，就组织了155个村级专业捕灭队，几万人次参加，灭鼠381455只，捕蚊1983斤，捕蝇1309斤，抹垫毒虫毒物污染区面积达39568平方米，并组织群众注射预防针，建设专门治疗传染病的医院，设置隔离床200多个，收治病人780余人。安东反细菌战运动，正如黑皮书以特有的方式向全世界宣告的那样，"今天在中国正在进行着一个伟大的运动，促进个人和社会的卫生。这个运动是人类有史以来从未有过的，这个运动已经发生了作用，使得由传染病而引起的死亡率和发病率大为降低。"

安东市在反细菌战中掀起的爱国卫生运动，得到中央的表扬，成为全国的一面旗帜。1953年12月，由毛泽东主席亲笔题词："动员起来，讲究卫生，减少疾病，提高健康水平，粉碎敌人的细菌战"的刺绣锦旗授给宽甸县，并授奖金1万元。如今，这面奖旗，仍陈列在抗美援朝纪念馆展厅，以示历史的见证和安东市人民反细菌战取得的赫赫战功。

生活物资篇

珍贵的温暖

——金日成赠给邓华的呢子大衣

这是一件军绿色呢子大衣，翻领，双排扣。它看起来毫不起眼，款式也早已陈旧。然而，这件看似不起眼的大衣，却是中国人民志愿军副司令员邓华在抗美援朝战争中收下的一件珍贵的礼物，而赠送这件大衣的人，则是朝鲜领袖金日成首相。穿越历史的沧桑，这件大衣，也成为中朝友谊的历史见证。

邓华是中国人民志愿军副司令员兼副政治委员，是志愿军的重要领导人之一。在朝鲜期间，他同彭德怀司令员一起，经常在志愿军总部——朝鲜平安北道北镇西北的大榆洞，与朝鲜的最高领导人金日成共同商讨抗击美国侵略的重大决策，他们之间建立起了亲密无间的真诚友谊。

1950年11月5日，金日成来到大榆洞，同彭德怀、邓华等志愿军领导同志共同商谈重要战事。时处隆冬季节，天气寒冷，大榆洞的取暖设备又很简陋。金日成见邓华衣着单薄，担心他受冻，便立即脱下自己穿的呢子大衣，送给邓华，并给他穿在身上。金日成这一举动，令在场的志愿军领导同志深受感动，而邓华更是激动不已。这件普通的呢子大衣，表达了金日成首相对中国人民志愿军的深情厚意，成为中朝两国人民深厚友谊的历史见证。

志愿军回国以后，邓华把这件不同寻常的呢子大衣，作为最心爱之物，精心保存在家中，作为中朝友谊的"传家宝"。邓华去世后，他的夫人李玉芝，把这件呢子大衣送给了邓华的侄子邓贤毅留作纪念。

1991年，在抗美援朝纪念馆建馆期间，为了丰富陈列内容，建馆指挥部派出文物征集组的同志，到北京的一些志愿军老首长家中，征集有关抗美援朝的历史文物。当纪念馆保管部主任马秀云和李玮琳来到邓华家里时，邓夫人李玉芝告诉她们，这件珍贵的呢子大衣，已经送给了远在湖南省郴州市的侄子邓贤毅。

马秀云和李玮琳为了能征集到这件具有重大意义、极其珍贵的历史文物，乘车赶往郴州。但没想到，二人遇到了相当大的阻力。首先是邓贤毅。他说，这是伯伯留给他的遗物，是他们的"传家宝"，不能轻易地送给别人。郴州市有关部门也阻拦说，中共郴州市委、市政府已经决定并正在筹备建设邓华纪念馆，这件珍贵文物是不可缺少的。

马秀云和李玮琳并没放弃。她们在郴州住了3天，反复地向邓贤毅和有关部门领导宣传抗美援朝纪念馆扩建的重要意义：这是中共中央、国务院、中央军委批准扩建的，全国唯一的反映抗美援朝历史的专题馆，是国家一级纪念馆，不仅对国内观众，也对国际友人开放，这件文物放在馆里展出，将产生重大的社会影响……

功夫不负有心人。邓贤毅和有关部门领导终于被她们的真情所感动，最后同意把这件呢子大衣捐赠给抗美援朝纪念馆。赠送之时，邓贤毅仍恋恋不舍，为了留个纪念，他特地穿上这件呢子大衣照了一张照片。

1993年7月15日，抗美援朝纪念馆落成后举行开馆前的预展，纪念馆特地请来邓华夫人李玉芝。当看到这件珍藏多年的呢子大衣，如今整整齐齐地摆放在玻璃展柜中，李玉芝顿时热泪盈眶，看着这件珍贵的遗物，久久不肯离去。她说，她当初的决定是对的，还是应该把它放在这里，向世人展示中朝人民的深厚友谊……

来自金日成首相的馈赠

——人参酒、漆器盒

生活物资篇

抗美援朝纪念馆内收藏着两件富有生活情趣的文物，在众多文物中别具一格。这两件文物都与金日成首相有关。它们就是金日成首相赠送给中国人民志愿军参谋长解方的人参酒和赠送给宋时轮司令员的漆器盒。

★ 金日成赠送给解方的人参酒

解方是中国人民志愿军参谋长，也是志愿军主要领导人之一。在抗美援朝期间，他经常和金日成首相一起商讨军机大事，是朝鲜战争停战谈判朝中方面的负责人之一，在艰苦漫长的谈判过程中发挥了重要作用。解方以自己的聪明才智和无私无畏的精神，同美方谈判代表展开有礼有力、针锋相对的斗争，为实现朝鲜战争停战立下了汗马功劳。

在朝鲜战场上生活、战斗的两年多时间里，在中朝共同抗击美国侵略者的斗争中，解方和金日成结下了深厚的友谊。

志愿军归国多年之后的1982年8月，以解方为团长的原志愿军战士访朝代表团，重新踏上那片曾经生活过、战斗过的朝鲜国土，战士们感到格外激动。当金日成首相见到解方这位多年未见面的老战友时，显得格外亲切。在接见代表团之后，他特地赠送给解方一瓶朝鲜产的人参酒，以此表达他的情意。

礼轻情义重。这瓶人参酒不能以金钱来衡量它的价值。解方回国以后，一直把这瓶人参酒珍藏在家中，作为中朝两国人民友谊的象征。解方逝世后，他的孙女解宇飞于2007年6月专程来到丹东，将爷爷珍藏了20多年的这瓶人参酒捐赠给抗美援朝纪念馆。

★ 金日成赠给宋时轮的漆器盒

宋时轮是中国人民志愿军第九兵团司令员兼政治委员，还曾经担任志愿军副司令员，是志愿军主要领导人之一。在抗美援朝战争期间，他经常和金日成首相一起商讨战事，共同研究部署战役、战斗，成为无话不谈的战友。

1991年，当抗美援朝纪念馆文物征集组的同志来到宋时轮家征集文物时，宋时轮的夫人郑晓存热情接待。耐心地听取了征集人员对扩建抗美援朝纪念馆情况的介绍之后，她小心翼翼地捧出了一个精致的漆器盒。"这是金日成首相赠给宋时轮的礼物，时轮十分珍惜。现在我把它捐赠给你们，摆放在纪念馆里，让它发挥更大的宣传教育作用吧！"郑晓存动情地说。当征集组的同志从宋夫人郑晓存手中接过这件珍贵的历史文物时，似乎感到了一种特殊的分量。细细端详这个漆器盒，它十分精美：盒体呈长方形，分盒盖和盒底两部分。黑色木质经过油漆的特殊工艺处理，油光锃亮。盒盖中间有飞鸟的图案，盒盖四周有装饰图案，都是用贝壳雕制而成的。盒盖内写有"宋时轮同志惠存""金日成敬赠"的题字，字体均为金色手写体，后标明赠送时间——1951年12月15日。

这件极其珍贵的历史文物，陈列在抗美援朝纪念馆的中朝人民友谊馆。1993年7月15日，在开馆预展时，纪念馆特地邀请宋时轮的夫人郑晓存到丹东来。当她看到这件珍藏了几十年的心爱之物在陈列馆的灯光照耀下闪闪发光时，感到了精神上的慰藉……

将军肝胆耀山河

——蔡正国的公文包、慰问袋

祖国人民赠送给蔡正国的慰问袋。

志愿军50军副军长蔡正国使用过的文件包。

在抗美援朝纪念馆战争厅中的一个展柜中，陈列着一个陈旧的公文包。经过岁月的打磨，这款公文包早已破旧，但它却默默地向我们讲述着一段珍贵的历史。这个公文包的主人名叫蔡正国，是中国人民志愿军五十军副军长，也是抗美援朝战争中我军牺牲的最高指挥员之一。

★ 重任在肩

1952年11月23日，已回北京主持中央军委日常工作的彭德怀司令员，给志愿军代司令员发来电报指示，要求志司"立即进行反登陆的准备工作，以预防来春敌人从我翼侧登陆"。12月上旬，毛泽东主席召见志愿军代司令员兼政治委员邓华，对反登陆战备工作做了具体部署，并在12月4日邓华报送的关于朝鲜战局形势与明年的方针任务报告上批示：

"应肯定敌以五至七个师在汉川鸭绿江线大举登陆，并在我后方空降，时间应准备在春季，也可能更早些，我应十分加强地堡和坑道，部署五个军于这一线，其中要有四个有经验的军，划定防区，坚决阻敌登陆，不可有误。"

根据志司部署，汉川江到清川江南北地段为抗登陆的重点防御地段，五十军作为"有经验的军"入选。

早在两年多前的第四次战役，五十军按照彭德怀司令员"西顶东放"的部署，坚守汉江南北两岸50个昼夜，掩护我军主力休整、集结，并在东线实施横城反击战。战役之初，志愿军总部首长曾以为五十军这支新部队顶不住，于是把三十八军放在五十军侧后，准备随时加入战斗。岂知，战役打到第7天，见五十军以劣势装备顽强坚守一线阵地岿然不动，彭德怀司令员亲自发来嘉奖电。随后不久，具体负责西线防御的志愿军副司令员韩先楚打来电话，询问五十军在汉江南岸"能不能再守几天？"再后，志司连续两天电示五十军："你们已苦战十日，希望军再收缩阵地，再坚持数天，主力才可能出击……"

是役，五十军获得了毛泽东主席和彭德怀司令员的交口称赞。

这一次，五十军再次与"万岁军"并肩受领重点防御地段的坚守任务，在清川江北、南地段分别进行反登陆作战准备。

据时任五十军一四八师炮兵主任的杨协中回忆，为了组织好这次防御，蔡正国副军长殚精竭虑，几乎每一门火炮的配置都要亲自审议拍板。

★ 敌机临空

1953年4月12日，五十军军部所在地朝鲜平安北道青龙里，天气晴朗。此时，人们还未脱去御寒的棉衣，乍暖还寒的空气仍旧透着阵阵凉意。无人意识到，反登陆作战还未打响，一场冷酷的灾难即将降临。

此时，我军反登陆备战工作已经基本完成，蔡正国副军长正组织全军团级、营级干部在反登陆作战轮训班学习。那年月，我军各级指战员对于美军陆海空军如何协同实施登陆作战闻所未闻，对于我军怎样反敌登陆更是一无所知，培训时间短，任务重，工作千头万绪，非常繁忙。

当天晚上，按计划是轮训班的组长汇报会，内容包括：由轮训班各组的组长汇报当前工作；由蔡副军长总结入朝以来的作战经验；找出当前工作中尤其是工事构筑中存在的问题，并研究解决办法。

蔡正国副军长住在距坑道二三十米远的一栋民房里，会议室就在旁边。坑道是用从山上砍下来的原木被覆的，湿度大，通风差，空间狭小，设施简陋，桌子摆不开，地图无法挂，十来个人开会做个记录都很困难，所以若无紧急情况，人们通常不愿意待在里面。

会议的准备工作是大量的。那时的军机关，人员配备精干。作战教育科是军司令部最重要的科室，也只有1名科长、4名参谋、3名见习参谋和1名测绘员，常常一个人顶两三个人用，每天都忙得团团转。作战参谋郑竹书一大早便投入紧张的会议准备工作。到晚饭前，各项准备基本完成，只剩下会议室尚未打扫，照明用的蜡烛还没落实。

晚饭前，17时许，两架美军侦察机突然在青龙里上空低空掠过。这种飞机体积小、噪声低、速度快，超低空飞行，隔着一座山就不容易听到声音，所以很难预先发现。

美军侦察机一过，郑竹书立刻联想到两天前梨花浦遭美军飞机轰炸的情况。梨花浦距军部所在地的青龙里几十公里，是所属一四八师四四二团的防御地域。据该团政委高星耀回忆，那一次，部队防御阵地上的坑道刚刚挖好，正准备搬些炸药上山，模拟敌机轰炸，检验坑道的坚固程度，碰巧敌机来了，先是几架侦察机临空侦察，随后是多批次、多弹型的地毯式轰炸。因为预先有准备，敌人的空袭没有得逞。

★ 遇袭瞬间

1953年4月12日18时，蔡正国副军长按预先计划在坑道外的会议室准时主持召开了志愿军五十军团、营干部轮训班的组长汇报会。

22时，9名组长汇报完工作。接下来，由蔡副军长讲话。见副军长面前的烛光不是很亮，郑竹书又拿了一支蜡烛凑了过去，想举着蜡烛为蔡副军长照明。然而，蔡副军长刚说几句话，屋外突然响起航弹迅猛而至的尖厉啸叫声。

五十军指战员熟悉的空袭，是在汉江阻击战前线遇到的战术轰炸机的轰炸。这一次，空袭青龙里的是美军重型轰炸机群，肯定有多架最大载弹量达9000公斤的B-29轰炸机。事后人们勘验现场发现，面积不过2平方公里的青龙里，经过四五个批次的轰炸，所有地面建筑全部被毁，200多间房屋被炸平烧光，最大弹坑宽12米，深5米，小弹坑遍地皆是。

美军 B-29 轰炸机群从东北方向进入青龙里空域，采取水平轰炸方法实施夜间突袭。这种投弹方法，虽说准确性较差，但适合于对大面积目标的"地毯式"轰炸，突然性强，地面人员刚听到飞机临空声，炸弹便随声而至，令地面人员猝不及防。

所以，当听到敌机临空或航弹呼啸的声音，别说向坑道转移，就是离开会议室都来不及了。

那一刻，郑竹书大喊一声："快卧倒！"

美机第一批炸弹投掷在军部办公区附近，其中一枚重磅炸弹落在会议室东侧 50 米处，将会议室炸塌。美军轰炸机投掷的炸弹多为杀伤弹，四射的弹片极具杀伤力。

为新中国的安危将个人生死置之度外的蔡正国，由于头部及胸部要害部位被弹片击中，抢救无效，不幸于当日 22 时 30 分牺牲。

鲜血，浸透了蔡副军长胸前背后的衣衫，也浸染了他上衣口袋里的党证。

★ 家国情怀

蔡正国有位温柔、美丽、相亲相爱的妻子，叫张博，1938 年参加八路军，1943 年 4 月与蔡正国结婚，生育了 3 个孩子。

在妻子的眼里，丈夫虽然是沙场猛将，却特别爱孩子。每次回家，总要先去抱抱儿子。蔡正国在朝鲜一共给妻子写了 16 封家书，殷殷之情跃然纸上：

"……四东最近身体怎样？你们母子身体健壮对我是最大的安慰。因此前次给你们寄去的津贴费希望作改善营养条件吃到肚子里去，不要准备买这买那，身体坏了一切好看幸福都完了。"

1953 年 2 月 16 日，蔡正国在信中告诉妻子："很久未通信，原因近来准备战斗……每日忙得头昏眼花。"

2月24日，蔡正国第3个孩子在黑龙江双城留守处出生。

3月5日，蔡正国"闻讯欣喜"，在信中叮咛爱妻："过去产期得下的毛病要特别注意……"

3月27日，蔡正国给小儿子起了"小东"的名字，并将2月份的津贴费给妹妹和舅舅寄去，将预支的3月份的津贴费给妻子和儿子寄去。

蔡正国爱自己的家人，更爱他为之捐躯的人民军队。

长征途中，蔡正国于土城战斗中弹负伤，没有医药，他让战士把自己绑在门板上，用刺刀生生抠出肩窝深处的子弹。鉴于伤势较重，军团卫生部伤兵收容站劝说蔡正国就地在群众家中养伤，蔡正国拒绝了。第二天清晨，蔡正国从昏迷中醒来时，发现部队已经出发，铺板上留下了几枚大洋。明白这一切后，他忍着剧痛爬了起来，不顾感染发烧，咬紧牙关，追赶部队。部队日行军60里，他走40里，遇到部队休息一两日，他就追赶了上来。每天晚上宿营，靠上哪个部队，他就找哪个部队换药。终于，在一个多月后，他追上了自己的部队。

蔡正国留下了一个漆皮剥落、锈迹斑斑的铁皮箱，里面装着伴随二万五千里长征保存下来的中国工农红军公略步兵学校第一期学员毕业证书，以及抗日战争和解放战争时期的笔记和日记，还有抗美援朝期间的16封家书等。其中的《胶东日记》记载了1943年2月1日到5月22日的一段历史。此时，时任八路军一一五师教导二旅参谋长的蔡正国与张博刚刚结婚。然而，蔡正国在日记中对新婚妻子却未着一笔。

只有一处记载，需仔细考证，才能推测出蔡正国内心的牵挂。

4月26日，蔡正国奉命带队赴胶东军区途中，遇到日军大扫荡，"黄昏时又将三个女同志、两个马夫、一个勤务员、鲁中军区随来之两人共八人，经军区及区党委的关系继续安插隐蔽，熬过敌扫荡清河后之时期"。落笔之处，细心的蔡正国挂虑着，"去隐蔽之人员情绪不甚高"。

这"三个女同志"中，就有蔡正国新婚的妻子张博。

蔡正国对五十军建设的贡献是巨大的。汉江五十昼夜阻击战后，蔡正国撰写了2.4万字的《入朝作战以来几个问题的初步总结》。西海岸抗登陆作战准备期间，他又撰写了《反登陆作战战术问题》。这两篇学术水平很高的论文，均编印正本，下发部队，系统指导基层的作战训练工作。

而今，蔡正国副军长那伟岸的身躯，早已苌弘化碧，成为无垠夜空中的星辰，永远屹立于云霄之上。

艰难的谈判

——柴成文的炮弹壳

这是一枚刻有中朝两国文字的炮弹壳,更是一件反映中朝友谊的珍贵文物,在朝鲜战争停战实现后,它由停战谈判代表团中的朝鲜人民军将军赠送给柴成文将军。炮弹壳上刻有:"中国人民志愿军入朝作战三周年纪念,赠给亲爱的战友柴成文同志。"在炮弹壳的另一面刻有:"美帝的炮弹落在哪里,美帝的侵略就破产在哪里,正如在朝鲜的土地上一样。"

★ "总理,我坚决服从组织决定"

柴成文原名柴军武,1915年出生于河南省遂平县。1936年,他考入北平大学法商学院俄文班,参加了中华民族解放先锋队。1937年七七事变后,他回遂平组织平津流亡同学抗日促进会。同年入西南联大,后到延安,在抗大学习,加入中国共产党。从1941年任十八集团军总部情报处参谋、情报股股长起,至1949年任西南军区情报处处长,柴成文成为战争熔炉锻造出的"老情报"。全国解放后,"老情报"转型成为一名外交官。

1950年6月25日,柴成文离开重庆赴北京报到。同一天,朝鲜半岛爆发内战。朝鲜战争爆发后,美国不仅宣布参战朝鲜,而且派第七舰队入侵中国台湾海峡,直接干涉中国内政。

周恩来总理找到柴成文,对他说,因朝鲜战争爆发,中央考虑要尽快把驻朝使馆建起来。"聂老总建议派你去,伯承同志也觉得你合适。你自己有什么意见没有?"周总理问柴成文。

虽然事先完全没料到自己会将赴柏林改为赴平壤,然而共产党员应该服从组织分配,尤其是战火就要烧到边境,柴成文立即回答:"总理,我坚决服从组织决定。"

1950年7月8日清晨，周恩来总理接见了当晚即将出发的柴成文一行，对他们的工作任务作了具体指示。

周恩来总理说："朝鲜的同志有什么事情需要我们做，只要提出来，我们一定尽力做。使馆当前的主要任务是保持中朝两党、两国军委之间的联系，多方面了解战争情况，及时报告战场情况的变化。"柴成文一行人7月10日早晨到达平壤。金日成当天就接见了柴成文。

8月21日，彭德怀司令员与金日成首相在朝鲜战场首次会面。从此，中国人民志愿军与朝鲜人民军一起，开始了两年零九个月的艰苦卓绝的战斗。

此后，柴成文两次陪同金日成首相到北京会晤中国领导人，并多次参加金日成首相与彭德怀司令员商谈军情要务的会晤，彭德怀与金日成商议重大事宜的电报也由柴成文亲自转报。

★从"柴军武"到"柴成文"

朝鲜停战谈判历时747天，称得上是一次世界军事史上罕见的漫长的停战谈判。两易会场，五次中断，共召开58次双方代表团大会、733次各种小会，创造了两项历史纪录——有史以来时间最长的停战谈判和持续最久的武装休战。时至今日，一条240公里长、4公里宽的非军事区仍割裂朝鲜半岛，将朝鲜民族一分为二。

从1950年10月25日发动第一次战役，到1951年4月22日的第五次反击战役，朝中两军将士浴血奋战，给傲慢不可一世的美军以迎头痛击，彻底粉碎了美军、南朝鲜军的一切攻势，将战线稳定在"三八线"附近。

时任美国总统杜鲁门逐渐认识到武力统一朝鲜已不可能，如果继续打下去，美国将陷于朝鲜战争的泥沼之中。当时的美国国内更是异常混乱，国会为此事吵得不可开交，美国公众也对当局不满，它的主要盟国则担心美军深陷朝鲜从而削弱在欧洲的力量。

1951年4月9日，杜鲁门下令撤销了顽固主战的"联合国军"总司令麦克阿瑟的一切职务，命令将指挥权立即移交给第八集团军司令李奇微。5月17日，杜鲁门批准了美国国家安全委员会提出的关于结束朝鲜战争的政策建议——在恢复战前状态的"三八线"上通过停战谈判。杜鲁门通过苏联把想要谈判的愿望间接地传到了北京和平壤。中朝两国领导人经过磋商，认为这虽然可能是美国的缓兵之计，但也不应放过和平的机会，决定同意谈判。

停战谈判的结果关系到重大利益，因此双方都选派精兵强将组成谈判班子。根据协议，交战双方的谈判代表团各由1名首席代表及4名代表组成。

谈判开始前，双方分别指派联络官先行通气会晤。毛泽东主席来电确定柴成文担任中国人民志愿军联络官，负责志愿军朝鲜停战谈判联络工作，中校名义。同时，根据李克农的建议，原名"柴军武"改为"柴成文"。改武从文，柴成文名字的变化印证了他人生的这段传奇经历。

当时，柴成文没有军装，只好借穿解方的一套军衣参加7月8日的联络官首次会议。7月10日上午，朝鲜停战谈判首次在开城举行，谈判地点位于"三八线"上朝中控制区域内开城的来凤庄，这个鲜为人知的小村庄此后在世界地图上有了它的坐标。

谈判伊始，双方就陷入僵局。开完第一次会议后的第二天，在受到记者们提问质询的压力时，美军谈判代表便把这股子气转移到埋怨朝中方在联络官会议上拒绝了他们所提"沿着金川—开城—汶山公路建立一道10英里的中立区、双方武装部队让出开城"的建议。

在继续讨论议程的会议上，对撤退外国军队是否列入议程，僵住了。

之后，周恩来总理8月13日做出判断，对方的意图是就地停战，但又不愿自己提出。原来，五次战役之后，在临津江以东的以美军为首的"联合国军"在"三八线"以北所占土地较之志愿军在"三八线"以南所占土地面积稍大，所以他们认为以"三八线"为军事分界线自己就吃亏了。双方就军事分界线的划分原则僵持不下，后面的许多问题就无法解决。

眼看在谈判桌上占不到便宜，以美军为首的"联合国军"竟然威胁朝中代表团："让枪炮来说话吧！"并在刚刚达成安全协议的会场区里，一而再，再而三地制造事件，一直发展到8月22日轰炸朝中方代表团驻地，迫使谈判中断。

于是，战火重燃。1951年8月18日，美国地面部队发动了"夏季攻势"，空军也加强了从7月下旬开始的所谓空中"绞杀战"。但遭到朝中军队的狠狠还击。朝中军队在战场上连战连捷，给敌人造成巨大杀伤，使参加所谓"联合国军"的国家无心恋战，美国国内也怨声载道。美联社记者观察战争现场后发现，"美军再次被手榴弹和步枪火力挡住了"。在战场上连续溃败的"联合国军"不得不被逼着在谈判桌上找出路。

9月29日，以美军为首的"联合国军"发起了"秋季攻势"，在西线以迂回开城向朝中方施加压力，结果到10月8日即付出22000人的伤亡代价，转而又向金城以南地区进攻，又付出了17000人的伤亡代价。

10月7日，金日成、彭德怀对李奇微建议改变会址的来函做出答复，严肃指出"破坏开城中立区协议的事件决不是迁移会址所能抹去的"，并建议将会场移至板门店。

★ "板门店签字"终结半岛战争

1951年10月25日，中断了63天的谈判在位于朝鲜半岛"三八线"中间的板门店重新开始。因为开城属朝中控制区，美方要求把新会址迁到不在任何一方单独控制下的地区，而板门店恰好位于朝鲜半岛的"三八线"中间，从而被双方所接受。当时谈判室就建在军事分界线上，谈判桌的中线即为军事分界线，双方谈判代表从各自的门进出，坐在各自的一方椅子上而不越分界线，这是世界史上没有先例的特殊谈判方式。

1952年5月，朝鲜停战谈判双方好不容易才解决了停战监督和战后限制朝鲜境内军事设施等问题。但在此后一段时间里，双方在战俘问题上严重僵持，谈判已徒有形式。当年美国总统大选期间，为了维护自己的政治资本，把"烫手的山药"丢给下任，美国总统杜鲁门授意哈里逊，于10月8日宣布无限期中断谈判，堵死了达成停战协定的大门。

板门店是中立的会场区，本应得到双方的尊重和维护，但傲慢、无信的美方却没有把它放在心上，多次炮击会场区，派特务渗透，还多次派飞机侵入会场区。谈判破裂期间，美机更是肆无忌惮地侵犯会场区的中立地位。

1953年2月8日，《人民日报》头版刊登了毛泽东主席的重要指示："我们是要和平的……我们愿意立即停战，剩下的问题待将来去解决。但美国侵略者不愿意这么做，那么好吧，就打下去。"这个表态让新任美国总统艾森豪威尔很着急，因为美国人希望停战，美国政府也拖不起了。艾森豪威尔在竞选时许诺，他当选了总统"将亲自去朝鲜，并结束这场战争"，这项符合美国人民愿望的诺言在他击败对手的竞选中起了难以估量的作用，使他立即赢得了广泛拥护。

朝鲜停战谈判迎来了转机。艾森豪威尔借红十字国际委员会头年12月通过的一项倡议，指令克拉克于2月22日致函金日成、彭德怀，建议在战争期间先行交换病伤战俘。3月28日，金日成、彭德怀复信克拉克同意交换病伤战俘。4月26日，中断6个月零18天的谈判重新恢复，并于6月8日达成并签订了《中立国遣返委员会的职权范围》文件。至此，各项议程全部达成协议，只待技术工作做好后签字了。

经过两年的谈谈打打，打打谈谈，朝鲜停战终于看到曙光。1953年7月27日上午11时，不寻常的签字仪式在板门店新修建的大厅举行。朝中方首席代表南日大将，"联合国军"首席代表哈里逊中将步入大厅。两位首席代表就座后，便在双方参谋的协助下先在本方准备的9个文本上签字，然后进行交换，再在对方的文本上签字。这一过程共历时10分钟。按照双方商定，双方首席代表南日、哈里逊签字时间即作为停战协定签字时间。

当天，美国陆军上将马克·克拉克在汶山的帐篷里签字，朝鲜人民军最高司令官金日成于首相府在停战协定上也签了字。7月27日下午，彭德怀司令员来到了开城来凤庄。7月28日上午9时30分，他在李克农陪同下步入办公室，在停战协定上签了字。签字后的克拉克面对中外媒体的采访，沮丧地说"我成了美国历史上第一个在没有取得胜利的停战协定上签字的陆军司令官""我感到一种失望的痛苦"。而彭德怀的声音与他形成了鲜明的对比："朝鲜战争证明，一个觉醒了的爱好自由的民族，当它为祖国的光荣和独立而奋起战斗的时候，是不可战胜的！"

在朝鲜停战谈判期间，柴成文担任谈判委员会志愿军联络官、朝中代表团联络官、中国人民志愿军代表团秘书长和朝鲜军事停战委员会中方委员，参加了开城和板门店的所有谈判。在谈判桌前，柴成文谈吐自若，机智应变，为朝鲜战争停战谈判做出了特殊贡献。并由此与朝鲜人民军代表结下了深厚的友谊。抗美援朝战争胜利结束后，1953年10月，一位朝鲜代表把这枚极为珍贵的炮弹壳赠送给柴成文，以此作为战斗友谊的永久纪念。

1993年，在朝鲜战争停战协定签字40周年之际，柴成文将这枚珍藏的炮弹壳捐献给抗美援朝纪念馆。

守卫钢铁大动脉
——侯宗庆的子弹印章

在抗美援朝期间，他为了保证军运任务的完成，克服了一个个困难，积极组织抢修队伍收集铁路器材，先后修建了5条站线，恢复1条专用线，为确保军资运输做出了突出贡献。他的名字，叫侯宗庆。

★ 枢纽

介川站是朝鲜北部重要的交通枢纽，有五条铁路从这里通向四面八方。抗美援朝战争期间，介川站成为军用物资的中转站。鉴于其特殊的战略地位，美军把它列为重要的攻击目标，以断绝前线的后勤供应。1951年1月3日，原沈阳苏家屯工务段领工员侯宗庆受命为介川工务段军事代表，肩负起了保证这条钢铁运输线畅通的重任。

上任伊始，侯宗庆就发现，介川站的9条站段，只有2条能勉强通车，堵车现象经常出现。为了满足军运的需要，使铁路真正成为"打不垮、炸不断"的钢铁运输线，侯宗庆从解决交通堵塞入手，带领工人抢修被敌机炸坏的线路。一开始，他们遇到的困难是巨大的，人员不足、材料缺乏、敌机袭扰……但是，这一切并没有吓倒他们。侯宗庆一面求助铁道兵配合，一面到介川郡委员会说明铺修站线的重要性和存在的困难。郡政府很快动员群众参加抢修和搜集铁路器材的工作。经过军民的共同努力，铺修了3条新线路，同时，将站内第五、第六两条线由曲线改为直线，使站内列车行驶速度由原来每小时5公里提高到每小时20公里，通过速度大大提高。

★ 抢修

美军对介川站的轰炸，常是以大机群出现的，每次投下数百枚炸弹和定时炸弹。敌机走后，侯宗庆把生死置之度外，冲破硝烟、气浪，第一个到达现场。有时，他还冒着敌机盘旋扫射、定时炸弹随时有可能爆炸的危险，组织抢修线路。1951年6月14日，车站附近35公里处的大桥被炸，两孔钢梁掉落。侯宗庆带领职工配合铁道兵苦战了一夜，才仅仅把钢梁抬高1米。看到这种情况，侯宗庆心急如焚：夜间抢修，既看不清楚，又不得施展手脚，进度太慢。于是，侯宗庆又组织动员50多名群众，坚持昼夜抢修。敌机来了就隐蔽，敌机走了就干，终于圆满完成了任务。

像这样的情况不止一次。在此前的2月25日，敌机轰炸了35公里大桥后，侯宗庆跑到现场检查，发现第三孔桥梁枕木垛上有一颗500公斤重的定时炸弹。在之前的轰炸中，桥梁被震移动了50厘米，而此时距敌机投弹已发生一个多小时了，根据经验，定时炸弹很快就会爆炸，如不马上排除，炸弹一响，桥梁就有可能坍塌。面对这种情况，侯宗庆二话没说，拿起撬棍就去拨定时炸弹。炸弹滚到河里，他毫不犹豫地跳到刺骨的水中，轻轻地用绳子将定时炸弹拴好，然后又和大家一起将炸弹拉到距大桥50多米远的地方，保护了大桥的安全。

★ 助人

在艰险的抢修中，侯宗庆总是干在前面，而在生活和安全上又时时为别人着想。1951年3月8日，介川站发生一起列车雷管爆炸事故。为了抢救伤员，侯宗庆不顾弹片横飞、浓烟滚滚的危险，勇往直前抢救战友。仅从一个弹坑里，侯宗庆就救出5名伤员。在他的带动下，大家纷纷加入抢救的行列，使受伤员工全部获救。

1951年七八月间，朝鲜发生特大洪水，桥梁、路基多处被毁。为了保证军运，侯宗庆根据上级批示，积极组织抢修，配合介川郡成立了防洪委员会，并任副主任委员。他们组织人力，边搜集材料边抢修。7月下旬的一天，泉洞—介川间线路被洪水冲断6处，防洪委员会组织朝鲜群众200多人，运来圆木300多根、草袋子1.4万条，冒着大雨把6处被冲毁的线路修好，保证了当晚的通车。

为了做到有备无患，侯宗庆还动员中朝职工利用休息时间搜集铁路器材，共搜集道钉500多颗、鱼尾板200多块、螺丝1800多个、枕木250多根、钢轨390多根，解决了抢修急需。

1951年10月，侯宗庆被调任介川站指导员。到任后，他针对车站事故多、人员不团结、职工生活无人过问等问题，大力加强思想政治工作，健全了会议制度，充分发扬民主，开展批评和自我批评，组织职工开展劳动竞赛，同时注意改善职工生活，从而扭转了该站安全生产的被动局面。在抗美援朝战争期间，侯宗庆发扬了高度的爱国主义和国际主义精神，处处以共产党党员的标准要求自己，受到了朝鲜人民和援朝员工的赞扬。为奖励他的突出成绩，朝鲜民主主义人民共和国授予他三级国旗勋章及军功章各1枚。1951年，侯宗庆被选为归国代表。1952年，他还出席了铁道军事管理总局首届功臣模范代表大会。

不顾危险、不怕困难，多年来，一枚子弹形状的塑料印章始终伴随英雄侯宗庆。而今，它被珍藏在抗美援朝纪念馆中，因为主人的光辉事迹而熠熠闪光。

他击落了『三料王牌』飞行员

——蒋道平的飞行服

这是一位传奇式的人物。1946年6月，年仅16岁的他，参加了中国人民解放军，成为了一名小战士。在党的培养教育下，他很快成长，1950年8月成为一名空军飞行员，在朝鲜战场上英勇杀敌，屡建奇功，被授予"二级战斗英雄"称号。可是，1983年离休后，他却在一所大学校园里当了一名普通的义务清扫员。更为传奇的是，40多年以后，经过空军机关反复核实认定，他竟然是击落美国空军"三料王牌"驾驶员麦克康奈尔的大英雄。这位传奇英雄，就是抗美援朝二级战斗英雄——蒋道平。

★同济大学的"扫帚大叔"

在上海著名的高等学府——同济大学的校园里，有一位年过半百的老人，专门负责11幢学生宿舍楼的卫生清扫和管理工作，被学生称为"扫帚大叔"。他每天早晨骑着自行车按时上班，督促勤务人员搞好学生宿舍的卫生。看到学生宿舍大楼有不干净的地方，他就亲自动手清扫；发现个别违章用电的学生，他还时常劝说几句；有的同学遇上了什么麻烦事，他还会和他们一起聊天、谈心、劝慰、开导他们。他常常忙到深夜十一二点，等学生熄灯就寝才回家。因此，他成为深受大学生们尊敬和爱戴的"扫帚大叔。"

看起来，这是一位很普通、很平常的离休老人。可是，在同济大学的校园内，这位老人却引起了大学生们的强烈关注，就连上海的各大报纸、电视、广播等新闻媒体也都争相宣传报道老人的事迹，一时间，老人成了上海的新闻热点人物。原来，这位普通的"扫帚大叔"并不寻常，他就是历经百战的空军某部的副军长，是在抗美援朝战争中击落击伤7架美军飞机、赫赫有名的战斗英雄——蒋道平。

问起为什么要自愿去当"扫帚大叔",蒋道平笑着说:"自离休以后,心中若有所失,总觉得老年时代的生活,不应该伴随着孤独和失落,应该做些力所能及的事,在生命的黄昏抹出一片夕阳红。"老人的语言颇有诗意。

2006年5月13日,中央军委原副主席、国防部部长迟浩田上将,题词书赠蒋道平将军:"驰骋长空建奇功,挥毫泼墨晚霞红"。这是对蒋道平一生最好的赞美。

★ 茁壮成长的年轻飞行员

抗美援朝期间,蒋道平是空十五师四十五团二中队的飞行员。1952年12月,部队奉命二次赴朝参战,进驻抗美援朝前线的凤城大堡机场。当时,蒋道平在战斗机上只飞过不到20小时,到前线前仅飞过简单的飞行课目,没有一点实战经验。但他所在的李世英中队却是一个英雄的集体。李世英和飞行员宋义春都参加过1951年1月至5月的实战锻炼,都发现过敌机并开过炮。在他们的耐心帮助下,蒋道平进步很快。

1953年1月22日下午3时,空十五师四十五团出动16架飞机,蒋道平为四中队16号僚机。起飞后,按空联司指挥部的指挥,飞到朝鲜北部清川江上空,任务是掩护前面参与空战的部队返航。回到机场上空时,空联司指挥所命令蒋道平所在的最后一个中队,在机场上空盘旋,掩护团里12架飞机先行降落,他们最后降落。

就在蒋道平操纵飞机缓缓降到700米,正准备着陆时,忽然从无线电里传来指挥员的紧急呼叫:"注意,机场上空有F-86战斗机!"

在这千钧一发的时刻,蒋道平保持着镇静和警惕,他刚要准备战斗,飞机抖动起来,原来藏在身后的1架敌机已经向他开了火。这是他这个新飞行员从来没遇到的情况。他记起老飞行员传授的经验,赶紧把飞机拉起来,3架敌机竟然一下子窜到他的前面。这时,好像有人在提醒他:怎么不开炮哇!他立刻把机头对准敌机，按下炮钮，三炮齐发，敌机当时就被打翻，掉在山沟里了。这是蒋道平首次击落敌机。

接着，塔台指挥员又命令："后面还有两架，注意抢占高度。"蒋道平当即拉了个急跃升，抢占了高度优势，准备再打个痛快。但由于飞机负伤，已经不能继续战斗了，高压油系统被破坏了，起落架放不下来，几次都没能成功降落。他马上使用应急系统，放下了起落架，飞机终于安全着陆。

蒋道平这第一次空战，地面同志都看得很清楚。他一下飞机就被大家包围起来，大家称赞他："小伙子真机灵，打得真狠啊！""一个人与4架敌机格斗，真勇敢！""第一次战斗就打下1架'佩刀'式，真行！"可是当地勤人员检查他的飞机时发现，发动机被打坏了，机身被打了50多个弹洞。团长看到飞机被打成这个样子，决定第二天不让他参战。可是，在他积极要求下，第二天，领导给他换了一架飞机，蒋道平仍然继续参加战斗。

时隔一周后的1月31日，带队长机樊玉祥率全团起飞，飞到清川江上空时，在预定地点没有发现敌机。可蒋道平转弯时，却发现后方有一架F-86战斗机，他密切注视这架敌机的动向。就在蒋道平靠近达到射击距离时，敌机见势不妙，妄图逃窜，这时蒋道平已经按下炮钮，猛烈的炮弹射向敌机，敌机冒着浓浓的黑烟栽了下去。蒋道平又追上去补了几炮，敌机在空中立即爆炸成碎片……

当年，蒋道平年仅23岁，他苦练杀敌本领，越战越勇，飞行技术迅速提高，战斗经验更加丰富。他在这几次战斗中，共击落敌机5架、击伤敌机2架，而且全是美国先进的F-86战斗机，成为中国人民志愿军空军中击落击伤F-86战斗机最多的飞行员。1953年9月，他荣膺特等功臣，被授予"二级战斗英雄"称号。朝鲜民主主义人民共和国最高人民会议常任委员会授予他一级国旗勋章。

★ 麦克康奈尔确被他击落

美国官方1961年出版的《朝鲜战争中的美国空军（1950—1953）》一书中披露："1953年4月12日，五十一联队险些失去一名王牌飞行员：麦克康奈尔上尉。他曾从被击伤的飞机中跳伞落入黄海，幸亏第三航空救援大队的一架直升机立即抢救了他。"

约瑟夫·麦克康奈尔是何许人也？据美国空军史记载：这位名叫约瑟夫·麦克康奈尔的飞行员，曾是美国空军第五航空队五十一联队十六中队上尉小队长。第二次世界大战期间，参加美国陆军航空兵，他参战飞行已达上千小时，他驾驶 F-86 战斗机击落过 16 架米格 -15 战斗机，成为朝鲜战争中击落敌机最多的飞行员，被称为"首席三料王牌"飞行员。他以爱妻名字命名的座机叫"美丽布奇"，俨然成为"米格杀手"。但在 4 月 12 日那次空战中，麦克康奈尔在朝鲜战场上却被中国空军击落，侥幸生还。

那么，击落麦克康奈尔的人又是谁呢？40 多年过去了，这个谜底一直没有找到。

1992 年，经中央批准扩建抗美援朝纪念馆，空军党委决定资助 200 万元，这是各部队中捐款最多的。当时，空军司令员王海提出，要在"抗馆"中单独建一个"志愿军空军馆"，展示空军在抗美援朝战争中成长壮大的历史和取得的辉煌战绩。为此，空军组建了以空军第八研究所所长秦长庚大校为组长的筹备组，着手收集、整理、挖掘志愿军空军抗美援朝历史资料，以备陈列布展。

筹备组成员空军第一航空学院副教授沈自力和第六飞行学院副教授邵福瑞，在查阅历史资料时偶然发现：1953 年 4 月 12 日当天，空十五师四十五团飞行员蒋道平返航至龟城以南地区上空时，曾击落过一架美军 F-86 战斗机。他们立即引起重视，40 多年前击落麦克康奈尔的人，会不会就是蒋道平呢？为了准确起见，他们又来到空军档案馆，查阅了 1953 年 4 月 12 日蒋道平击落美机的战果评定表，与美国《朝鲜战争中的美国空军（1950—1953）》一书中的记叙对照研究，双方描述空战过程时，都有麦克康奈尔座机中弹后向黄海边滑去、飞行员跳伞逃生、落入海水中的情节，说明结果基本相符。他俩初步认定，击落麦克康奈尔的人，很可能就是蒋道平。两位教授立即把这一重要信息报告秦长庚。

秦长庚对此更为慎重。时间过去 40 多年，到底是不是蒋道平击落麦克康奈尔，还需要进行更多的考证、论证。于是，他们三人又查阅了志愿军空军1953年4月12日的《战果申请报告表》，当时战果评定委员会的结论是"评为击落F-86一架"。光有这一结论，不足以证实就是蒋道平击落的，会不会是友军击落的呢？他们又查阅了当时一份空联司战果评定委员会批准的判读结论："经查友军当时未击落敌机"。到此，他们可以认定：取得击落麦克康奈尔这一重大战果的人，只能是蒋道平！

不久，秦长庚与空军司令部办公室主任王公圻写了专题报告，请示空军党委，确认这一战绩。1992年12月28日，秦长庚在向空军党委常委汇报"志愿军空军馆"布展方案时，也提出了对这一战绩的确认问题。空军党委常委会经过讨论同意，将这一重大战例载入抗美援朝纪念馆空军馆的展板中，首次公之于世。

2002年10月，空军党委又指派空军司令部作战部组织专家，再次全面查阅各方面历史档案资料，进行认真核实，并找到当初组织战果评定专门小组的当事人作证，最后判定当日也曾击落敌机的马建中大队长的战例是另外一架敌机，最后明确认定：1953年4月12日，击落美空军"首席三料王牌"飞行员麦克康奈尔的，确系我航空兵十五师四十五团飞行员蒋道平。空军司令部专门发文，通知各有关部门及蒋道平本人。至此，这一光辉战绩终于最后被认定。

★ 老英雄回忆当年空战

当蒋道平收到空军司令部专门发给他的公函后，心情既激动又平静。因为，他在那次空战中，确实击落了一架美F-86战斗机，但他只看见炮弹打在敌机身上，飞机掉下去了，而他的座机一拉起就返航了，他并没发现这一击的不平常。然而，没有想到，事情平静地过去了将近50年后，他才知道，被他击落在黄海中的那架飞机，那个跳伞生还的飞行员，竟然是美国大名鼎鼎的"首席三料王牌"驾驶员。他为此感到骄傲和自豪！

这一惊世的英雄业绩公开披露后，在社会上引起强烈反响。当记者采访这位老英雄时，蒋道平对这场战斗仍记忆犹新。他用手指着自己画的战区草图和空战草图，娓娓述说，又一次把当年那次空战的场景，重新展现在世人面前。他说："抗美援朝期间，我们作战的时间大部分集中在上午 10 点钟，到下午 2—3 点钟，很有规律。1953 年 4 月 12 日那天，我们 6 点 50 分就起飞了，这算比较早的。那一天，我们 12 架米格 –15 战斗机从凤城大堡机场起飞，从朝鲜新义州沿西海岸直飞清川江至平壤一带之间的战区。到了清川江上空，我们的飞机左转弯，很快遭遇敌机，一下子就打起来了。从 12000 米直打到 8000 米，大家只顾打仗，结果队伍乱了，有的在那里打，有的就返航了。虽然到最后我们并没有损失，副大队长马建中还击落了一架敌机，可是我却掉队了，成了单机。这时，我发现敌人的一个大机群飞过来了，成纵队 4 架一组，2 架一组，大概有 30 多架。敌人可能有目的地一直往前飞，并没注意我。我想，一定找个机会打击敌人。当我往前看时，正好有一个空当，我一个转弯，咬住了前面两架敌机。也不知他们发没发现我，我就紧跟着。等他们开始向左转时，我切了个半径，当时就瞄准开炮，想打长机，开了两炮，却没打中，再开炮，结果把僚机给打下来了。击中后，长机跑了，僚机飞行员却掉下去了。后来听说，他跳伞，我没看见，我只看到飞机掉下去了，我的飞机一拉就返航了。这场战斗就这么简单。"

老英雄讲述得平实无华。但就是在他看来很"简单"的这场空战中，却创造了一个奇迹。至于他没有看到的麦克康奈尔跳伞的一幕，也颇为"传奇"：以美军为首的"联合国军"的战斗机飞行员，在"米格走廊"遇到困难时，通常是飞向黄海，以取得美军海上航空救护队的救援。

当时，麦克康奈尔上尉就是从此路逃生的。他在黄海海域从被击落的飞机上跳伞，6 分钟后，被救援的 H-19 直升机拉了上去，侥幸生还。他后来对家人说："我当时光着身子，浑身湿漉漉的。"这是他人生中最难忘，也是最灰暗的日子。

美国空军当局为了保持士气，1953 年 6 月 1 日下达命令：把在战斗中已经产生出的"王牌飞行员"送回美国。于是，这个已经执行了 106 次战斗任务的"首席三料王牌"飞行员麦克康奈尔,被解除一切战斗任务,迅速返回美国。归国后,麦克康奈尔成了美国家喻户晓的著名人物。好莱坞还以他的名字拍摄了电影故事片《麦克康奈尔传记》。可惜,这个"首席三料王牌"飞行员没能摆脱命运的安排,1955年,在一次试飞新研制的F-86H型飞机超速性能时,因飞机失去控制而坠地身亡。因而,老英雄蒋道平也就永远失去了像王海与加布里埃尔历史性握手、韩德彩与费席尔热情拥抱的机会……

如今,蒋道平在朝鲜战场上穿过的一件飞行服仍保存在抗美援朝纪念馆中,穿过历史的沧桑,向人们诉说着一幕幕惊心动魄的战斗。

一片丹心图报国

——刘继和的背包、钢笔

在抗美援朝纪念馆珍藏的文物中,有一支钢笔,曾在参战决心书上写下"要在战争中经受各种考验,用成绩来报答祖国人民和朝鲜人民"的豪迈誓言;有一个背包,陪伴着一个"新兵蛋子"成长为二级战斗英雄。它们的主人,是抗美援朝中的特等功臣——刘继和。

★ 苦学本领

1950年1月,刚满19岁的刘继和从辽西黑山入伍,成为一名中国人民志愿军战士。到了朝鲜,他被分配在高射机枪连。那时,他在"立功计划"上写了这样一句话:"要消灭美国空中强盗"。为了实现愿望,刘继和急迫地想早点学到本领。听说班长姚秀明刚从后方学习高射机枪回来,他就天天黏在班长屁股后面,恨不得一下子从班长那里把全套本事都学会。姚秀明从心眼里喜欢这个求知欲望强烈的小伙子,很快就耐心地把高射机枪的整套操作技术全部教给了他。

1951年4月22日,中朝人民军队发起第五次战役。兵龄不到一年的"新兵蛋子"刘继和第一次冲上前线。紧握着心爱的高射机枪,他愤怒地向美国空中强盗射出一串子弹,既激动又紧张,他恨不得一下子把强盗们从空中打下来。但是,时间一天天地过去,子弹一箱一箱地消耗,敌机却还是在他那枪口的上空晃来晃去。

晚上,刘继和坐在炕桌边,凝视着面前的油灯默默思索。夜深了,他躺在热炕上仍翻来覆去睡不着,他怪自己没本事。第二天清早,刘继和跑上阵地,不停地转动着高射机枪练习瞄准。

没过几天，刘继和与战友们在战场上同 4 架敌机展开了战斗。刘继和瞪着布满血丝的眼睛，随着敌机转动着枪口。但是，心越急，打出去的子弹就越不稳。弹药手不停地换着弹链。班长不断地提示他弹道偏右或偏左。刘继和急得直咬牙。

经班长指点，刘继和不再急躁，继续虚心向姚秀明学习。废寝忘食地练了几个月后，他进步很快。哪怕是天上有只老鸹飞过，他也转动枪口跟着瞄。可是，因为在实战中一直没能打下敌机，刘继和晚上总是不能安睡。想起白天射击时的情况，心里纳闷：分明瞄得挺准，可是总打不上，弹道不是偏左就是偏右。想着想着，他猛地坐起来，点着灯，卸开枪来检查机件，原因终于找到了——滚珠上右弹簧梢的压力小，加上抠扳机时右手食指使劲稍大，用劲儿一不均匀，枪口就偏了。

★ 保卫马良山

转眼，冬天又来了。刘继和所在的部队负责防守马良山。

马良山，是临津江西岸的前沿堡垒，俯瞰着敌人在江东和江南的大小山头，威胁着敌人的侧后。1951 年 10 月，以美军为首的"联合国军"的"秋季攻势"就在这座阵地前碰了个头破血流。此后，志愿军在"秋季阵地防御战"中于马良山展开了坑道战。如今，阵地上坑道密布，马良山下变成了地下长城。敌人投入大量兵力多次进攻都无法得逞，只得把希望寄托于美国空军。

1952 年 3 月，敌人派出大批飞机轰炸马良山，想要摧毁坑道。每天几十架次、各型号的飞机在阵地上空盘旋轰炸。为了加强空中防御力量，连里批准了刘继和参加马良山前沿阵地对空作战的请求。刘继和在请求参战的决心书上写着："要在战争中经受各种考验，用成绩来报答祖国人民和朝鲜人民，不打下敌机，决不下马良山……"

3 月 5 日清晨，4 架美国空军战斗机从东南方向飞来。连长迅速报出敌机的距离和速度。刘继和全神贯注地注视着。敌机先沿阵地盘旋一周，接着，便一架跟一架地俯冲下来。炸弹、汽油弹在山头和山坡上爆炸，烟柱冲起老高，巨响震撼着山峰。刘继和瞄着敌机的头部迎着打，敌机一下子飞过去。他又敏捷地挪动着半跪的双腿，转动枪口追着敌机打。气流伴着苦涩的硫黄味刺激着刘继和，使他喘不过气来，但这阻止不了他，一串串子弹射向晃动的敌机。马良山上还有其他3挺高射机枪和步兵连的轻、重机枪，全在跟敌机战斗！

突然，敌机改变了路线，从右面俯冲，一连串黑色的炸弹甩了下来。阵地上，白雪覆盖着的冻土被翻了起来，飞向半空。

子弹打空了，刘继和修正偏差，重新瞄准敌机。

敌机又冲下来，刘继和一扣扳机，只见敌机颤动了一下斜飞过去。

"好！命中右翼，继续射击！"刘继和击伤敌机的消息，迅速传到了连队驻地。

有了进步，刘继和仍不放松钻研技术。每天夜里，他都跑到师部山炮营去学"目测"。经过一段时间的训练，他的目测更精确了。

可是，就在这时，刘继和右脚意外受伤。连长得知后，让他回到连队驻地养伤。但刘继和却坚定地表示：只要脚冻不掉，手指头冻不断，他就要打下敌机。不久，刘继和的右脚肿得更厉害了，连鞋都穿不进去。但听着前线敌机和炮群不时轰炸的声音，他坚定地暗下决心……

★ 一人斗七机

1952年3月30日，天空格外晴朗。伏在坚守位置的刘继和不停地擦拭着高射机枪，默默等待着。突然，天空上有8架敌机组成编队朝马良山飞来，其中4架在高空盘旋掩护，另4架F-80型喷气式战斗机从低空绕过，开始对马良山进行轰炸。刘继和心中平静下来了，此时，他只有一个信念：瞄准敌机，狠狠地揍它！他用冻得粗肿的食指贴着扳机，掉转着枪身，捕捉敌机的影子。

敌机不断改变着俯冲的路线，但是，它躲不过射手们的眼睛。刘继和的机枪立即射出一串子弹。敌机又改变了路线，从刘继和他们头顶上俯冲下来。火箭弹、炸弹、汽油弹一齐射来,在离他们六七十米远的地方爆炸。阵地上腾起一股股冲天的烟柱,弹片、土块夹着燃烧的残根枯枝四处乱飞,不停地在刘继和周围落下来。绑扎在高射机枪上的伪装被弹片削到一边,刘继和仰头望了望,把帽子摘下,继续瞄准追捕敌机。他满脸冒着热气,汗珠顺耳根往下淌,伤脚痛得钻心,但他还是一刻不停地战斗着。

突然,一架敌机的影子闪到刘继和的眼前,连机身上的白五角星都瞅得清楚。他立刻锁定目标,算好提前量,双手用匀劲儿一勾,一串子弹直向敌机追去。"好!打得好!"随着战士们的叫好声,那架敌机冒着黑烟栽下来,其余3架敌机慌忙升向高空,向南逃窜。

"没啥,才开头。"刘继和平静地说着,头也没抬,忙着擦枪。不到一支烟的工夫,班长又发出口令:"注意!西南方向发现敌机!准备射击!"

刘继和早已摆好了姿势,紧盯着敌机来的方向。只见一架美国红头侦察机慢慢悠悠地飞过来,有时竟低得几乎擦着山头。刘继和记得排长以前讲过,这家伙仗着身上的装甲厚,所以飞行时特别猖狂。在不同特性的敌机面前,刘继和知道该用什么打法。他迅速定好距离瞄准,接着,平心静气地扣下扳机,一排穿甲弹向敌机的翅膀根猛射。瞬间,敌机像断线的风筝坠向地面。

晚霞映着激战后的阵地,支离破碎的敌机残骸冒着缕缕青烟。刘继和站在阵地上,脸上露出胜利的微笑。接下来,在马良山47天的对空战斗中,他一人共击落敌机3架,击伤敌机4架。

1952年8月28日,志愿军领导机关为刘继和记特等功。1953年1月,授予他中国人民志愿军"二级战斗英雄"称号。1953年10月,刘继和光荣加入中国共产党。1953年10月25日,朝鲜民主主义人民共和国最高人民会议常任委员会授予他一级战士荣誉勋章。从战场归来,英雄刘继和又全身心投入到国防教育事业中,在他的家乡锦州,退休后的刘继和先后作革命传统教育、爱国主义教育报告530多场。2004年,他还被锦州市评为国防教育先进个人。

横城战役中的『尖刀英雄营』

——李玉才烈士的文件包

在抗美援朝的战场上，涌现出无数祖国的英雄儿女。他们有的被搬上荧幕、报纸，为国人所熟知；而更多的，则是默默无闻，在战场上抛头颅、洒热血，为了抗美援朝战争的胜利献出了宝贵的生命。李玉才烈士就是这样一位不为人所知的英雄。

★险棋

1951年2月的朝鲜战场上，正当西线的中国人民志愿军三十八军、五十军用血肉之躯阻击以美军为首的"联合国军"向北反攻的时候，东线向横城和抵平里地区北进的"联合国军"，以快于西线的速度一路推进，从整个战线上突出了出去。战场上出现的这种状态，使正忧虑于战场局势的彭德怀总司令意识到，扭转被动局面的机会来了。战场上的战机稍纵即逝，必须果断地抓住且利用。

2月11日黄昏，志愿军4个军在邓华将军的指挥下，开始了向横城地区的大规模反击作战。四十军负责正面攻击的目标是南朝鲜军八师。四十军军长温玉成和政委袁升平把一一八师和一二○师放在了第一梯队的位置上，主要的突击力量是年轻的师长邓岳指挥的一一八师。邓岳在研究地图的时候发现，在一一八师主攻方向的正面，有一个两条公路会合的"Y"字形路口，一旦攻击开始，这显然是擅长逃命的南朝鲜士兵溃逃的必经之路。要想更多地消灭敌人，就要派部队插进去，封堵这个"Y"字形路口，阻断敌人的逃跑路径。令一一八师其他军官惊讶的是，邓岳一反以小部队穿插的惯例，要派一个整团插过去。从攻击开始线至那个"Y"字形路口足有25公里，而且穿插部队必须在黎明前插到位并且占领路口,才能把正面南朝鲜八师二十一团的后路真正封死。

多年以后,西方的军事史学家仍对中国年轻师长邓岳的战法称赞不已:两个团从正面并肩突破,一个团从中穿插到后位——险棋!新奇!

邓岳放在正面的三个团并非一线进击,而是互相配合,互相掩护:三五三团在左,三五四团在右,以并肩突破南朝鲜八师二十一团的防御阵地;而负责穿插的三五二团从两个团中间渗透进去,直插敌后。这样做是为了加速迂回。邓岳不信南朝鲜军的一个团能经得住中国军队三个团的冲击!

★ 急行

三五二团一向以敢打敢拼而闻名,是当之无愧的"尖刀团"。而三五二团三营是一支因战功卓著而荣获"铁拳"称号的部队。现在"铁拳"变成了"尖刀",全体指战员都为自己能担负光荣重大的任务感到骄傲与自豪。战斗英雄李玉才就是三营营长。

1951年2月11日16时,三营全体战士在团参谋长冷利华、营长李玉才、教导员翟文清的带领下,以最快的速度在6个小时内穿越长达25公里的崎岖山路,翻越两座积雪深厚的高山,切断由龙头通向横城的公路,沿着一条人迹罕至的崎岖山路,向东南方向汹涌直下。行军路上,除了急促的脚步声,就是呼呼的喘息声,气氛紧张而肃静。战士们悄然穿过敌人盘踞的山谷顶峰,他们如一把锋利的尖刀,直插敌人的心脏——广田台。

队伍随着跌宕起伏的山峦小路,时而出现在山顶,时而出现在深谷。陡峭的小路狭窄得只能勉强站下两脚,而脚下软绵绵的积雪和滑溜溜的冰块常使人站立不稳。战士们背着枪、扛着炮,两手攀着山石和稀少的树枝,甚至将手插入积雪艰难地爬行。拉着战马的驾驭手,两手挽着马缰,用力拖拉着战马,几次滑下去又被拉上来;负责电话通信的战士们,为了保证联络畅通,避开小路,在没有路的陡坡上、积雪里爬行,摔倒了,滑下去,爬起来,继续走!一条长得望不到头的细黑线，随着他们那艰难而急促的步子，不断向前延伸，悄然穿过敌人的防区。

营长李玉才率尖刀连向737高地前进，在行进中歼灭敌人一个前哨排，击溃一个搜索队。当前进到737高地鞍部时，发现两侧山顶部都有敌人，李玉才令尖刀连在鞍部两侧各派一个加强班，掩护全营通过。全营下山后，尖刀连兵班在沟口谷村村头抓了两个敌哨兵。据俘虏讲，村内住着敌人一个连，两侧山上也有敌人。为了不被敌人发现，营长李玉才决定从村外河套绕道而行。

★ 突袭

李玉才看过地图后，判断前面不远处就是三营穿插和夺取的目的地广田。他决定趁敌不备，突袭并占领广田。营长和副教导员周志宝指挥七连、九连首先夺取广田北山，然后向广田攻击。教导员指挥八连，从西面夺取台峰后切断公路，由西向东攻击广田。八连又配合七连、九连夹击广田。营长和教导员指挥七连、九连很快两面夹击夺取了广田北山，将敌一个连压缩在广田并歼灭，占领和控制了敌人逃跑的交通要道，提前完成了穿插任务。就在这时，李玉才突然发现西南方向灯光闪闪，沿龙头里横城公路像火龙似的向广田方向开来。

李玉才判断，我正面进攻部队已经与敌兵相接，已突破短途防线，向纵深发展，支援南朝鲜军八师作战的美二师炮兵营已不能发挥火力，企图趁机撤退。李玉才和指导员统一判断后，马上分工。教导员率八连伏击敌炮兵营，营长组织机炮连掩护八连，九连为预备连，待机歼灭美军炮兵营。就在此时，敌炮兵营进入我伏击圈，敌一指挥连遭我炮火袭击，先头几辆炮车被击中起火，车队被阻在公路沟内，欲进不能，欲退无路。

敌军夺路逃跑，从车队后面冲出两辆美军坦克开路，被八班班长周洪玉用手雷击伤，又被战斗小组组长于水林用苏式反坦克手雷击毁。第二辆坦克又冲出来盲目开枪开炮，企图压制我军火力。于水林率领小组两名战士绕到坦克侧面，用"王八雷"将其击毁。在火力掩护下，八连向敌炮兵营发起冲锋，一营美军炮兵还没下架就被歼灭。几百名美国兵，大部分被击毙，少数当了俘虏，仅于水林小组就俘虏8名美兵。战后，于水林被志愿军总部授予"二级反坦克英雄"称号，记一等功。

李玉才指挥消灭美军炮兵营，发挥了夜战、近战、短兵相接、刺刀敢于见红的战斗作风，打得干净、利落，鼓舞了全营士气，大灭了敌人威风。全营指战员越战越勇，歼灭了美军炮兵营，初战告捷，在广田集结休息。

★ 坚守

李玉才对教导员说："我们虽然初战告捷，但背后兄弟部队正与敌激战，敌人尚未全线溃退，对面536.7高地尚在敌人手里。我们兵力不多，应在掩护全团展开战斗的同时，攻克此高地。"教导员同意营长意见，经请示团指挥所，按战前任务区分，536.7高地属于兄弟部队，但兄弟部队没有赶到，同意他们攻占536.7高地。时不我待！

2月12日8时，李玉才指挥七连、八连攻击536.7高地，教导员指挥机炮连掩护，九连为预备队。敌人一个连从山腰到山顶，层层布置火力，主力从两翼包围迂回，连续攻下两个山头，歼敌两个排。到12时只剩固守山顶的敌人，营长要七连一排正面攻击，牵制敌人火力，两个排从右侧攻击，要八连从左侧攻击。敌人在我两个连的火力压制下，发挥不了火力。七连、八连一鼓作气冲上山顶，将敌全歼。除打死打伤外，还俘敌30多名。

三营攻占536.7高地后，敌人在飞机配合下，以一个营兵力实施反扑，企图夺回赖以掩护其主力撤退的高地。在李玉才的指挥下，我军连续打退敌人3次进攻。坚守阵地到14时，敌人没能前进一步。我军正面突击部队突破了敌人防线，向纵深发展，在围歼敌人的关键时刻，李玉才营长不幸中弹牺牲。

在《缅怀英雄营长李玉才烈士》一文中，李玉才的战友黄魁勋这样描述了英雄李玉才牺牲时的场面："当时，我正在山下抢救九连副指导员。看到从山上抬下一个伤员，担架后边跟着营长的通信员小刘，我忙问小刘：'营长哪里负伤了？'小刘泣不成声：'营长牺牲了！'我掀开蒙在营长脸上的毛巾一看，他早已停止了呼吸，两眼紧闭。我控制不住悲伤的泪水，用酒精棉球擦掉营长脸上的血迹，把营长的遗体送到团卫生队了。那年，李玉才营长才25周岁。"

这次战斗，李玉才指挥全营歼敌650余人，击毁敌坦克2辆，缴获汽车137辆、各种炮24门、高射机枪9挺。三营立集体二等功，获"勇猛穿插，歼敌获胜"锦旗；李玉才本人立一等功，获"二级英雄"称号。至今，李玉才烈士的生前用过的文件夹，仍珍藏在抗美援朝纪念馆内，供人们瞻仰、缅怀。

活跃在抗美援朝战场上的中国人民志愿军文工团

——志愿军十三兵团宣传队扬琴、自制的『两洲三国』胡琴

在伟大的抗美援朝战争中，我军将士用生命和鲜血，打破了美国侵略者不可战胜的神话。战争中，我军文艺工作者也发扬革命传统，既是战斗队又是宣传队，以丰富多彩的宣传形式鼓舞官兵士气，为瓦解敌军、提高部队战斗力做出了突出的贡献。在抗美援朝纪念馆中，保存着中国人民志愿军十三兵团宣传队的扬琴、自制的"两洲三国"胡琴等宣传工具。

　　"两洲三国"胡琴，长71厘米，重380克，由琴杆、琴筒、琴弦组成。其琴筒是用缴获的美军罐头盒做的，琴杆是用朝鲜的木材做的，而琴弦是用中国的马尾做的，因此志愿军战士给它起名叫"两洲三国"胡琴。1958年志愿军回国时捐赠，1982年定为国家一级文物。这把胡琴作为宣传工具的一个代表，为我们讲述着志愿军文工团团员在硝烟弥漫的战场上，发扬革命英雄主义精神、革命乐观主义精神的生动故事。

　　志愿军政治部文工团是1950年7月在原四野十五兵团文工团的基础上创建的。全团300多人，下设戏剧队、合唱队、乐队、舞蹈队、杂技队和舞美队。这支文工团既有红军时期和抗日战争时期从事文艺工作的老同志，也有新入伍的年轻人。

　　文工团入朝后的第一场大型演出，是1950年12月在志愿军总部所在地君子里为中朝联合司令部成立进行的演出。当时的君子里，每天都有敌机前来轰炸，文工团在排练时就遇到过多次空袭，不少团员在空袭中受伤。但团员们不顾敌机轰炸，加紧排练节目，在几天后便与朝鲜人民军协奏团一起，为金日成、彭德怀等领导表演了许多新排练的节目。金日成在看完演出后，当场向彭德怀索要文工团表演的《哦玛尼》的剧本，表示也要让人民军也来演这台戏，教育朝鲜军民永远珍惜中朝友谊。

朝鲜战争极为残酷，文工团也面临着许多困难和挑战。团员们大多为20岁左右的青年，他们在雪立团长与牛纯仁政委的带领下，分成两个组深入前线，为战斗生活在坑道里的官兵演出。没有道具，没有布景，他们就自己动手裱糊硬纸片，刻成镂空的人物、布景，再涂上一层融化的蜡烛油，将小歌剧《哦玛尼》和《抓舌头》改制成纸皮影戏，让最前沿的坑道战士也能在战斗之余，感受到祖国的关心。

在艰苦的战争中，文工团分散活动，深入前沿阵地，与前线官兵一同住山洞，吃雪吃炒面，活跃在最前沿。在激战的上甘岭、临津江、白云山、五圣山，只要有部队，就有文工团的身影。他们以歌曲、曲艺等形式，演英雄，唱英雄，边演出边创作，歌颂中朝友谊，歌颂我军官兵大无畏的牺牲精神。他们的演出，不但战士们爱看，朝鲜人民也爱看。

在慰问演出中，文工团无数次冲过敌军的封锁线，也无数次与敌机周旋。为了让每一个前沿坑道里的战士都能感受到祖国的关怀，他们总会舍生忘死，冲上与敌人咫尺之隔的阵地，把歌声送到战士身边。

一线部队经常处在敌机空袭与轰炸之下。为了让部队战士们看到演出，文工团想出了一个办法：他们让每位战士手中拿着一根长长的树枝，在黄昏的时候选择在树林边演出。演出时，部队安排好防空哨，遇有空袭，战士们就把拿在手里的树枝举在头顶，这样演出场地就伪装成了一片小树林。尽管敌机就在战士们的头上盘旋，伪装后的演出场地照样表演不断。

文工团还将文艺与军事相结合，在慰问部队的过程中，用生动的艺术形式去传达上级的重要指示。他们在慰问时看到战士们在修工事，就会根据志愿军首长的要求，用快板要求战士们修工事时要做到"三层木头三层土，榴弹炮弹打不透"。节目演完了，战士们也掌握了修工事的要领。

战争中，对敌开展政治攻势，瓦解敌军是我军取胜的一大法宝。我军在长期的革命斗争中积累了丰富的经验，形成了一套行之有效的方法，创造了成建制瓦解敌军的光辉典范，有力地配合了军事作战。

志愿军在朝鲜作战，作战环境、作战对象都发生了变化，因此瓦解敌军工作也要有新的特点。志愿军政治部编排了许多瓦解敌军的歌曲，由文工团进行演唱，并通过广播向敌方播送。这些歌曲包括《平安夜》《圣诞之歌》《晚安！亲爱的》《念故乡》等当时在美国特别流行的歌曲，敌人收听到这些广播后，思家厌战情绪不断蔓延，极大地瓦解了敌人的斗志。

朝鲜人民和人民军也很欢迎志愿军的文工团，文工团也多次为朝鲜军民演出。一些朝鲜群众还记得，在那艰苦的岁月里，文工团的同志们把节省的粮食分发给朝鲜的老人和孩子，自己饿着肚子为群众演出的情景。文工团为中朝友谊做了大量工作，朝鲜政府为表彰文工团，授予了文工团的7名优秀团员二级国旗勋章。

1958年10月，文工团圆满完成任务，即将撤离朝鲜。在他们向长眠在朝鲜的烈士和战友告别、和朝鲜人民依依惜别之际，志愿军希望文工团创作一部反映志愿军全体指战员爱国主义精神的作品。为了牺牲在朝鲜的英烈，文工团创作了《志愿军战歌》这部大型歌舞剧，并在平壤做了告别演出。金日成等朝鲜党政军领导人现场观看了演出，十分感动，给予了极高评价，并与全体演职员合影留念。

1958年10月28日，志愿军凯旋。毛主席在中南海专门接见了文工团部分演员。文工团为主席即兴表演了《英雄小嘎斯》《杜勒斯吹牛皮》等节目。毛主席高兴地说："杜勒斯就是会吹牛皮！"

志愿军文工团是第一支成建制投入战场，以文艺服务战争，做出特殊贡献的队伍。也许他们的作品还有些粗糙，但他们发扬和继承了我军宣传队的传统，对部队提振士气起到了积极的鼓舞作用，受到了官兵的普遍欢迎。他们都有一个光荣的名字：志愿军文艺战士！

抗美援朝战争中的『志安办』

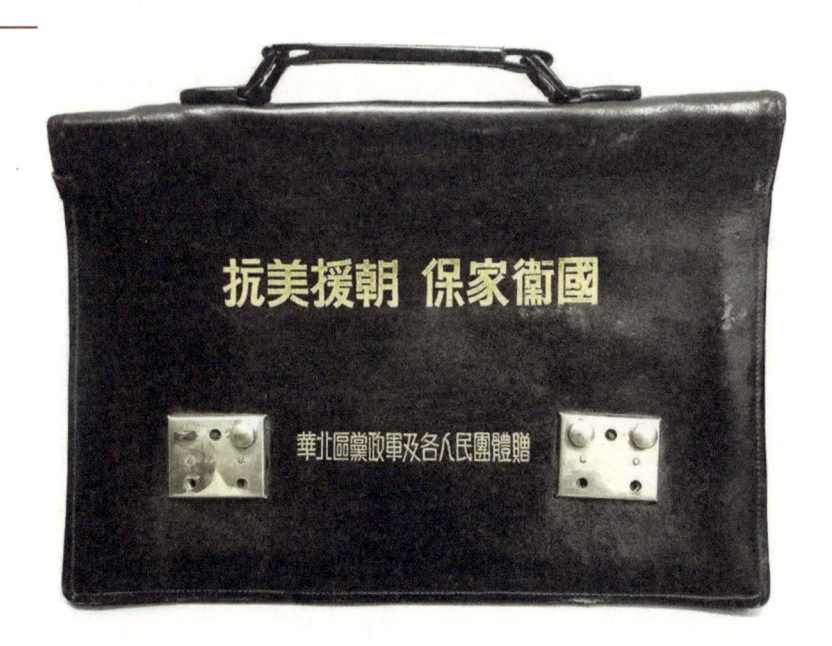

—— 范凤岐的文件包

2014 年 9 月 17 日，原中国人民志愿军驻安东办事处主任兼政委范凤岐子女等一行 5 人来到抗美援朝纪念馆，捐赠文物 40 件，并为我们讲述了抗美援朝战争中"志安办"的故事。

★ "志安办"领导机构成立

志愿军驻安东办事处是中国人民志愿军司令部直属机构，是抗美援朝战争时期后方连接前线的重要纽带，是抗美援朝战争史中不可缺少的一部分。

1950 年 10 月，随着志愿军入朝作战，志愿军司令部办事处在安东成立。后为适应抗美援朝战争的需要，志愿军司令部决定，将驻安东中国人民志愿军司令部办事处与驻安东志愿军各兵团办事处合并，成立中国人民志愿军驻安东办事处（简称"志安办"）；任命范凤岐为志安办主任兼政委，于耀亭、唐永杰为志安办副主任；编制为正师级单位，下设司令部、政治部、后勤部，隶属中国人民志愿军司令部。志安办司令部下设机要科、通信科、作战科及一个警卫营；志安办政治部下设宣传科、保卫科及入朝人员登记签证办公室；志安办后勤部下设行政科、工程科、民运科、运输科（负责车队）、卫生所，及留守处幼儿园和招待所。

志安办领导机构组成后，立即展开了守护抗美援朝运输生命线的安东鸭绿江大桥和安东火车站；护送志愿军首长到朝鲜志愿军总部；保障国内通信与朝鲜战场联络畅通，将中央领导的指示及时传达给朝鲜战场的志愿军指挥机构；负责接收国内各族人民捐献的慰问品、慰问信，并适时送到朝鲜前线慰问志愿军战士；负责登记所有入朝志愿军指战员名单，保留登记人员档案，为登记人员办理入朝手续和签证；采购日常生活用品运送到朝鲜前线部队；接待祖国各地赴朝慰问团，并护送他们到朝鲜慰问志愿军等一系列工作。

★ 保卫后方交通运输线畅通

随着抗美援朝战争的不断深入，志愿军部队所需的大量物资和给养大部分都要经过安东市运送到朝鲜。因此，安东火车站和鸭绿江大桥即成为志愿军交通运输的生命线，而志安办担负的正是保卫安东火车站和鸭绿江大桥交通运输线的重任。

抗美援朝战争初期，因为志愿军没有制空权，高射炮部队又少，所以连接中朝两国的两座鸭绿江大桥经常遭敌机轰炸，其中一座（今鸭绿江断桥）于1950年11月8日被美军从中间彻底炸毁；同时，安东火车站也经常遭美军飞机轰炸。为此，志安办后勤部工程科的战士们与驻安东志愿军高炮部队、安东铁路抢修队员密切配合，用鲜血乃至生命保卫安东鸭绿江大桥及安东火车站。志安办战士们常常冒着敌机轰炸、扫射的危险，抢修被炸坏的鸭绿江大桥。为防敌机轰炸，当时安东市夜晚实行灯火管制，有时夜里志安办抢修大桥的战士们只能在没有灯光和不能用手电的情况下，对大桥被炸坏的部分进行抢修。每当看到志愿军战士跨过鸭绿江大桥中间的国界线，情不自禁地回头向祖国告别时，抢修鸭绿江大桥的志安办战士都会在心里对他们说："祖国人民等着你们凯旋。"在两年零九个月的抗美援朝战争中，安东鸭绿江大桥及安东火车站在志安办与其他兄弟部队及安东铁路部门的保卫抢修下，始终保持通车，为抗美援朝战争的胜利做出了重要贡献。

★ 护送志愿军总部首长入朝

护送志愿军首长安全到达朝鲜前线的志愿军总部工作，是志安办所有工作的重中之重。抗美援朝战争期间，志安办指战员冒着生命危险，一次次圆满完成了安全护送志愿军首长到朝鲜前线的任务。

在护送工作过程中，最危险的一次，是志安办主任范凤岐带队护送志愿军副司令员邓华入朝。为了使邓华与率先过江的志愿军司令员彭德怀在朝鲜尽快会面，护送邓华的车队驶过鸭绿江大桥后，没有随大部队前行。当时邓华乘坐的是一辆苏式嘎斯-51吉普车，他坐在副驾驶位置，范凤岐和两名战士坐在后座，邓华的随行车队跟在后面。车队在朝鲜境内行驶不到20分钟，就遇到美军飞机漫无目标地狂轰滥炸、俯冲扫射。邓华乘坐的汽车尾部被一枚流弹击中，坐在后座的范凤岐只觉腿部热乎乎的。但他来不及多想，立即命令司机加快速度。又行驶了20多分钟，只听一声巨响，一颗炸弹在邓华乘坐的汽车前面不远处爆炸，司机被弹片击中头部当场牺牲，汽车发动机也被炸坏无法行驶。范凤岐当机立断，马上让邓华换乘另一辆护送车。直到这时范凤岐才发现自己腿部受伤，旁边坐的两名保卫科战士在流弹击中汽车时已经牺牲。

1951年2月，彭德怀司令员回国参加军委扩大会议后第二次入朝及1952年4月从朝鲜回国治病都是志安办护送的。在执行任务的过程中，志安办总结了一套护送经验。一是夜间开车护送时，先开车灯快速行驶，然后立即关闭车灯行驶，让敌机找不到目标；二是志愿军首长乘坐车辆的位置顺序必须随机与护送车辆调换。

1953年4月，范凤岐在护送志愿军二十兵团司令员杨勇入朝过程中，正赶上美军飞机轰炸志愿军后方。当时杨勇乘坐的汽车排在护送车队的第三位。范凤岐看到美军飞机不断投弹，考虑到炸弹投下会有个向后的小斜度，根据以往的护送经验，他命令护送车队临时调换顺序，将杨勇乘坐的车调换到最前面。等将杨勇安全护送到目的地后，范凤岐发现护送车队少了一辆车。一了解，范凤岐惊出一身冷汗。原来，范凤岐在将杨勇乘坐的车临时调换顺序后不久，排在第三位的护送车就遭到了敌机轰炸被炸毁，车上的战士全部牺牲。

在整个抗美援朝战争中，志安办先后护送的志愿军总部首长还有洪学智、韩先楚、宋时轮、李志民、陈赓、杨得志、杨成武、王平等。

★ 担负对过江部队的宣传鼓舞工作

志愿军后续赴朝参战部队主要是在安东过江。这些志愿军部队出发前，以团为单位（部分分散的部队以连为单位），普遍召开誓师大会。因此，志安办还担负起了对志愿军过江部队的宣传工作，包括写标语、口号、欢送词，组织乐队，印发传单，到鸭绿江边对过江部队做鼓舞工作、拍摄宣传照片等。

志安办的另一项宣传工作，就是负责接收国内捐献的慰问品、写来的慰问信，并及时送到朝鲜前线慰问志愿军战士。抗美援朝战争期间，全国各族人民纷纷给朝鲜战场上的志愿军战士捐赠慰问品、写慰问信。志安办接到这些慰问品、慰问信后，全部送到朝鲜前线的志愿军战士手中。

志安办政治部宣传科除了完成在国内的宣传工作外，还要到朝鲜前线开展宣传工作。随着"联合国军"被俘人员增多，战俘营急需会讲英语的干部。根据上级指示，志安办政治部宣传科中会英语的大学生被派到朝鲜平安北道碧潼战俘营协助俘管处工作。此外，志安办还要到前线给战士们做宣传工作，利用战斗间隙，教战士们如何使用英语喊话，加强志愿军对敌的政治攻势。

★ 朝鲜停战后的志安办工作

朝鲜停战后，志安办的工作更重了。

抗美援朝战争期间，志愿军直接过江入朝，不需要办任何手续。朝鲜停战协定签字后，朝鲜成立了海关，国内人员入朝都要办签证登记手续，来往必须有证件，志安办就在朝鲜新义州建立了通关联络站，有急事的同志可以到新义州后补办手续。

据志安办司令部机要科报务员杨佩佳回忆，停战后志安办的工作量非常大，祖国一批批慰问团赴朝慰问；部队整编制频繁换防，有从朝鲜回来的，也有去朝鲜的；还有国内家属要求到朝鲜探亲的……都需要通信科和朝鲜联系好后，由志安办后勤安排车接送。当时流传着一句话："有困难找志愿军驻安东办事处。"由于赴朝人员太多，志安办还申请了一辆火车专列，每天在中朝之间往返一次。

朝鲜停战协定签字后，志愿军开始陆续撤军。迎接志愿军归国的任务成为志安办的主要工作。志安办政治部负责写欢迎标语和宣传工作；后勤部负责安排回国部队的临时食宿；后勤部民运科负责组织安东市市民和文工团团员在车站欢迎凯旋归国的志愿军，并负责把祖国人民从全国各地送来的各种慰问品发送给回国的志愿军指战员，让他们感受回到祖国怀抱的温暖。1953年9月23日，中国人民抗美援朝总会召开常委扩大会议，决定组织中国人民第三届赴朝慰问团，代表全国人民慰问在反抗侵略、保卫和平事业中建立伟大功勋的中国人民志愿军和朝鲜军民。会议推选贺龙为第三届赴朝慰问团总团长，总团下设8个总分团。慰问团还有由全国40多个剧团组成的文艺工作团，约3100人，全国著名的主要剧种最负盛名的演员都在其中，如梅兰芳、周信芳、程砚秋、新凤霞、言慧珠、马连良等。

由于战争中敌机对朝鲜的轰炸，朝鲜几乎找不到完整的楼房和较大块平整的场地。为此，中国人民第三届赴朝慰问团领导决定，将由多个剧团组成的文艺工作团演出场地设在安东市，部分志愿军团、营以上干部和伤病员分批到安东观看演出，志安办负责接待慰问团的工作。

根据上级领导要求"热烈、安全、周到"的指示，志安办主任范凤岐接到任务后立即召开动员大会，并进行了具体分工。后勤部负责慰问团食宿"周到"，政治部宣传科负责演出"热烈"，保卫科负责演出"安全"，准备时间仅有3天。

为了在"热烈"上做文章，宣传科没少动脑筋。宣传科的王光廷负责写标语，其他同志用红纸扎花，把演出会场布置得非常漂亮。最让宣传科伤脑筋的是每场演出给演员献花。当时安东已是深秋，加上敌机狂轰滥炸后，全市找不到一朵鲜花，范凤岐只好让汽车队出车到安东附近的郊区县找鲜花。经过大家的努力，鲜花是找来了，但也只够扎10束花。演员那么多，又是演出好几场，远远不够用。最后还是联络员和慰问团商量出一个"台前接花，后台还花"的办法。为确保演出期间这10束花不凋谢，范凤岐要求民运科副科长贾志贤和一名宣传科年轻女战士负责，想尽办法确保演出时鲜花不凋谢。贾志贤仍记得那时条件艰苦，只能是每隔几小时用清水向鲜花喷洒，每天还要放窗台见阳光几分钟后再拿到阴凉处，小心翼翼地呵护鲜花到演出开始，这才算松了一口气。

保卫科负责的"安全"更是重要。当时虽已停战，但美国及李承晚集团仍不断制造事端，派遣特务搞破坏、探军情、放冷枪。保卫科做了细致周到的警卫安全方案，范凤岐和其他领导多次到演出现场检查安全工作，以确保贺龙总团长和慰问团全体成员的安全。

后勤部在负责慰问团食宿"周到"方面也下了很大功夫。安东市的机关、团体、学校和居民由于几乎全部疏散到了外县和农村，市里剩下的全是空房子，找不到任何可用的招待设施。幸好最后在安东市委党校找到了些桌椅，志安办后勤部的战士们就把这些桌椅拼在一起当床，从志愿军总医院搬来一些干净的被褥铺在上面，解决了慰问团"宿"的问题。"食"的问题就地解决，安排在志安办的食堂吃大锅饭。虽然食宿简陋，但慰问团的同志们都非常满意。

演出地点设在安东市劳动宫礼堂，能容纳千人。慰问团演出开始前，第三届中国人民赴朝慰问团三分团领导致慰问词，志安办主任范凤岐代表志愿军致答谢词，代表全体志愿军对慰问团来安东演出表示谢意。

在安东的慰问演出原计划演5场，可最后一场的那天晚上，场外突然聚集了数十辆汽车，且喇叭同时响起。一了解，原来日夜奔跑在中朝运输线上的汽车兵两边都看不到演出，希望能在国内满足他们的愿望。梅兰芳知道后，决定为英勇的汽车司机们加演一场，司机们欢呼雀跃。后来，在支前模范的强烈要求下，慰问团又加演了一场。

这次演出不仅让志愿军指战员大饱了眼福，同时也开了"四大名旦"同台演出的先河。这些名角在内地演出有很高的收入，而这次慰问演出是没有任何报酬的。

在慰问团演出期间，志安办的战士们加强警卫、周到服务，一直处于紧张状态，直到慰问团离开才松了一口气。

★ 志安办在丹东仅存的一处遗址

志安办汽车修配厂旧址位于丹东市振兴区三道沟，是志愿军驻安东办事处在丹东仅存的一处遗址。

抗美援朝战争中，志愿军与以美军为首的"联合国军"的武器装备相差极为悬殊，没有制空权和制海权。尤其是战争初期，志愿军后勤运输力量十分薄弱，运送物资的车辆经常遭"联合国军"飞机轰炸、扫射，损失、损坏相当严重。为了加强志愿军后勤运输力量，减少损失，1951年上级决定把东北军区后勤部汽车修理班的多名战士调到志安办，成立了"中国人民志愿军办事处汽车修配厂"，专门负责汽车修理工作。志安办的战士们和东北军区后勤部汽车修理班的战士们在没有厂房与设备的艰苦条件情况下，不顾个人安危，坚持露天作业，夜以继日地加紧维修被敌机炸坏的汽车，并及时送往前线。

1954年12月31日，根据上级指示，志安办汽车修配厂与东北军区后勤部第二修理厂合并，于1955年4月1日成立"中国人民志愿军后方勤务部安东汽车修配厂"，厂址设在安东市郊三道沟伪满时期的"安东机械厂"旧址（今丹东黄海汽车有限责任公司南厂）。抗美援朝战争结束后，为了支援安东市经济恢复和发展，1956年，志安办将汽车修配厂移交给了安东市政府，组建成立了"安东市国营汽车修配厂"，同时志安办还安排一批修配厂的业务骨干转业到该厂，以加强汽车修配厂的技术力量。随着时间的推移，修配厂更名为丹东黄海汽车有限责任公司，现发展为丹东黄海集团公司，并推出了黄海客车品牌。

1958年10月25日，最后一批志愿军部队从朝鲜撤回国，志安办也圆满地完成了自己的历史使命。

珍贵的高粱米饭

——中国人民志愿军在朝鲜战场上用的炒面袋、吃的炒米

在战火纷飞，硝烟弥漫的朝鲜战场上，中国人民志愿军广大指导员凭借非凡的意志力和大无畏的奉献精神，在粮弹供应严重不足的极端困难条件下，一把炒面一把雪，依然英勇顽强地进行战斗。从朝鲜战场归来的战士们，都切身体会到"在朝鲜吃饭拿命换"这句话的真正含义，一段关于两盒高粱米饭的故事，让志愿军老战士张永德终生难忘。

张永德是关里人，3岁时死了父亲，母亲把他带到辽宁省绥中县加碑岩乡黄土村沟口庄的老石家，没多久继父又死了。吃糠咽菜的童年，张永德唯一的乐趣就是在沟门口的老花梨树上打悠悠儿。日本侵略者占领东北后，这里成了"国界"，夜夜都听到撕心裂肺的皮鞭声、哭喊声。1946年，共产党来了，张永德毅然地参加了解放军，在枪林弹雨里钻了三年。1952年春天，张永德又作为担架队队员来到炮火连天的朝鲜战场。

在朝鲜战场，张永德所在部队的驻地离"三八线"仅50多公里，前方的炮声听得清清楚楚。张永德和战友们的任务是每天晚上掌灯时急行军到25公里外的前沿阵地，把伤员抬到离前沿阵地40公里的防空洞，再回到驻地，白天在树林里休息。在一年多的战火纷争里，他感到最难受的不是生与死、苦与累，而是吃饭问题。

担架队为了不暴露目标，白天不能点火做饭，几乎天天吃"不冒烟"的饭：炒面、炒米和饼干。这些东西刚开始还能对付，时间一久就像咽中药丸子一样难吃。有时好不容易做顿"冒烟饭"，敌人发现了，不但吃不成，反而还有生命危险。在担架队里流传这样一句话："想吃'冒烟饭'，就得拿命换。"如果能吃顿高粱米饭就是改善伙食了。

一天，他们送伤员回来，已是拂晓时分，张永德三天没吃饭了。他累得筋疲力尽，两眼直冒金星，跟跟跄跄地走进树林里，一头扎在潮湿的土地上便睡了过去。也不知过了多久，战友张荣把他叫醒了。张荣仅比张永德大几岁，是绥中县前卫人，他俩一到朝鲜就成了好朋友，形影不离，他像亲哥哥一样照顾张永德。他满脸喜色地说："吃高粱米干饭啦！"张永德一骨碌爬起来，同战友们从宿舍里拿出多日没用的饭盒，大呼小叫地跑下山："吃高粱米饭啦，吃高粱米饭啦！"大家在伙房门前排起了长队，张永德站在张荣前面。他们望着战友端在手里热气腾腾的高粱米饭，馋得直咽唾沫，恨不得自己也马上饱饱地吃上一顿。好不容易排到伙房里，炊事员看他那馋样儿，笑着给他多打了些。等张荣也打完饭，他俩正要开吃，这时空中忽然来了两架敌机，嗡嗡地盘旋了一圈后就用机枪疯狂扫射。人们赶紧就近趴在地上，有在水里的，有在坑里的，有在树旁的。张永德他俩还没走出伙房，就赶紧一边一个蹲在门两边，紧紧地抱着饭盒。敌机这时又开始扔炸弹，整个村庄顿时硝烟弥漫，人喊马嘶。

突然，门前一声巨响，张荣"哎呀"一声倒在地上。张永德赶紧放下饭盒，上前抱住他，可恶的弹片从膝盖处将他的腿炸断，鲜血直流。张荣疼痛难忍，汗水把衣服都打透了。张永德脱下衣服给他包扎，他依然像个大哥哥似的安慰张永德说："永德，不要紧，我能挺得住。等敌机滚了，我们好好吃一顿。"张永德一听，泪水唰唰地流下来。可是，空中的敌机还是嗡嗡地绕着圈子嚎叫着，张荣实在忍不住了，便让张永德喂他一口饭。张永德转身去拿饭盒，这时门口又是一声巨响，张荣又倒下了，一块炮弹片从他后心穿入。张永德哭着叫他半天，他再也没醒过来……

敌机把炸弹扔尽了，才嗡嗡地飞走了。这次轰炸，共有16人伤亡。战友们为牺牲的同志整理好遗容、遗貌，又从山上采来一簇簇鲜花放在烈士面前。张永德则把张荣的饭盒盛满高粱米饭，连同自己的一盒饭，都摆在张荣面前，流着泪喊道："战友，吃吧！你平时吃高粱米饭，总把你的一份让给我，今天你就把这两盒饭都吃了吧。这是你拿生命换来的，吃吧，吃得饱饱的，安息吧！"从那以后，张永德一吃高粱米饭就想起张荣，他总是念着战友的名字，先让他吃饱饭。

2000年,张永德已经76岁了。《辽宁老年报》的记者在绥中县的一所敬老院里采访到他时,他表示很满足——年老的张永德被乡里接到敬老院,管吃管住管穿,国家还给他每月发补贴。这里经常吃大米饭,每当此时,张永德就念叨:"战友,你现在还想吃高粱米饭吗?我们都吃大米饭了,你也吃大米饭吧,吃得饱饱的……"

一双小胶鞋

——朝鲜儿童的小胶鞋

生活物资篇

来抗美援朝纪念馆中朝友谊馆参观的观众，常会在一双小胶鞋前驻足：这是一双朝鲜儿童穿过的胶鞋，它们小小的，像两只尖尖的小船，鞋面、鞋帮上沾染着点点污渍，因为年代久远，鞋子的胶质部分已经泛黄。看似普通的它们，却记载着一段异常感人的故事。

那是抗美援朝战争即将结束的1953年7月，为了给敌人以更沉重的打击，配合停战谈判，中国人民志愿军二十兵团3个突击集团和第九兵团二十四军对金城地区的南朝鲜军发起了金城战役。

在敌机轰炸下，朝鲜人民不顾一切地抢救志愿军的伤病员。战时，朝鲜人民用一切力量来支援志愿军。1951年夏季反击战役开始后，昌道、西浦、淮阳三个郡参加支前的群众达8417人，成立武装自卫队、担架队、慰问护理队、运输队、道路维修队等各种支前组织。一些十六七岁的少年和六十岁以上的老人想要参加支前队伍，但没有得到政府批准，他们就自愿组织起妇女担架队、少年担架队。有些怀孕的妇女也瞒着别人去抬担架，直到被发现劝她回去时，还直说对不起志愿军。这种不论男女老少，前赴后继地全力支持志愿军作战的伟大的国际主义精神，深深地感动着志愿军指战员们。

为使前线有充裕的补给，阵地上到处都活跃着中朝人民的运输队。在一支队伍中，一个头顶20多公斤弹药箱的年轻朝鲜妇女十分显眼，因为她的背上还背着一个孩子！虽然负荷不轻，但她消瘦的身影却总是紧紧跟随着同村姐妹的队伍。行进途中，她时不时地回头照顾一下背后的小男孩儿。小男孩儿很乖，不哭也不闹，苹果似的小脸紧贴着妈妈的后背，莲藕似的小手臂在空中舞着，嘴里咿咿呀呀，仿佛要帮助妈妈减轻这沉重的负荷。如果没有残酷的战争，这该是一幅多么美好的画面啊……

封锁线渐渐近了，前方传来了隆隆的炮声，浓重的硝烟味令人窒息。这位妇女紧了紧背包带，回头看了一眼紧伏在背上的孩子，紧绷着的脸上露出了一丝难得的笑意，坚定的信念和慈祥的母爱交融在她的脸上，有一种别样的和谐、别样的美。

队伍快速地向封锁线开进，幽灵般的敌机在头顶盘旋着如贪婪觅食的秃鹰，发出刺耳的轰鸣声。炸弹在队伍周围不断地爆炸，沙石弹片疯狂地撞击在人们的身上和脸上。小男孩儿紧伏在妈妈的背上，两只小手抓住妈妈的衣领，圆睁的双眼流露出恐惧的神色。

送弹药的人一个接一个倒下，队伍却依然前进着。突然，一颗炸弹就在这位年轻妇女不远处落下来。一声巨响，热浪扑面而来，沙石弹片呼啸着像一堵墙似的压来，她再也站不住了！

就在她倒下的一瞬间，耳边隐约传来了孩子凄厉的哭叫声，瞬间，意识冲回她的脑中！她顾不得浑身伤痛，艰难地站了起来，赶紧伸手到背后拍着孩子，可孩子却没了声响，也再没了小手紧抓自己衣领的感觉……就在这黎明将至、和平将来之时，可爱的孩子离开了亲他、爱他的妈妈。顾不上确认孩子的情况，也没时间再摸摸孩子可爱的面庞，这位英雄的妈妈承受着精神和肉体的双重痛苦，紧了紧背包带，流着泪水，咬紧牙关，头顶弹药箱，一步一步迈向前。此时，她能感受到背后孩子的小脑袋慢慢歪向一边，殷红的鲜血顺着小腿流了下来，染红了他脚上的那双船形小胶鞋，又顺着鞋滴滴点点落在了焦黑的土地上……

终于，她和姐妹们把弹药送到了志愿军部队的前沿阵地。志愿军战士们得知了她的遭遇，把她紧紧地围在中间，默默地注视着这位英雄的母亲，希望她能痛痛快快地大哭一场。但这位英雄的母亲轻轻地抹去了眼角的泪水，抬起放在身边的担架，坚强地挺起脊背，抢运阵地上负伤的伤员，直到运送完所有伤员，她才在返回的途中渐渐地落在了队伍的后面。直到看不见前面的人，才轻轻地解下背后的孩子，流着泪水将自己孩子脚上的小胶鞋脱下来，放进身上的背包中，然后将孩子的遗体葬在了她走过的路旁。

在途经志愿军部队驻地时，这位朝鲜妇女将孩子的这双小胶鞋取出，赠送给了志愿军战士张义生作为纪念，之后便悄悄离开了。没人知道这位伟大母亲的来历、住址，甚至姓名，但这位英雄母亲的感人故事却从此在志愿军战士中间流传开来。

20世纪90年代，在抗美援朝纪念馆扩建之初，这双小胶鞋被志愿军老战士、著名文艺工作者张义生捐献给抗美援朝纪念馆，作为历史见证，陈列在中朝友谊馆中，向人们昭示着昨天那催人泪下的一幕，诉说着中朝两国人民之间用鲜血凝成的战斗友谊……

鸭绿江畔的护线卫士

——线路抢修模范苏发成的工具、奖状

抗美援朝战争打响后，地处鸭绿江边的安东是抗美援朝战争的大后方，中国人民志愿军主要从这里跨过鸭绿江，军需物资也主要从这里运往朝鲜战场。为保证抗美援朝战争的胜利，安东人民表现出伟大的爱国主义、国际主义和革命英雄主义精神，为战争的胜利做出了不可磨灭的贡献，其中涌现出了无数的"后方英雄"。苏发成就是其中的一个。

★ 线路被毁

抗美援朝战争爆发前，安东市的用电，是由一条66千伏的送电线路"新六线"（朝鲜新义州变电所至安东六道沟变电所）供给。这条线路，是由中朝两国共管的鸭绿江水丰电厂将电源送往朝鲜新义州中央一次变电所，再横跨鸭绿江大桥，送入安东市六道沟变电所，然后再分送各地用户。这是安东地区唯一的供电电源。因只有这一条送电线路，恐被敌人炸毁影响供电，安东电业局于1950年9月2日至19日，在新桥上又架设了一条66千伏、1400多米长的备用线。

1950年11月8日上午8时许，美军一架银白色大型侦察机，在鸭绿江大桥上空盘旋一周即飞去。9时10分左右，100多架"野马式"战斗机，对江桥猛烈扫射。紧接着，70多架B-29轰炸机，以重磅炸弹和燃烧弹对新义州和鸭绿江大桥轮番轰炸了一个多小时。9日至15日，美机又连续轰炸多次，致使12孔的老桥被炸塌8孔，沉入江中。新桥靠朝方一段的钢轨被炸弯，部分枕木脱落，不能通车。横跨新桥的两条送电线路全部被炸毁。特别是从新义州至桥头的一段线路，全被肢解、炸烂。顿时，安东市停电、停水、停工、停业，整座城市陷入瘫痪。当时，安东市是辽东省委机关及志愿军总部所在地，志愿军的指挥部、后勤部、仓库、医院、兵工厂，苏军的飞机场、炮兵阵地等都设在这里。没有电，一切工作都无法正常开展。一时间，无电成了一股无形的压力。时任中共安东市委书记张烈亲自到安东电业局听取汇报，了解情况，指示要尽快组织力量抢修送电线路。

为了及时组织抢修，敌机一飞走，安东电业局领导就立即研究决定：由局长李广林坐镇局机关，负责与上下各有关部门联络、协调，解决抢修所需器材、物资及运输等问题；由局党总支书记李德云与因事来安东的东北电业管理局调试处处长王奇、局工会主席吕其章等于8日中午带领几名工人紧急过江。他们一面与新义州电业部门联络安排协同抢修，一面同工人一起检查被炸毁的线路。情况搞清之后，安东电业局立即组织了53名身强力壮、技术熟练的工人，分成若干小组，于当天下午4时左右，分段展开了紧张的抢修。工人们斗志昂扬，坚决表示："只要有电源（指朝方），就保证能送电！"

★ 抢修"新六线"

那时，作为检修班班长、中共党员的苏发成，带领全班主动承担了江桥线路的抢修任务，并迅速赶到现场。桥上大火还在燃烧，从新义州到桥头的线路，有的电线被炸断耷拉到地上；有的电线挂在杆子上，横担残缺、瓷瓶破碎；有的杆子被炸断烧坏，朝鲜一侧的几根电线杆已被大火烧毁。看到这种景象，对敌人的仇恨蓦然间转化成一股巨大的力量。苏发成把全班的工作简单安排了一下，背起腰绳、脚扣和电线，爬上了大桥的弧形梁，接着又有4个工友爬了上去。

大桥两侧的弧形梁是用来稳定桥身的，最高处距离桥面8米，电线杆就固定在每两个弧形梁相交叉的最高点上，要想爬上电线杆，必须先爬过一段弧形梁。弧形梁的宽度只有0.5米，空着手爬上去都不容易，现在，苏发成他们身上还背着50多公斤的器材和电线，困难可想而知！就在这时，偏偏天不作美，又刮起了大风，每个人都被吹得全身冰凉，感觉随时要被大风吹到江里去。

"帽子！"工人孙连喜突然喊了一声，只见孙连喜的帽子在大风中忽忽悠悠地落到了江里。苏发成在心里告诫自己一定要沉着，他小心翼翼地在弧形梁上爬着，一步一步地登，一手一手地攀，眼前的线杆近了，近了！只见他猛地一缓手，右臂搂住了电线杆，再一用力，两腿牢牢夹住了杆子。这时，苏发成才松了一口气，对自己所处的境地仔细地看了一看：他现在离鸭绿江江面有50多米高，滔滔的江水打着旋儿向下流淌，令人头晕目眩；风更大了，刮得人脸上火辣辣的，燃烧着的枕木冒出的浓烟令人窒息，隐隐约约还听到从新义州方向传来的零星枪声。苏发成让自己的目光离开水面，向远处望去。他凭着自己平时练出来的本领，仔细地系好腰绳，从容地戴上脚扣，开始登上电线杆顶去整理歪斜的横担梁。

突然，"轰"的一声巨响，一股几十米高的水柱从大桥北侧的江面上腾空而起，整个桥身都在颤抖。苏发成所在的电线杆也大幅度地摇摆着，他赶忙抱紧电线杆。这时候，夹杂着泥沙的江水飞溅到苏发成和工友们的身上，把大家浇得透心凉，把电线杆浇得滑溜溜的。原来，这是敌机轰炸时扔下的定时炸弹发生了爆炸。所幸工人们都没有受伤，他们抓紧时间、克服困难，换好了一根又一根横担，拧紧了一个又一个瓷瓶，很快修好了北端和中部的电线杆。

但是，在换修大桥南端几根被烧坏的虬枝时，他们遇到了困难。由于桥面无法行走，电杆没法运到指定位置。苏发成就同大家一起商量，最后采取了吊运的方法，从桥头把电线杆一点一点溜到指定位置，然后再竖起来，用铁线固定在大桥上。到了21时，他们提前完成了桥上线路的抢修任务。这时，苏发成和工友们才想起来，他们已经有两顿饭没吃了。

紧接着，苏发成和工友们顾不上休息，迅速赶到新义州一侧支援抢修二号铁塔的任务。冒着敌机的轰炸扫射，苏发成始终冲在最前面，他和工友们奋不顾身地在40米高的铁塔上抢修，在连续4个昼夜的抢修中，只睡了8个小时。刚刚修好的铁塔又被炸毁，他带领工友们同美军飞机展开了7个昼夜的拉锯战，每当空袭警报解除，他们就冲出防空壕修复电路。特别是在抢修最后一条线路时，眼看剩最后一串瓶子挂完，只差3米线路就完成了，突然响起了警报，指挥员让大家马上隐蔽起来，苏发成心想，如果此时下来，将前功尽弃。他不顾大家的呼喊和敌机扫射，冒着生命危险，完成了最后一接，苏发成和工友们的英雄壮举，创造了战争中抢修供电线路的一个奇迹。

★架设"义东线"

鸭绿江大桥输电线路的抢修工程断断续续地进行了一个星期，炸了再修，修了又被炸，反反复复，整个安东市的用电出现了严重困难。辽东省委、省人民政府及安东市委、市政府和东北电业管理局果断决定：从朝鲜的新义州跨越鸭绿江，经虎山、叆河、九连城直到安东架设一条新的输电线路——义东线，以保障安东市非常时期的用电。1950年11月15日18时，抢修大队队长贺更新在签下保证七天完成任务的军令状后，带着"义东线"抢建大军出发。而在架设"义东线"的战斗中，苏发成和他带领的班组，再次成为整个建设队伍的一支"铁军"。

苏发成带领4名电工和8名民工接受了九连城一段线路的架设任务。他们十几个人需要挖出14个坑，竖起14根电杆，架起11档电线，打下10根拉线。在平常的日子里，这些活儿需要他们十几个人一个月才能完成。

每天早晨，苏发成第一个起床，带领大家从凌晨3时一直干到19时，他的精神感动了大家，大家都自觉地把苏发成当作榜样，只要他说一声，再累的活儿大家也去干。

在抢建"义东线"的战斗中，敌机经常在鸭绿江沿岸轰炸扫射，工人们的生命受到极大的威胁。一天，一架敌机又飞来了，苏发成以为这是一架侦察机，就没有理会。突然，敌机对着线路俯冲下来，"嗒嗒嗒嗒"就是一阵扫射。子弹从苏发成的身前身后飞过去，落到地上，溅起一阵泥土。苏发成突然听到一种奇怪的声音，接着电线杆子轻微地抖动起来，苏发成很快明白了，这抖动不是他身体发出来的，而是一颗子弹从电线杆上穿了过去，把松木电线杆子打了一个洞。

经过全体抢建人员的积极努力，仅用七天半的时间，就抢建成功平时一个月才能完成的"义东线"任务，11月22日正式送电。

在友谊电影院召开的庆功大会上，苏发成和他们的大队长贺更新等一批在抢修输电线路上做出突出成绩的功臣，被推上领奖台。中共安东市委、市政府领导为他们佩戴上了光荣花。

抗美援朝战争结束后，苏发成将他在抗美援朝期间抢修线路使用的工具、皮带，以及他获得的奖章无偿捐献给抗美援朝纪念馆，作为历史的见证，默默地诉说着抗美援朝战争中一位护线卫士的忠诚。

她被称为『志愿军妈妈』
——程雪清为中国人民志愿军战士纳鞋底用的鞋板、缝补袜子用的袜板等

| 生活物资篇 |

抗美援朝纪念馆里珍藏着一位老妈妈的多件文物：为中国人民志愿军战士纳的鞋底、缝补袜子用的袜板、志愿军战士的血衣、拥军优属模范奖状、模范事迹介绍材料、入党申请书以及志愿军指战员写给她的信……它们多为寻常用品，但背后都藏着动人的故事，这是战火纷飞的年代，老百姓与志愿军之间真挚情感的见证。

★ 贫困出身

1906年，程雪清生于凤凰城市场街吉祥胡同16号的一个贫农家庭。穷人的孩子早当家。程雪清从小懂事、能吃苦，稍大后就成了家里的主要劳动力。那时，很多人家的女儿到了十六七岁就要忙着准备嫁妆了。可因家境贫寒，程雪清过了20岁，父母也没能为她置备一件嫁衣裳。程雪清23岁那年，嫁给了一个姓于的做鞋工。丈夫每天忙着做鞋，她打下手，辛苦维持着全家5口人的生活。

1941年，日寇疯狂地修筑军事工事。程雪清的丈夫被抓去当劳工，不久就被折磨死了。一个女人带着一儿两女，日子怎么过啊！呼天天不应，叫地地不灵！程雪清看着依偎在自己身边的3个孩子，只能将眼泪咽进肚子，咬着牙捡起丈夫的做鞋工具，靠做鞋来养家。那一年，她只有35岁。

1946年，国民党反动派发动了内战。为了保卫人民的胜利果实，程雪清把儿子于福泰送去参了军，并向左邻右舍宣传："咱们穷人要想翻身，不再受欺压，就得靠共产党的军队。"在她的说服带动下，一些青年报名参了军。

1947年土改时，政府分给程雪清1亩9分耕地。她高兴极了："终于有了属于自己的地了！这是咱农民一辈子的梦啊！"从此，她整日埋头侍弄庄稼，辛勤劳动，一家人不再愁吃愁穿了。

由于程雪清思想觉悟高，1950年，她被选为镇妇联委员、拥军优属委员会副主任、六区街道妇联主任、县妇女代表。从此，她把精力都投入到妇女工作和拥军优属的工作中去。

★妇女洗衣组

抗美援朝战争期间，凤凰城作为安东的腹地，也是部队开往朝鲜的必经之地。这一年冬天，一队队志愿军川流不息地路过这里，奔向朝鲜战场，也有一批批参战部队回到这里休整。

哪里有需要，哪里就有来自地方的关怀。此时，已年近半百的程雪清带领着由27名街道妇女组成的洗衣组，在第一时间赶赴部队驻地、医院，将战士们的被褥、衣服等收集起来拆洗。

北风呼啸，大雪纷飞。程雪清和姐妹们不顾路远道滑，抱着大摞大摞的衣物，互相搀扶着来到河边，砸开厚厚的冰层，蹲在冰窟窿旁，用刺骨的河水为战士们洗衣服……看到这一幕，志愿军战士既心疼又感动地说："大娘啊！等我们伤好了回到前线，一定要多杀敌，报答你们！"

1951年秋末，有一批休养人员要重返前线。为了让战士们以最佳的精神面貌回到战场，程雪清带领洗衣组的妇女同胞连夜把战士们的脏衣服全部洗净，并逐件放在火上烤干。经过一夜的忙碌，终于完成了这项"紧急任务"。

天亮了，程雪清正要给战士们送衣服，不料外面下起了大雨。有人劝说："等雨小点了再送去吧。"可程雪清说："等雨小了，战士们坐的火车都跑远了，衣服送给谁啊？咱们的志愿军在前方碰上大雨还能不打仗吗？"说完，她将战士们的衣服用雨布严严实实地包好后，藏在怀中，顶着大雨连送了5趟，才把所有衣服都按时送到。等她回到洗衣组，浑身都被雨水浇透了……

洗净的衣服整整齐齐地叠成一摞，尚留着程雪清的体温，战士们捧着衣物，内心温暖，踏上去往前线的火车。是这些"大娘"，让他们感受到了母亲般的爱与关怀。

就这样，在短短的几年时间里，程雪清带领洗衣组的姐妹们共为伤病员和驻军战士拆洗被褥、被单和毛毯两万余件，棉衣和单衣共三万多件，大衣四万多件，制作被子50多床，缝补袜子500多双……

★ 凤凰城带血的军衣

1950年12月24日，志愿军在朝鲜战场上发起的第二次战役胜利结束后，部分伤员被送回祖国养伤。程雪清每天都要到医院看望这些战士。

有一次，程雪清看到一位年轻伤员高烧昏迷不醒，就整日守在跟前照顾他，并从家里拿来鸡蛋冲成蛋水，一口一口地喂给伤员。在她慈母般的照料下，这个小伤员很快恢复了健康。在这段时期，他和程雪清相处得情如母子。重返前线之际，他流着热泪说："大娘，我到前线一定奋勇杀敌，为国争光！"

为了留作纪念，这名小战士将自己珍藏的一件染血的军衣送给程雪清。这件带血的军衣，是他在二次战役时穿过的，虽然经过清洗，可衣服上的血迹仍清晰可见。它，是残酷战争的无声诉说者；同时，也是志愿军战士和"志愿军妈妈"情谊的最好见证。后来，程雪清再没有了他的消息，但这件带血的军衣，她完好地保存了下来。

★ 军属的贴心人

1951年2月，从朝鲜前线回来的某志愿军部队驻扎在凤凰城。由于房屋紧张，有些战士住在临时搭建的棚子里。程雪清看到后，觉得自己没尽到义务，便回家和同院的高玉英商量，两家合住到一间房子里，将另一间屋子让给志愿军战士们。

"这么冷的天，战士们住在四周透风的棚子里，怎么受得了！"听了程雪清的话，高玉英爽快地答应了。

房子倒出来了，可战士们说什么也不搬进来，怕给老百姓添麻烦。见此情景，程雪清硬是把战士们的行李拿到了自己家。

1951年冬天，又有一批志愿军伤病员回到凤凰城。其中4名战士因冻伤脚肿得厉害，鞋子穿不进去。天寒地冻，一时找不到合适的鞋子，伤病员们的冻伤愈发严重，后勤同志急得不知如何是好。

程雪清到医院收集伤病员的换洗衣物时，无意间听到护士们谈论起这件事，便立刻找到这几位伤病员，要给他们定做几双舒适的"特号鞋"。量好尺码，回到家后，程雪清把家务活都交给了女儿，连夜做鞋。一针一线，缝着对战士们的爱。一个个不眠之夜过去了，4双厚厚的、暖暖的特号鞋终于完成了。伤病员感动她说："程妈妈，您真是我们志愿军的好妈妈！"

身为志愿军的母亲，程雪清是军属，可从不要求特殊照顾，反而对别的军属十分关心，三天两头到各军属家问长问短，检查包耕代耕情况，组织互助生产。

时间久了，军属都把程雪清当作自家人，心里话都愿意跟她说。军属吴大娘上一年才去部队看望过儿子，现在又想去，可手头钱不够，便东家借西家凑。程雪清知道后，坐到吴大娘家炕头上，劝她说："大姐，你那么大岁数出远门多不方便啊！再说你儿子在部队多进步，又立大功又加入中国共产党，不是还当了干部吗？咱们当娘的也该替他保持荣誉，少给国家添负担，少给孩子和上级添麻烦。"一番晓之以理、动之以理情的话，打动了吴大娘，她拉着程雪清的手动情地说："还是你想得明白，俺这两年不去了，把钱攒下来买公债，支援国家建设！"

★ 战士的来信

在程雪清的家里，有一个引人注目的小红箱子，里面保存着几百封来自朝鲜前线和祖国各地的信，这些都是曾受程雪清照顾的志愿军指战员们写给她的感谢信，只要有空，程雪清就要打开来读一读。

志愿军某部休养员刘印堂在信中写道："我是个青年战士，为了保卫祖国，保卫世界和平，高举抗美援朝的旗帜到了朝鲜。遗憾的是，我没有完成祖国人民交给的任务就负了伤。在凤凰城养伤期间，得到了您老人家和全凤凰城人民的关怀和爱护。你们经常到我们病室收集换下来的衣服，替我们洗得干干净净。尤其是于大娘（编者注：指程雪清，下同），您像慈母一样关怀着我们每一个战士，鼓励我们奋勇杀敌。我们一定不辜负您老的期望，重返前线杀敌立功！"

志愿军战士曲折在信中写道："于大娘，离开您已经三天了，无时无刻不在想念。当我们从朝鲜前线刚刚到凤凰城的时候，就像久别的孩子回到母亲温暖的怀抱，一切都感到亲切、温暖、舒适。在凤城驻扎两个半月时间里，亲身体验到了祖国人民对我们的关怀，使我们懂得了祖国人民就是我们胜利的源泉。从衣食住到精神食粮，从步枪手榴弹到飞机大炮，无一样不是祖国人民给予我们的。有了祖国人民的支持，胜利永远是属于我们的……"

逢年过节，程雪清收到的信件中也夹带了满满的祝福。志愿军战士李德芝写道："新年到来了，我们在这遥远的平壤给您拜年，祝您身体健康……"

告别战场，回到家乡的志愿军战士们也不忘曾经细心照顾过自己的程雪清大娘，经常写信与大娘分享生活感悟。志愿军老战士谭云炳从家乡四川来信说："我转业以后平安到家，明天就要下地了。我一定用搞好农业生产合作社的实际行动，像在朝鲜前线一样继续给您报告胜利的消息。"

这些用爱写成的信件，如今也被陈列在抗美援朝纪念馆中，和冰冷、刚毅的武器文物不同，它们散发的是温暖、朴素的人性光芒。

一位老人的家国情怀

——宋传义的挖菜刀和他的模范章

为了在全国普遍开展各阶层人民的抗美援朝，与前线胜利相配合相呼应，在抗美援朝总会的领导下，1950年11月，抗美援朝运动在全国轰轰烈烈地开展起来。1951年6月，抗美援朝总会发出关于"推行爱国公约、捐献飞机大炮运动，以支援中国人民志愿军"的号召，全国人民立即行动起来，积极响应。工厂、农村、机关、学校、街道，以及工会、青联、妇联等人民团体都普遍制定了捐献计划。在运动中许多单位和个人都把捐献武器列入爱国公约，作为抗美援朝的一项重要内容。

那时，安东市烈属模范宋传义，把种菜卖的钱和挖野菜卖的钱，全部捐献出来，成为远近闻名的"爱国老人"。在抗美援朝纪念馆的馆藏文物中，至今还珍藏着"爱国老人"宋传义的挖菜刀，和他所获得的辽东省第二届英模代表会模范章。

★ 支援前线

宋传义是安东市镇安区临江街（今振安区鸭绿江街道临江村）的一位普通农民。1946年3月，刚刚分到二亩好地的宋传义说服老伴儿，将自己的独生子宋吉有送到部队。1948年秋，宋吉有在辽沈战役中牺牲。得知独子牺牲的消息，宋传义和老伴儿痛不欲生。

朝鲜战争爆发后，美国侵略者把战火烧到了鸭绿江边。宋大爷亲眼看到鸭绿江对岸的朝鲜土地不断被轰炸，背着孩子的朝鲜妇女，手拿破烂东西的老人，被烧光了毛的老牛，都奔跑逃命。鸭绿江这岸的家乡也被战争殃及。有的房屋前一天还好好的，第二天却成为一片废墟，同胞们在战火中不幸被炸死、炸伤。

看见这一切，家恨未雪，又添国仇，宋传义觉得自己的心都要炸裂了。

在美机轰炸最为密集的时候，亲朋劝宋传义逃离安东，那时，宋传义已经被群众选为"闾长"，他对劝自己的亲朋说："我不能走，只要我还有一口气，街道的工作就不能撂！"他深知，只有将美国侵略者彻底赶走，才能迎来好日子。他又鼓励乡亲们说："你们不用怕！还有咱部队在，要走咱们一块儿走！"

1951年6月，抗美援朝总会号召全国人民捐献飞机大炮支援志愿军的消息传来，宋传义立即兴奋起来，他要赶快把这个消息传达给乡亲们，前线就在对岸，宋传义和乡亲们正每天都在琢磨着如何为战争贡献自己的一份力量，这下可有方向了！

宋传义很快和老伴儿商量，订下了一个增产捐献30万元（旧币）的计划。

从那以后，白天在家里就总也见不着宋传义了。夏天，外面的日头毒得像下火一般，人们都回家睡午觉，宋传义却还在地里弯腰大干。若白天去开会，晚上回来，他也总要到田里去上水和追肥。他心里盘算着：一定要实现自己制订的捐献计划！

辛勤的劳动，换来了惊人的收获。那年秋季，宋传义一亩地收获的大白菜，比往年增产了30%还多。光白菜地间种的菠菜就多收30多万元（旧币）。他马上把这笔钱交到抗美援朝分会，提前完成了原订的捐献计划。由于白菜大增产，收入大增加，宋传义又修订了爱国公约，将捐献计划改为70万元（旧币）。

宋传义这样做，使乡邻们都受了感动。全临江街200多户菜农，订出了捐献3000多万元（旧币）的计划，并且详细制定了具体的增产办法。结果，临江街家家户户都提前两个月交齐了捐献款。

抗美援朝战争进行的两年零九个月里，安东市人民就在宋传义这样的模范人物带动下，热烈地支援着志愿军。安东全市先后向朝鲜前线输送了数万名民工，上千名青年参加志愿军。在捐献飞机大炮运动中，安东市人民在增产节约的基础上，捐献了90亿余元（旧币），可购买战斗机6架。

★ 爱军如子

1951年6月11日，宋传义收到了从抗美援朝战争前线寄回来的信。这封信是一个叫张明庆的战士写来的。

亲爱的宋大爷：

离开您已经有两个多月了。您对我的关怀和亲切的照顾，使我感到祖国的温暖，我以有这样可爱的祖国而骄傲。

我们在这次战斗中，消灭了无数的美国鬼子，光我们这个班，就消灭了30多个。宋大爷，我拿勇敢杀敌来报答您的恩情，在最艰苦的时候，我想起您来，就有了力量。

宋传义高兴地摩挲着来信，想起了这个叫张明庆的战士——

两个月前，一队志愿军路过临江街，宋传义像迎接远归的儿子一样，亲切地迎接他们。宋传义发现一个伤员走路一瘸一拐，他赶忙迎上去，把伤员扶到自己家。他一进门就冲老伴儿喊："老婆子，儿子回来了！"老伴儿惊喜地从房中跑出，发现并不是自己的儿子，就悄悄对宋传义说："你想儿子想疯了吧，认错人了，这是志愿军啊！"宋传义对老伴儿笑笑，说："我的儿子是革命青年，为革命牺牲了。志愿军都是革命青年，他们都是我的儿子啊！"老伴儿听到这儿，眼泪含在眼圈中。她赶忙搀扶起志愿军伤员，动情地说："孩子，快上炕吧！"

这个志愿军战士，就是如今来信的张明庆。

为了让张明庆尽快恢复健康，宋传义和老伴儿把家里能拿出的好吃的毫无保留地拿出，变着法儿地做给他吃。为了给张明庆补充营养，宋传义又四处寻水果给他吃。虽然起早贪黑地忙生产，但宋传义和老伴儿把张明庆当作自己的儿子，无微不至地照顾。两周以后，张明庆伤愈要离开了，宋传义老两口把他送出很远。宋传义对张明庆说："我年纪大了，不能上前线去杀美国鬼子，但我还能把大白菜种好，送给你们吃！"张明庆紧紧握着宋传义的手，有力地打了个立正，坚定地说："宋大爷，我坚决勇敢杀敌，多杀美国鬼子，来报答祖国人民！"

每逢志愿军住到临江街上，宋传义总是风雨无惧、昼夜不歇，照顾志愿军在自家舒服地躺下，才放心离开。只要发现志愿军中的病患，宋传义就要接到自己家中，和老伴儿精心照料。战士们到了前线以后，战斗再紧张，也不忘给他们敬爱的宋大爷写信。宋传义先后接到了志愿军300多封来信。他也经常给志愿军写信，信上总是写着祖国建设和后方照顾军属等情况，鼓励战士在前方安心杀敌。

照顾军属，没有人比宋传义更上心。临江街东头的张淑琴，丈夫参加了志愿军，家里只剩她领着两个孩子过日子。孩子大的七岁，小的才五岁，张淑琴又得种地，又要照顾孩子，还要忙家务。宋传义看到这种情况，就时常去帮助她。春种秋收，还帮忙把收来的菜推送到土产公司卖掉。看到张淑琴的粮食、柴火快用完了，不用她张嘴，宋传义就去给买回来了。有年冬天，张淑琴家缺粮吃，宋传义又拿钱给买了200斤粮送去，还同时送去两车大柴。张淑琴还钱时，宋传义百般推辞，临走时说："你丈夫参军为的是什么？为的就是我们过好日子呀！我们为你家做点事，不算什么！"

两年多的时间里，以宋传义为代表的安东市人民，始终站在支援抗美援朝斗争最前线，赢得了回国志愿军战士们的热烈赞扬。这些英雄的战士为答谢安东市人民的亲切关怀和有力支援，赠送给安东市人民团体和模范人物数百面锦旗，很多旗帜上写了"向英雄的国防城市的人民致敬"的字样。

★ 党员模范

1952年12月，宋传义光荣地加入了中国共产党，1953年4月，提前转为正式党员。在鲜红的党旗下，71岁高龄的宋传义，两眼注视着党旗上金黄色的镰刀与铁锤，举起右手，庄严地宣誓。

在宣誓大会上，宋传义不仅庄重地宣读了入党誓词，还向大家讲述了自己的切身经历和入党动机。

宋传义说，自己15岁就给地主放羊、扛活儿，在深山里给人家扛木头，被日军抓去当过劳工，受了大半辈子的剥削和压迫。直到东北解放，共产党来了，他才分得了土地和房产，日子一天天好起来。他亲身经历过4个不同的政权，只有共产党给了他翻身做主人的权利。他知道这幸福生活的来之不易，于是把自己的一切都献给国家，献给党。

入党后的宋传义，更加严格地用共产党员的标准来要求自己。遇到任何事，他都首先考虑自己是一个共产党员，要求自己为群众办事只能办好，不能办坏。由于他工作积极，处处起到模范带头作用，他先后被选为安东市烈属、军属代表，东北拥军优属模范代表，市和省代表等；因为他忘我的劳动、工作，又被评为辽东省一等劳动模范，安东市特等拥军优属模范、宣传员模范等，先后受到11次奖励，被全省人民称为"爱国老人"。

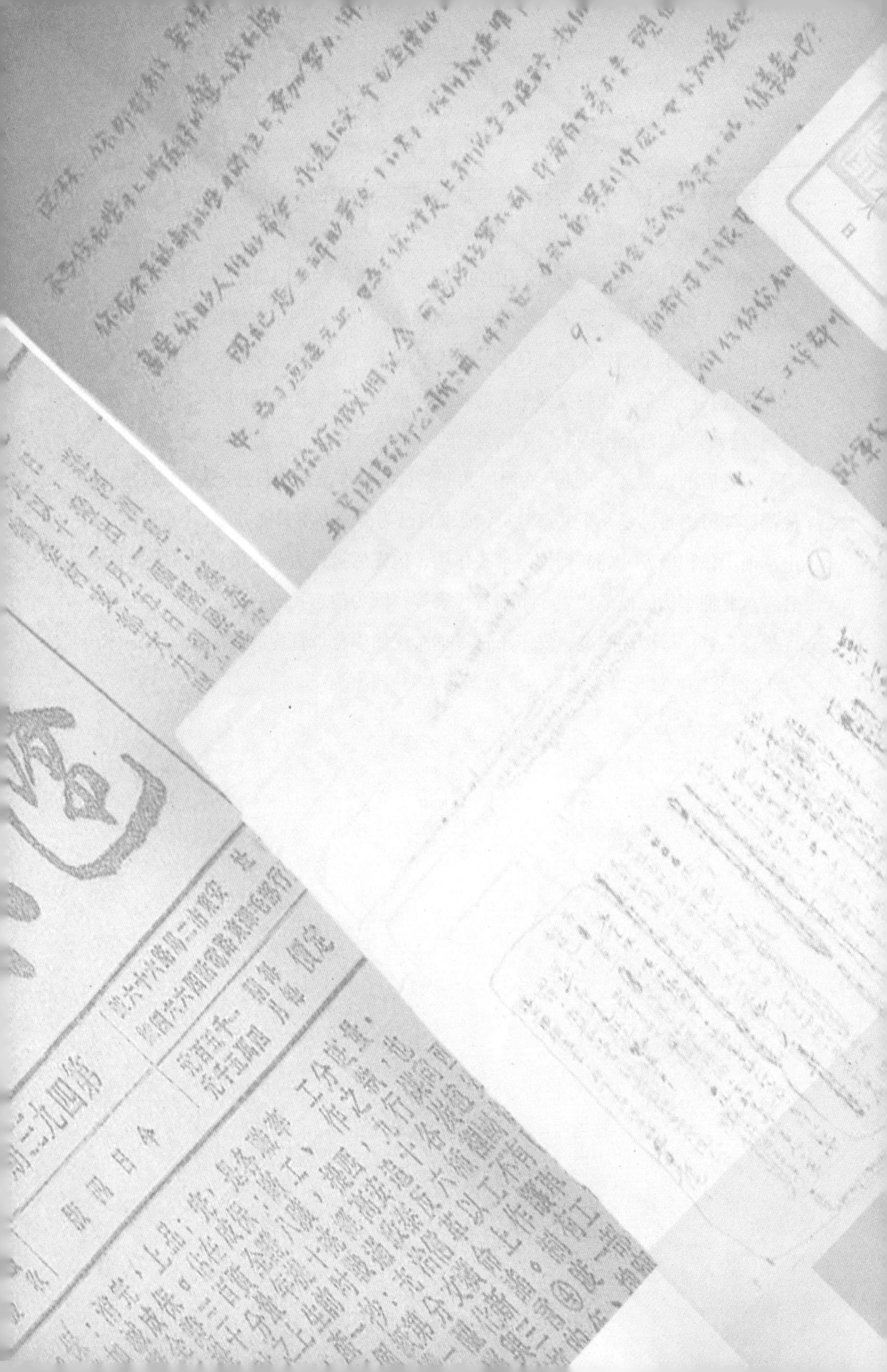

奖旗章证篇

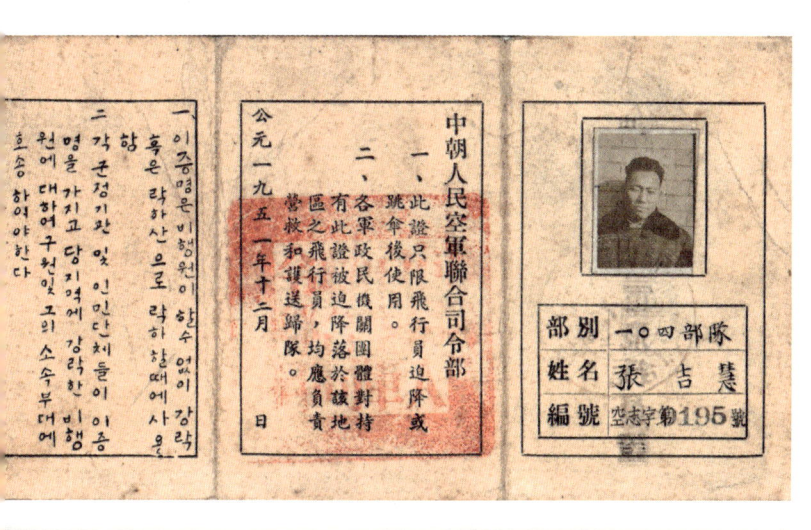

蓝天骄子

——张积慧的中国人民志愿军空军飞行员证及朝鲜民主主义人民共和国三级国旗勋章

抗美援朝战争，是第二次世界大战后发生的一场规模较大的国际性局部战争。以美军为首的"联合国军"，拥有强大的现代化武器装备。但武器装备处于劣势的中国人民志愿军，仍凭借着高度的爱国主义、国际主义和革命英雄主义精神，取得了抗美援朝战争的伟大胜利。在参加抗美援朝战争的诸多兵种中，年轻的志愿军空军，由不会空战到学会空战，由只能打小机群到敢于同大机群作战，由单一机种作战到多机种联合作战，由只能昼间作战到能够夜间作战……逐渐成长为一支具有相当战斗力的英雄部队，涌现出一大批敢于拼搏、善于战斗、勇于取胜、威震敌胆的空军英雄。被誉为"空中突击手"的张积慧，就是其中之一。

★ 第一代飞行员

1927年，张积慧出生在山东省荣成县桥上村一个农民家庭。1945年4月，张积慧参加了八路军。同年11月，张积慧加入中国共产党。日本投降后，1945年12月，经过政治审查和体检测试合格，张积慧被选拔到东北老航校接受训练，成为我国第一批飞行学员。1947年12月毕业后，留校任飞行教员，为他掌握飞机性能、提高飞行技术打下了良好基础。1950年6月，张积慧奉命调到济南空军第五航校改装苏制螺旋桨飞机；7月，又分配到空军第四混成旅，改装苏制喷气式歼击机，成长为我国第一代优秀飞行员。1950年11月，为适应抗美援朝战争的需要，张积慧被调到东北辽阳新组建的空军第四师十二团三大队任大队长。

志愿军空军参战初期，面对的是参加过第二次世界大战、号称世界一流的美国空军，无论在数量上还是技术上，都占有绝对优势，飞行员大都飞行了一两千个小时，他们战术熟练，实战经验丰富。所以，当志愿军空军飞行员刚刚出现在朝鲜上空时，美国飞行员轻蔑而狂妄地叫嚣："中共的空军，是没有毕业的土包子，根本不懂得空战！"美军目空一切，几乎每天都出动数百架各种型号飞机，对朝鲜的和平村镇、交通干线、军事目标进行分区、分段的轰炸。其中，最新式的F-86战斗机，经常大编队出动，妄图把年轻的志愿军空军扼杀在摇篮里。

张积慧看到这种战争形势，心急如焚，他恨不得立即飞上蓝天。但是，志愿军空军是在很短时间内紧急组建而成的，训练进度、质量参差不齐，战斗需要的科目飞得很少，更缺乏实战经验。为了能在最短时间内达到作战水平，张积慧和他的战友们，抓紧完成参战前的突击训练，重点完成了特技、编队、航行和双机、4机空战训练，并学习了战术协同。他们在零下30多摄氏度的严寒中，坚持继续训练。有的飞行员和机务人员的手，一摸到飞机就被冻黏住了，有的手脚被冻烂，仍不下火线。他们怀着满腔热情，坚持训练，终于达到了可以参战的水平，只等一声令下，就立即飞上蓝天，给敌人以迎头痛击！

★ 首尝胜利果实

从1950年10月至1951年6月，志愿军经过五次战役，把敌人赶回到"三八线"附近，美国被迫接受停战谈判。但为了争取谈判中的有利地位，美国企图凭借其空中优势，开始实行"空中封锁交通线"的"绞杀战"计划。此时，美国空军作战飞机增加到1400多架。1951年9月，志愿军空军以师为单位进行轮番参战，展开反"绞杀战"，打破敌人的空中封锁。

1952年2月4日，张积慧驾驶米格-15战斗机，在空战后的返航途中，发现左前方有4架敌机飞来，他立即做好战斗准备，果断减慢飞行速度，猛然转弯，正好咬住那4架敌机的尾部。敌机看到张积慧来势凶猛，企图逃跑。但张积慧紧追不舍，一阵炮火，将其中一架美F-86战斗机击落，其余3架则落荒而逃……

这一天，张积慧首尝胜利果实。

1952年2月10日6时28分至57分，中朝空军联合司令部先后发现在平壤、沙里院、价川等地区上空，有敌机11批共112架，其中F-86战斗机约80架。为了给敌人以出其不意的打击，空联司令部改变以往在清晨不出动的惯例，于7时7分，命令空四师十团、十二团由浪头机场起飞米格-15战斗机34架，由第十团的16架为攻击队，十二团的18架为掩护队，急速飞往定州、价川之间执行作战任务。

十二团三大队大队长张积慧和僚机单志玉随机群起飞，突然，耳机里传来空军司令员刘震的声音："201注意，今天出来的是'狗熊'，你们要严加惩戒，勇敢沉着。"张积慧明白，刘司令说的"狗熊"是指远东空军第四联队，是从美国本土调来的空军主力部队之一。这可是一伙不好对付的"狗熊"。张积慧心想，这次非要灭灭美国人的威风，决不能让"狗熊"逃跑！

当飞至鸭绿江上空时，张积慧发现一架敌机正利用云层隐蔽地向志愿军机群接近。他立即将这一情况报告带队机长，接到队长"准备战斗"的命令。于是，张积慧和僚机一起爬高占位，准备攻击。但在高度升至10000米时，却不见了敌机！此时，张积慧双机已与机群分开。当飞至泰川上空时，又发现8架敌机迎面飞来，其中1号、2号敌机正处于张积慧双机右下方。机遇难得！张积慧双机紧紧咬住敌机，立即冲了下去，在僚机的掩护下，张积慧向1号敌机一次开炮未中，接着，又在800米距离时第二次开炮，1号敌机被击中，冒着黑烟螺旋下坠，人机俱毁！

击落1架敌机之后，张积慧越战越勇，又瞄准2号敌机。刚要向敌机开炮，不料敌机突然上升转弯脱离，在僚机掩护下，张积慧在距离敌机400米时，果断瞄准开炮，敌机在空中爆炸。在连续击落两架敌机之后，张积慧又与一架敌机展开空战。突然，他被尾后另一架敌机击中，飞机失去操纵，张积慧被迫在7000米高度跳伞，安全降落在志愿军五十军一四九师阵地，被及时营救。此间，他的僚机也被击中，但飞行员单志玉跳伞未成，壮烈牺牲。

★ 被击落的竟是他！

张积慧击落两架敌机之后的第五天，即1952年2月15日，空四师师长方子翼突然接到刘亚楼司令员从北京发来的加急电报，说据美国合众社报道，美国的"空中英雄"戴维斯于2月10日在朝鲜北部上空被击落。刘亚楼命令方子翼迅速查明：戴维斯是志愿军空四师击落的，还是苏联友军击落的或是被高射炮击落的？

经核实，10日上午只有空四师十二团在清川江地区上空作战。

空四师接到指示后，于2月16日至18日，连续派了两个调查小组入朝实地考察。结果，在博川郡青龙石三光里北面2公里处的山坡上，找到了戴维斯的飞机残骸，机型为F-86E，机号为307，戴维斯的尸身还在飞机的座舱里。志愿军取下了戴维斯的飞行帽、手枪、血型牌、飞行护照，以及刻有戴维斯姓名、身份的不锈钢证章。不远处，便是张积慧击落的另一架米格-15战斗机的残骸，而张积慧跳伞的降落点距此仅有500米。

据志愿军五十军一四九师亲历此事的团政治委员吕品介绍，张积慧与戴维斯二人落地时间很近。一四九师把张积慧救起后，立即送往驻朝鲜安州空四师辅助指挥所，第二天张积慧回到原部队，在安东入院治疗。志愿军一四九师为此还写了证明材料。这些，都与张积慧返回后的汇报情况完全吻合。据此证明，张积慧击落的1号敌机飞行员正是戴维斯。对此，中朝空军联合司令部和空四军共同确认。

戴维斯何许人也？他被击毙为何如此备受重视？

原来，在第二次世界大战时，戴维斯就已经威名显赫。他有着3000多小时的飞行经历，二战中共升空作战266次，被美国当局誉为"百战不殆""特别勇敢善战"的"空中英雄"。1951年8月，戴维斯被美国空军从本土调至远东空军作战，共执行作战任务60余次。半年中，共击落11架米格战斗机和3架图-2轰炸机。美国空军参谋长范登堡曾两次从五角大楼向他致电祝贺。戴维斯成为朝鲜战场上美军战绩最高的"双料王牌飞行员"。不料，却被年轻的志愿军空军飞行员击毙，葬身朝鲜战场。

戴维斯的阵亡，在美国引起轩然大波。他的妻子向美国当局提出了抗议，并公布了他生前的信，揭露美国当局掩盖的事实真相。美国国会议员、共和党头面人物勃里奇，还为此在国会上大发雷霆，说这场战争是美国历史上最绝望的战争！2月13日，远东空军司令威兰发表了一项特别声明，哀悼戴维斯之死"是一个悲惨的损失，是对远东空军的一大打击，给在朝鲜的美国飞行员带来一片黯淡的气氛"。

★震惊世界的胜利

在中国，整个志愿军空军都在为张积慧取得的重大胜利而欢腾。1952年2月23日，空军首长就此事向中央军委和毛泽东主席作了汇报。中国人民解放军空军和总政治部，对这次具有历史意义的胜利给予很高评价。空军首长在2月23日向空军部队发表通电，指出张积慧同志这种英勇作战的精神，展现了共产党的"空中英雄"比美国侵略者的"空中英雄"更高超一倍。表彰了张积慧的功绩和张积慧与僚机单志玉密切配合、协同作战的精神，号召全体指战员向他们学习。中国人民解放军总政治部将张积慧的英雄事迹通报全军，并给张积慧记特等功一次，1952年12月，授予他"一级战斗英雄"称号。朝鲜民主主义人民共和国最高人民会议常任委员会授予张积慧二级自由独立勋章。

一个年仅25岁、在战斗机上只飞行100来个小时的年轻飞行员，竟然一举击落了飞行3000多小时的美军"二战英雄"、老牌飞行员，其政治和军事意义非同寻常，这次空战的政治影响迅速扩大。外国多家电台、报纸纷纷报道这一消息，并发表评论，称这是中国一次具有里程碑意义的胜利。

事后，美国远东空军司令威兰回忆说："那一段时间，对远东空军来说，是一个灾难重重的日子。我们就像是在黑暗之中，好像迷失了方向，好长一段时间之后，才慢慢振作起来。中国空军对我们来说，一直是一个谜。他们好像一个晚上便学会了一切，飞行员只要很少的时间，就能空战。他们在冥冥之中似有神助。对于我们来说，很多事情不可思议！"

驰骋疆场，戎马一生。"空中英雄"张积慧曾十多次参加空战，击落、击伤敌机5架。多年后，他在回忆参加抗美援朝战斗时曾说："当我们第一次参战，即将开赴前线时，朱德总司令亲临部队视察，他亲切地嘱咐我们'要成为战无不胜的英雄'，正是党、国家、军队领导人的关怀鼓舞和激励，才为中国空军提供了巨大的精神动力。"张积慧的英雄事迹，作为楷模曾被编入小学语文课本，成为少年儿童心目中最崇拜的英雄，教育、鼓舞了一代又一代人。

在抗美援朝纪念馆成立之初，"空中英雄"张积慧将见证他戎马生涯的"一章一证"，无私捐献给纪念馆。时隔多年，英雄早已老去，但军功章和它所代表的志愿军英雄的大无畏精神和昂扬斗志，永远催人奋进，在抗美援朝纪念馆陈列馆中，更在历史深处，散发熠熠光辉。

孤胆英雄
——唐凤喜的立功喜报及朝鲜民主主义人民共和国授予唐凤喜的二级战士荣誉勋章证

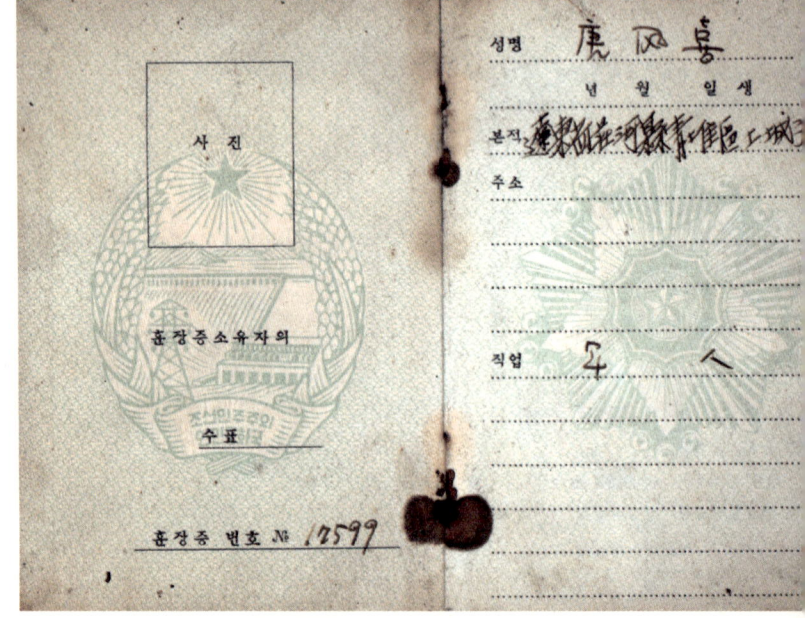

这是一份中国人民志愿军司令部颁发给志愿军六十七军二〇一师六〇二团八连班长唐凤喜的立功喜报。喜报旁边，还放有一面朝鲜人民赠给唐凤喜的小镜子，镜子上面写着："朝中亲善万岁！"在抗美援朝战争中，唐凤喜名闻朝鲜，朝鲜人民曾热情地歌唱："初春的鲜花开遍了大地，晴空里飘扬着一面红旗，同志们热情地歌唱，歌唱我们的英雄唐凤喜……"唐凤喜是谁？他为何受到朝鲜人民的爱戴和称颂？

★ 寸土必争

1951年10月，朝鲜战场上美军的"秋季攻势"被粉碎后，又把战争的矛头转向志愿军防线的金城地区。10月13日，以美军为首的"联合国军"纠结了美第七师、二十四师和南朝鲜第二师、六师共17个营和90辆坦克、100余架次飞机，向志愿军六十七军防守的西起金化东北7.5公里之芳通里东至北汉江24公里的正面发动猛烈进攻。

10月16日，志愿军六十七军二〇一师六〇二团八连班长唐凤喜奉命随排长余永才率领三班两个战斗小组，坚守轿岩山68号阵地。此时，因患严重痢疾到野战医院休养一个月的唐凤喜刚刚病愈归队。

68号阵地是一条300多米长的山梁，有五六座小山包。唐凤喜把机枪放在中间最高的山包上，两头各有一个3人组成的步枪组。顺着山包一直往南延伸，是一处荆棘丛，那里是敌人攻击的重点，由排长余永才带一个组负责守卫。

10月17日拂晓，敌人的炮火骤然响起，瞬间，68号阵地像一座突然爆发的火山，地动山摇。而随着轰隆隆的巨响，伴着火光，成群结队的敌人涌了上来……

"现在摸不清排长的情形,我来代理指挥!谢殿清,连续扫射!用机枪掩护三班冲击!"唐凤喜挺身而出,"三班副,你带着同志从岩下插过去,把敌人打下山包!"三班副他们刚插过去,就迎面遭遇扑过来的敌人,两名战士中弹倒下。敌人一个多班攻进了阵地的一处凹部,射击手谢殿清在敌人的火力网下猛烈射击,情况十分危急。此时,唐凤喜突然滚出工事,眨眼间就到了阵地凹部附近。他先扔出两颗手雷,紧跟着就冲了过去。山包上敌人的机枪还没来得及向下压,唐凤喜已追上溃退的敌人,将他们压上东边的山包。山包上的敌人及溃退的敌人站不住脚,丢下十几具尸体扭头就跑。唐凤喜攻上山包,让副班长等两名重伤员回去,并表示"阵地一定能守住"。不一会儿,敌人又从东边攻上来,唐凤喜、谢殿清、齐有福3人浴血奋战,守着两个山包,击退敌人的三面进攻,击毙敌人100多名。

14时,副排长带着增援小组赶来时,唐凤喜带领战友又打退了敌人的一次反冲击。但从战斗打响起,一直不见排长余永才那边的动静,唐凤喜便主动请求担当侦察任务。他翻下高山包左后侧的岩头,滚进荆棘丛里,向东边的山包爬去。

虽然只是五六百米长的路程,但对唐凤喜来说,却如同翻越千山万水:成群的敌人占据着山包,只要有一点动静,立刻就会被敌人发觉。唐凤喜必须屏住呼吸,把全身的力气和重量都集中在左肘上,一点一点地向前挪。全身被尖尖的荆棘裹住,尖刺又扎进伤口,唐凤喜的脸上、臂上、腿上都是血。他强忍着疼痛,爬到排长守卫的那座山包时,发现阵地已被敌人占领。于是,他悄悄端起枪,击毙掩体里的敌人后,急忙寻找排长和步枪组的战友们。

在山坡上,他找到了战友田富贵的尸体。这时,对面山包上的敌人察觉出动静,多架重机枪向这里猛烈开火,而高山包上也传来激烈的枪声,敌人又开始反冲击了!唐凤喜将田富贵的尸体背进掩体,做了记号,急忙返回。

在唐凤喜离开阵地不久,敌人又发动了大规模的反冲击,占领了山包。阵地上,仅剩的战友打退了敌人数次冲击,最后连机枪也打坏了。战友谢殿清拖着两条伤腿,握着一颗手榴弹,在掩护两位负伤的战友撤退时,不慎滚下了石岩。

此时,唐凤喜心里只有一个信念:打上去!坚决打上去!他一次次拼尽全力把手雷扔上高高的山顶,一鼓作气打上山包,夺回阵地。唐凤喜扒开敌人的尸首向机枪工事爬去,把刚缴获的新机枪掉过头来,放在谢殿清射击的位置上;再从敌尸旁捡起两支卡宾枪,放在西边的掩体里;自己的自动枪则摆在东边的射击台上;另外,又捡起几块雨布,摊放在掩体旁边,把手榴弹和手雷分放在雨布上。他看着手榴弹,猛然想起了连长杨根思的话:"寸土必争,一个人也要守住它!"他顺手捡起两颗手雷带在身上,开始挖工事。

★ 孤胆英雄

不久,敌人又发起了冲击。开始是试探性进攻,攻一阵停一阵。之后,敌人兵力增多了,东边的刚打下去,西边的又上来了。唐凤喜从东边射击台跑进机枪掩体,又从机枪掩体跑到西边去,激烈的战斗已使唐凤喜顾不得被手榴弹绳拉破的嘴角,勒破的手指头,还有鲜血浸透了的单衣,他只看到三面的敌人在一个个地倒下。

天快黑了,左右邻阵地上打得激烈,攻击68号阵地的敌人冲得更急。唐凤喜连扔几颗手榴弹,阵地周围一片烟气。机枪没子弹了,手榴弹也没有了。眼看东边有几个敌人已经爬上半坡,唐凤喜掏出最后两颗手雷,扔出去一个。敌人又爬上来了。他一撒手,将最后一颗手雷抛出,同时顺手拉着身边的破雨布,趁着烟气冲过去,从美军伤兵身上夺过自动枪,又是一阵猛扫。敌人退了,他从阵地上捡了一些鸭嘴手榴弹和子弹。

20时,战场沉寂了。唐凤喜的伤口在流血,像火烧着,像针扎着。为振作精神,唐凤喜抓起一小块冰凉的石头,放在火辣辣的舌头上。随后,他摸索着爬进一个弹坑,挣扎着伏到炮弹坑沿上,把武器弹药摆好,警惕地盯着四周。

突然,一颗照明弹升起,借着光亮,两边的敌人冲上来了。唐凤喜顾不得隐蔽,把鸭嘴手榴弹接连向敌群里投去。正打着,敌人投来的一颗手榴弹在唐凤喜身边爆炸，他只觉得左腿钻心地疼，但顾不上伤情，强忍着剧痛从炸塌的炮弹坑里朝外爬，伏下来又往前边继续投手榴弹。

不知什么时候，一群敌人转到了唐凤喜侧后，向他围上来，眼看就要到跟前。唐凤喜使劲扣紧扳机，敌人倒下了一片，与此同时，唐凤喜也倒下了。当战友们赶来的时候，唐凤喜只能看见他们张嘴，却怎么也听不见他们的说话声——原来，枪炮声震聋了他的耳朵。

至此，唐凤喜孤身一人在阵地上坚守了7个小时，击毙敌人60多人，成功守住了山头。战斗结束后，身上多处负伤的唐凤喜被送往后方医院治疗。住院期间，他的英雄事迹传遍祖国各地，也传遍朝鲜大地。唐凤喜的名字和"孤胆英雄"4个字紧紧地连在一起。来自祖国各地的慰问信、纪念品，像雪花一样从四面八方飞来……

伤愈回到部队后，部队为唐凤喜举行了隆重的欢迎大会。榜样的力量是无穷的。唐凤喜所在的二营，仅在一次战斗中，营党委就接到300封请战书，每一封都写着要"学习孤胆英雄唐凤喜"。

1952年1月，唐凤喜光荣加入中国共产党。

★ 再立新功

1953年5月，志愿军发起夏季反击战役。5月13日，回部队不久的唐凤喜带领八连三班为突袭班，奉命向科湖里南山发起进攻。在强大的炮火掩护下，唐凤喜带领三班战士们一口气冲过敌人8道铁丝网，占领了全部表面阵地，随后展开了激烈的坑道战。为歼灭坑道里的敌人，唐凤喜端起自动枪边打边冲进敌人的坑道。坑道里黑乎乎的，唐凤喜一直朝里冲，当触着坑道石壁的时候才停住。他紧贴着石壁，端平自动枪，打开了手电筒，惊恐的敌人慌忙向他射击。电光石火间，唐凤喜向枪响的地方开火，击毙了一个反抗的敌人。坑道里其他敌人全成了俘虏。

当日下午，唐凤喜带领三班守卫孤山梁子5号山头。第二天拂晓，敌人的火炮、机枪向5号山头攻击。唐凤喜发现西侧木板小桥附近的草丛里有异动，便马上带人去侦察。他和两名战友穿过封锁线，摸清了敌情：5号山头下有座大掩体，敌人躲在里面，避开我军的炮火，伺机反冲击。

唐凤喜返回后，立即请求炮火支援。几分钟后，猛烈的炮火摧毁了这座大掩体。敌人被炮火打得拼命朝西跑，涌向小桥。唐凤喜马上指挥轻机枪封锁小桥，打得敌人只能往河里跳。

很快，敌阵地上的重机枪集中压过来，并以炮火轰击4号山包。面对机枪射手牺牲、弹药手负重伤的危急情况，战友李献志抢过机枪，大喊："我来打！"由于小桥的位置太低，机枪平放在工事里发射不到目标位置，李献志就站起身来端着机枪往下扫射，不幸中弹倒下。唐凤喜赶忙跑上去，拾起机枪继续射击。接着，部队转移过来的炮火也向小桥上的敌人轰射，最终将敌人全部消灭，胜利的红旗飘扬在敌人吹嘘的"钢铁阵地"上。

由于唐凤喜在战场上的英勇表现，受到部队的多次表彰。1951年10月14日和1953年10月30日，志愿军领导机关先后为他记一等功，并于1954年2月1日授予他"二级战斗英雄"称号。1951年12月和1954年3月，朝鲜民主主义人民共和国最高人民会议常任委员会先后授予唐凤喜二级战士荣誉勋章和一级国旗勋章。

祖国人民听到了英雄唐凤喜的事迹后，都想见见这位"最可爱的人"。那时，唐凤喜邮寄给祖国人民的照片，曾从北京传到天津，从天津传到东北；从学校传到工厂，从工厂传到农村，人们还把他的照片贴在纪念册上。

时至今日，"孤胆英雄"的故事依然在流传，而"唐凤喜"所代表的果敢和坚毅的斗志，如同飘扬在阵地上的红旗一般，激励和鼓舞了一代又一代的中国人奋勇向前。

屡建奇功的英雄司机长

——范永的一级国旗勋章、二级战士荣誉勋章证

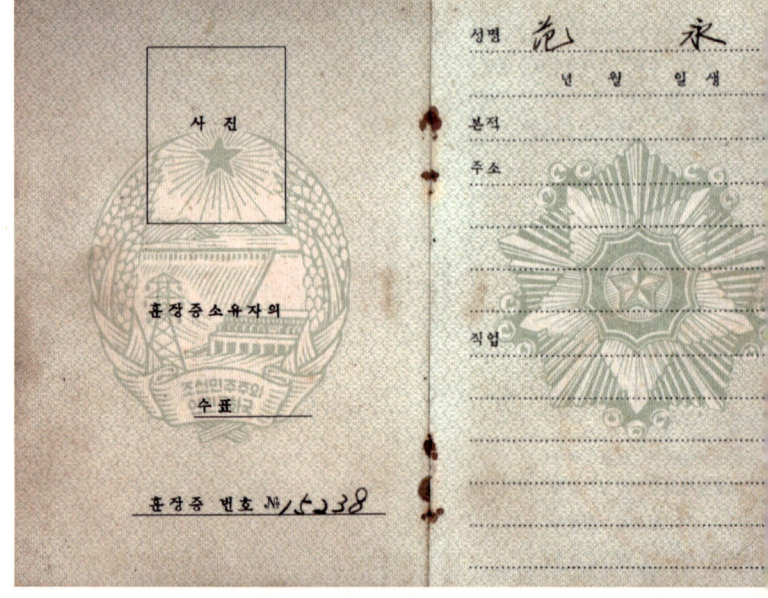

1952年秋天，中国人民志愿军铁路军管总局在沈阳召开首届抗美援朝功臣模范代表大会。与会的210余名代表都是从援朝铁路职工中层层选拔出来的功臣和模范。其中，范永以获得朝鲜一级国旗勋章、二级战士荣誉勋章、立两次大功的荣誉出席大会，并在这次大会上荣获"一等功臣""二级模范"两项称号。10月1日，在北京天安门城楼上，范永受到毛泽东、刘少奇、周恩来、朱德等党和国家领导人的接见。李维汉向毛主席介绍："这是志愿军功臣范永同志，他就是1949年在西柏坡驾驶3005次秘密军火列车的那位司机！"毛主席握着范永的手称赞道："记得，记得，怎么你又上战场了，又立新功喽，好啊，好啊！"

那一年，范永刚刚30岁，却已是铁路战线上响当当的人物。

★ 英雄司机长

1949年5月，在西柏坡召开的全国战斗英雄劳动模范代表大会上，铁路工人的杰出代表范永曾受到毛泽东、周恩来等党中央领导同志的亲切接见。那是因为这位普通的共产党员、司机长范永，在1948年秋辽沈大决战的关键时刻，创下了令人瞩目的业绩——他驾驶的3005次军列，满载22节车厢榴弹炮炮弹、8节车厢炸药，冒着敌机的扫射轰炸，行程853公里，由齐齐哈尔的昂昂溪运送到锦州前线，为攻克锦州、解放全东北做出了特殊贡献。中国人民解放军第四野战军授予他们"3005次英雄列车"称号。

1951年8月的朝鲜战场，敌军凭借空中优势，对平（壤）—板（门店）铁路线疯狂轰炸，一些路段被炸毁，列车被炸翻，致使我志愿军前方军火供应告急。

前方的需要就是命令。铁路军管总局为保证每夜15趟至18趟军列顺利到达主战场，果断决定组织一支"政治突击队"，执行运送军火的任务。司机长范永临危受命，担任"政治突击队"指导员。在安东机务段，他挑选了62名政治可靠、机智勇敢、技术熟练的司乘人员，火速赶到平壤待命。

★ 神秘任务

1951年8月27日下午，平壤铁路分局局长来到范永驻地，秘密向他传达上级指示——今晚把03和05两次列车开上去。

"上级听说你有过冒着敌机轰炸扫射把军火列开上前线的经验，所以今天夜里要你开这两列极为重要的列车。在敌机轰炸最猖獗的上半夜，你把第一列车开上去。这一列装的是'喀秋莎'大炮。最关键的是要在敌机轰炸次数减少的后半夜，把第二列车开上去。这一列有5节车厢装的是'喀秋莎'炮弹，都是前线最最紧需的补给！你要想尽一切办法安全地把列车开上去，这是党和人民的重托。"局长伸出双手紧紧握住范永的手："党和祖国人民相信你一定能够完成任务！"

"请领导放心，我们坚决把这两列列车安全开到目的地！"神情严肃的范永，向局长表达了决心和信心。

接受任务后，范永急忙带领梁玉祥、周荣新等3名助手，奔赴大同江桥北头，于18时25分等来了03军列。他精神抖擞，坐到驾驶台上，驾驶列车。可是列车刚开过大同江桥，就被突然钻出来的敌机盯上了，每隔四五公里就有一批敌机扫射、投弹，在列车前进路上设下层层火网，道道关卡。

面对险恶环境，范永早把生死置之度外，提高手把全速前进。他以在国内两次冒着敌人炮火驾驶军列的经验，根据当时所处的山地环境，想出一条妙计，让助手依计而行：两名助手轮流往锅炉里快速投煤，打开送风器。随即，机车冒出滚滚黑烟，在两山所夹的山沟上空，形成一道黑烟幕帐，"苫"在了03

军列上空。范永一路上依着地势变化速度,加之机智地使用"冒黑烟"的绝招,使 03 列车冒着敌机炮火向前驶进。

突然,"嗒嗒嗒——"几发枪弹钻进机车驾驶室,正在投煤的助手梁玉祥一声痛叫——他的左手小拇指被打断了。包扎之后,梁玉祥仍咬紧牙关,继续投煤。经过范永和战友们的团结拼搏,03 特级军列摆脱了一批批敌机的袭击,于 22 时 20 分安全抵达距"三八线"40 公里的沙里院车站。

范永跳下 03 军列机车后,一辆吉普车马上拉着他疾驰在返回平壤的公路上。"离开下次列车还有 100 分钟,能来得及吗?"范永焦急地问。"140 公里,保证赶趟儿。"汽车司机坚定地回答。吉普车所经之处,所有车辆纷纷躲闪让路,吉普车如添双翼地飞跑着。

可是,刚要接近黑桥车站时,突然"轰"的一声巨响,吉普车翻倒在路旁,车上 4 个人全部瘫倒在车内。起初,范永以为碰上了敌机轰炸,仔细查看才发现是吉普车水箱爆炸,汽车司机和范永被烫得满脸水疱。恰巧,一辆苏式嘎斯汽车停在近处,受伤的汽车司机向嘎斯汽车司机说明情况,接过这辆车加速飞驰,终于在 23 时 55 分赶到平壤车站。

身负重伤、急于完成任务的范永,顾不得伤痛、饥饿,立即登上了 05 军列,0 时 20 分开过了大同江桥。列车快速行驶,天空既没有"照明弹",又没有敌机扫射、轰炸,范永十分诧异。他哪里知道,这是志愿军总部为保证军列安全,派出空军几十架米格-15 战斗机,在上空组成一道阻拦敌机的"封锁线",赢得了暂时的寂静。

这时,一架狡猾的敌机钻过空中"封锁线",左俯右冲对着 05 军列疯狂扫射。所幸,枪弹尽射在列车尾部的 3 节车厢上,紧靠机车的 5 节装载"喀秋莎"炮弹的车厢安然无恙。

在沿线志愿军高射炮的掩护下,05 军列于清晨 5 时 20 分胜利开进兴幕站。

★ 屡建奇功

当天 21 时，在牡丹峰山洞的朝鲜劳动党会议室，范永受到中国人民志愿军副司令员杨勇、总政治部主任甘泗淇、朝鲜人民最高委员会委员长朴正爱等领导的亲切接见。在授勋仪式上，甘泗淇主任在介绍了范永圆满完成这次重大军事任务的事迹后，代表中国人民志愿军总部和朝鲜民主主义人民共和国最高人民会议常任委员会宣布决定，给范永同志荣记一等功一次，授予朝鲜民主主义人民共和国一级国旗勋章。

朴正爱委员长亲手将金光闪闪的一级国旗勋章戴在范永胸前。

范永自担任"政治突击队"指导员之后，带领突击队专门攻克难关，使其成为攻无不克、战无不胜的战斗集体，共立 3 次集体功、1 次个人一等功。

1951 年 9 月，范永担任西平壤机务段段长。他带领百余名中国铁路员工和 500 多名朝鲜铁路员工，每天在弹坑里、残壁下，搜寻压在瓦砾泥土里的机车零部件共 7000 多件，满足了几百台次机车修理的急需，保证了军事运输的机车正常运行。

一天清晨，范永刚走出山洞，猛然发现两架"油挑子"敌机，正轮番扫射朝鲜 3 号机车。这台机车的朝鲜司机已跑出隐蔽。范永毫不犹豫地飞速登上已经多处中弹的机车，看汽表、风表，机车尚能开动。于是，他操纵机车开始启动，这时，驾驶室又被敌机枪弹钻了几个洞。而车刚开进车库，两颗炸弹就在车库附近爆炸了……

还有一次，一列满载冲锋枪子弹的军列，栽进大炸弹坑里，3 节车厢颠覆，致使运输中断。范永带领 3 个救援队、1 个高射炮营，一面用千斤顶、绞磨起动机车，一面防备空中敌机扫射，同时还排除了列车附近的 72 颗定时炸弹，保证军列按时安全通过。

救援队凯旋，受到中国人民志愿军总部通令嘉奖："平壤铁路救援大队队长范永，在紧急关头与全体战友同生共死，学习和发扬这种精神，我军定是一支战无不胜的人民军队。"在惠川里召开的功臣模范授奖大会上，中国人民志愿军司令员彭德怀和朝鲜人民军总部代表，分别授予范永"一等功臣"荣誉称号和朝鲜民主主义人民共和国二级战士勋章1枚。

1952年3月，铁路军管总局任命范永为平壤铁路分局副局长。同年，范永还作为代表参加了在罗马尼亚布加勒斯特召开的第四届世界青年联欢节。1953年7月，朝鲜民主主义人民共和国政府为表彰范永的卓著功绩，又授予他三级国旗勋章1枚。在抗美援朝纪念馆建立初期，范永将奖章全部捐献。

反坦克英雄传奇

——李光禄的立功证书

这是一本年代久远的立功证书，不再鲜亮的底色，丝毫没有削弱这份证书代表的荣誉。这份荣誉属于打坦克英雄——中国人民志愿军五十军一四九师四四六团五连副排长李光禄。李光禄打坦克的事迹，可以称为一段传奇，他以手榴弹、爆破筒、炸药包这些劣势武器，硬是把英国军队性能优良、火力凶猛的"丘吉尔"重型坦克营打得人仰马翻，更是俘虏了英军300余人，在抗美援朝战争史上，书写了一个传奇故事。

★ 艰巨任务

1951年1月，经过连续作战，中国人民志愿军将以美军为首的"联合国军"打回到"三八线"以南，并快速向汉城进军。美军在英二十九旅来复枪团和英国皇家重坦克营的掩护下，疯狂南逃。志愿军五十军一四九师四四六团英勇追击，切断了英国皇家重坦克营的退路。被拦截的英军企图夺路逃走，被志愿军奋力拦击。夜晚，英军陷入了志愿军的包围圈。围歼英国坦克的作战打响了。

"咚咚咚——"炮弹声在山林间此起彼伏，渐渐逼近志愿军驻守的阵地。"噼噼啪啪——"炸开的炮弹片在林子里乱响。敌机"嗖嗖"地从山坡上急速飞过，抛下一枚枚照明弹，凌乱地悬挂在天空。一辆辆坦克从公路的西北方趁着夜黑开了过来，不承想进入了志愿军的埋伏圈。

"集合爆炸手，准备打坦克！"营长下令。爆炸手应声闪出行列，扛着炸药走到队伍前面。志愿军五十军一四九师四四六团二营五连副排长李光禄，就在这支由爆炸手组成的队伍里。李光禄和杨厚昭、刘凤岐一起扛着炸药包、端着爆破筒，砍断3道铁丝网，越过地雷区，踏着厚厚的积雪，翻山越岭，赶到了指定的埋伏地点——从高阳通往汉城的公路右侧沟渠。他们每人之间相距10米，石头一般卧在沟坎上，一动不动。

坦克声越来越近了，李光禄和杨厚昭、刘凤岐赶紧扭开爆破筒筒盖，弄好了10厘米长的导火索。就在这时，刘凤岐突然急叫起来："报告副班长，火柴没有了！"怎么办？紧急时刻，李光禄和刘凤岐灵机一动，赶紧从棉大衣的衣角里扯出棉絮，爬上公路，奔向路边被燃烧弹引燃的草地上点火，又小心地捂着火苗奔回沟坎。5分钟后，坦克一辆接着一辆拐过山坳，在照明弹的照耀下时隐时现，像一长串流动的堡垒，还不断地向前方发炮，公路上卷起了一团团烟尘。

杨厚昭瞄准时机，抱着爆破筒，躲闪着炮弹，向为首的坦克跑去，然后，敏捷地把长长的爆破筒塞进坦克轮子里……然而，爆破筒没插稳，"咯咯"响了两下就被甩下公路，坦克安然地从杨厚昭身边驶过。刘凤岐也抱起炸药包冲上去，点燃导火索，把炸药包放在公路上。坦克隆隆驶过，炸药包却在坦克行驶过约5米之后爆炸了。

"是导火索太长了。那么，多长才恰好？炸药放哪里？坦克顶上，还是坦克下面？是正面送上去，还是从侧面？"李光禄的心怦怦地猛跳。坦克越来越近了。

★ 直面炸坦克

"敢于接近坦克就是勇敢，不过这仅仅是成功的一半。更重要的是，当你和坦克面对面的时候，要镇静，要头脑清醒，要充分发挥熟练的技术。这样才能炸掉坦克……"军事教员的教导在李光禄耳边回响。李光禄慎重考虑后，剪下3厘米长的导火索，抱起炸药包翻身爬上公路，迎着坦克的正面蹲了下来，两只手按着地上的炸药包，任子弹在头顶上飞过，眼睛死死盯着坦克下面滚动的轮子。终于，在相距约9米时，李光禄点燃了导火索，并迅速翻下公路。"轰！"坦克被炸毁了，李光禄被炸弹崩起的冻土击伤了背部，脑袋嗡嗡作响，吐了两口血，便昏了过去。

过了一会儿，李光禄醒来，看到志愿军战士从山谷里、沟渠中冲了出来，在烟里、火里追逐着从坦克上跳下来的英国兵。在光影的摇曳中，李光禄看到又一辆坦克从山坳里拐了过来。

"就在这里，听见了吗？刘凤岐！就在这里，把炸药包准备好，听我指挥！"李光禄指着沟渠下令。刘凤岐听从李光禄的指挥，学着李光禄的方法，采用3厘米的导火索，抱着炸药包跑上公路。当坦克开到距离刘凤岐约15米时，李光禄发出命令："点火！""往回跑！"刘凤岐刚跑回李光禄的身旁，身后"砰"的一声巨响，泥块哗哗地落下来。两辆坦克并排趴在公路上，把路彻底堵住了。

"这里的口子堵住了，我们到前面去吧！"李光禄拉着刘凤岐向公路西侧奔跑。

志愿军的包围圈逐渐缩小，战斗也由公路转移到西侧的稻田里。英军坦克群在志愿军的猛烈围剿下，已经乱了阵脚，像一群散乱的野牛，不分东西南北地到处乱闯，企图逃脱。

"谁去炸掉这辆坦克？"营长在不远处大喊。火光里，一辆大型坦克正爬上小路想逃走，向四周疯狂射击，播音器里还传出了无耻的叫嚣："中国人，到汉城去吧！那里有姑娘等着你！"李光禄一听，怒气冲天，一把抱起2.5公斤重的炸药包，并在上面绑上2颗手榴弹，又在大衣口袋里掖上4颗手榴弹，迅速跑了过去。

坦克隆隆地驶来，李光禄敏捷地纵身一跃，立马抓住坦克侧面的铁环，但转动的履带令他的脚站不稳，身子悬在空中，费了好大的劲儿，李光禄终于攀上了坦克。在坦克顶，李光禄闻到一阵浓烈的瓦斯味儿——炮塔的顶盖居然是打开的！他心里一阵狂喜，全身的血液都沸腾起来！李光禄慢慢地挪到坦克前面，把头伸到敞着顶盖的炮塔上，只见坦克里面闪着微光，两名英国兵正在说话。"嗒嗒嗒……"突然一串子弹从他的胳膊下面射过，李光禄打了个寒战，迅速把手抽回来，纵身爬上炮塔，急忙把食指套进两颗手榴弹的铁环。

"中国人来了！"李光禄大喊一声，把捆着手榴弹的炸药包从炮塔里投入坦克仓内，随即跳下坦克。"轰隆！"坦克猛颤了一下，炮塔顶上喷起三四米高的火焰。李光禄眼前渐渐模糊，一切声音都消失了，他又失去了知觉。

★ "中国人民不好惹"

当李光禄再次醒过来时，只觉得身体软绵绵的，一点力气都没有，骨头仿佛散了架似的，每个关节都像被钉进了无数颗小钉，眼皮也像被胶水黏住了一样。李光禄口渴难忍，顺手从地上摸起了一些碎冰放进嘴里，清凉的冰水令李光禄的头脑渐渐清醒。

"战斗还没有结束，我得继续战斗！"李光禄忍着剧痛站了起来，凭着毅力撑起身体，艰难地一步一步朝着火光和人影的方向走去。

"李光禄，左面那一辆坦克，不要让它跑掉！"那是指导员的声音。一辆坦克正冲击着包围圈，时停时跑，不停地打着机枪。听战友们说，爆炸手们两次都炸空了，坦克的炮火还伤了两名爆炸手。

"还有炸药包吗？"李光禄追着前边的爆炸手问。"没有了，刚才是最后一包！"眼看着坦克就要从包围圈里冲出去，李光禄急得头上直冒汗，手往身上一摸，突然碰到掖在口袋里的4颗手榴弹。顿时，全身的疼痛都被他忘在了脑后。

坦克驶了约100米后又停了下来。李光禄躬身绕到坦克前面，紧贴在地上匍匐前进，在距离坦克约5米远时，敌人的子弹向李光禄扫过来。李光禄一边躲闪着子弹，一边观察坦克。坦克正面有一个圆形和一个约30厘米长、20厘米宽的矩形小孔。他赶紧绕到坦克左侧，坦克也向左转动。李光禄悄悄挨近坦克，然后用牙齿咬断弹弦，将手榴弹从矩形小孔里塞进去。里面顿时喷出一团火焰，险些把李光禄冲倒。李光禄气急了，又把身上仅剩下的2颗手榴弹塞了进去。顷刻间，坦克的小孔里喷出了闪电般的火焰，像火龙一样在空中飞舞，坦克周围立即成了一个巨大的火丛。李光禄从火焰中站了起来，全身也着了火。他赶紧冲到雪地里拼命打着滚，直滚到距离坦克6米多远的地方，身上的火才终于灭了，而那辆坦克燃起冲天大火，终于一动不动了。

李光禄炸毁"喷火坦克"的壮举，为志愿军一四九师高阳反击战画下了胜利的句号——经过5个多小时的激战，我志愿军歼灭英军二十九旅皇家来复枪五十七团一部和英军第八骑兵（坦克）团直属中队（皇家重坦克营）全部，炸毁敌坦克、装甲车27辆、汽车3辆，缴获坦克4辆、装甲车3辆、汽车18辆、榴弹炮2门，毙、伤敌200余人，俘敌少校营长以下官兵227人。

"我们用大无畏的战斗精神告诉帝国主义：中国人民不是好惹的！"李光禄说。在这场激烈的反坦克大战中，李光禄英勇作战，机智勇敢，不畏艰险，不怕牺牲，一人连炸3辆坦克。1951年10月2日，中国人民志愿军领导机关为其记特等功。1952年10月25日，朝鲜民主主义人民共和国最高人民会议常任委员会授予李光禄一级战士荣誉勋章。

红旗在 222.9 高地飘扬

——一一五师三四三团七连四班立功喜报

中国人民志愿军三十九军一一五师三四三团七连四班立功喜报是一份诞生于朝鲜战场的珍贵文物。那是1952年9月1日12时，在朝鲜战场上，一一五师宣传队的同志们代表军、师首长，把一份无上光荣的立功喜报送到了三四三团七连四班战士们手中。9月9日，一一五师在师部驻地隆重举行了"222.9高地一级英雄班"命名大会，从此"英雄班"的名字叫响在朝鲜战场上。

这份"英雄班"的荣誉从何而来？那还要从朝鲜战场上的"老秃山"说起。

老秃山本是一块无名高地，它位于朝鲜江原道铁原郡朔宁以东约10公里，西北紧靠驿谷川，标高250公尺，面积6.7平方公里，是中国人民志愿军上浦坊阵地以东1公里外，222.9高地东南的一座小山头。但是，它又是敌我军缓冲区的一个重要制高点，由于它高于周围的山头，可俯瞰我志愿军上、下浦坊南北阵地，对志愿军威胁极大。

这个原本在地图上谁也没有看得起的一个小山头，在1952年6月，却成了军事上的必争之地——在我们手里，我们就控制了敌人，像一把锐利的尖刀插入敌人的心脏；但如果落在敌人手里，我们就陷于被动，敌人可以随时下来夺取我们的其他阵地。

老秃山争夺战，是从1952年6月8日开始的，一直到7月23日，历经了45个日夜。

1952年7月19日起，经过几番争夺，被志愿军打得恼羞成怒的美二师二十三团，出动了上百架飞机，在百余门大炮支援和大批坦克引导下，连续三天三夜以整连整营的兵力向老秃山轮番进攻。阵地上白天黑夜炮火纷飞，硝烟弥漫。三十九军一一五师三四三团七连的战士们抱着与阵地共存亡的坚强信念，以一当十，以十当百，依托阵地有利工事，同数倍于己的敌人展开了殊死的搏斗。

22 日凌晨，敌人约一个营的兵力向老秃山猛扑，矛头指向七连一排四班坚守的 222.9 高地。排长石林河、班长刘佐才等多名同志负伤进入坑道内。在表面阵地上只剩下副班长倪祥明和战士周元德、宋成久 3 个人了。

★ "我要入党"

经过这几天的激烈争夺后，战场上暂时出现了一种异样的沉寂。

黑夜，四班的战士们坚守着几天以前刚从美军手里夺过来的老秃山。战士们冒雨抢修了一天工事，用凉水泡着干粮吃了后，便在坑道里抱着枪，互相依偎着躺在湿漉漉的地上打瞌睡，发出轻微的鼾声。副班长倪祥明怎么也睡不着，他听见外面下着小雨，凉风带着雨点子吹进了洞口。他看见班长刘佐才披件雨衣守在洞口，雨点打在他身上，发出淅淅沥沥的响声。倪祥明把自己的大衣给睡着的战士们盖好后，悄悄地走到刘佐才身边，在他耳边说："班长，你进洞里休息一会儿吧！"

"我刚才已经眯了一下，你好好休息吧。"刘佐才感动地望着倪祥明说。

倪祥明见排长石林河守在坑道的另一个洞口，给战士们挡风遮雨，便走了过去要换他："排长，让我来守洞口吧！"

可是排长拒绝了他："我是党员，又是干部，你不要换我。"

回到洞里，倪祥明还是睡不着觉，他默默地坐在班长刘佐才的身旁，一边抚着下巴，一边若有所思。半晌，倪祥明终于开口了："班长！打完这一仗，我想——我想好好和你谈谈。"

班长刘佐才虽然和倪祥明相处不久，但关系很融洽。倪祥明这没头没脑的一句话，把刘佐才说愣了："有啥问题，最好现在就谈吧！"

"我想和你谈——上阵地以前，我写的申请书，党支部看过没有？"倪祥明带着羞涩的语气，吞吞吐吐地说。

刘佐才听得出来倪祥明的紧张与羞涩，他更能体会倪祥明此时的心情——一种渴望自己早日被党组织吸纳的愿望。刘佐才立刻用亲切的口吻勉励他："你的申请书支部已经看过了，只因为战斗的关系还来不及讨论。不过，对于一个坚决要为共产主义奋斗的同志，党是决不会拒绝的！"

黑夜里，刘佐才看不清倪祥明的表情，但是，他低沉有力的声音却让刘佐才终生难忘："在老秃山的战斗中，请党来看我的行动吧！"

★ 坚守阵地

战场上，倪祥明正默默践行着自己的诺言。夜深了，突然，在寂静中传来了哨兵周元德的惊叫声："敌人上来了！"瞬间，排长石林河、班长刘佐才、副班长倪祥明带着一个班的战士冲出了坑道。他们蹲在各自的工事里，面对着敌方——眼前是无边无际的黑，只听到山下传来"沙沙沙"脚踩石子的声音，和"叮当""叮当"铁器碰击的声音。

"排长，先扔它一颗手榴弹看看！"刘佐才在等着石林河的批准。"对！先下手为强！"石林河的话音未落，刘佐才朝着有声响的地方投过一颗手榴弹。

"轰！"手榴弹在半山腰爆炸，闪出了明亮的火光。大家看得清清楚楚：在离交通沟10多米的山坡上，一堆一堆的黑影子在蠕动，这是美国兵在趁着夜色偷袭。

"同志们！狠狠地打呀！"石林河按照事先的部署指挥3个战斗小组分头守住各自的战斗位置，机枪、冲锋枪猛烈地向敌人射击。手榴弹一个接着一个飞出去，落在黑影堆里，闪现出一片爆炸的火光，倒下的敌人，哭喊声连成一片……

敌人偷袭失败，改变了战术，变偷袭为强攻。很快，一阵又一阵的排炮从敌人那边飞过来，落在四班阵地上。

倪祥明独自蹲在单人掩体里，把全部精力用在打退眼前敌人的进攻上。他记不得打了多长时间了，也记不得打退了敌人多少次冲锋。他只知道手里的自动步枪子弹打光了。把枪放在一边，用手榴弹继续向敌人拼杀。

从正面上来的敌人刚被击退，倪祥明听见侧后方传来很重的脚步声，另一批敌人又从后面偷偷地上来了。石林河、刘佐才也发现了这个情况。他们做了分工：班长赶紧带着5个战士从交通沟绕到侧后进入工事。在这里正好打击从后面上来的敌人。排长、副班长仍在带着轻机枪射手王义和战士葛方明打击正面的敌人。

敌人一拨接一拨地往山顶冲，从四班扼守的这个山爪子的两侧向他们迂回，左侧五班阵地上枪声也非常密集，黑夜里什么也看不清楚。倪祥明只感觉到战斗在全排的阵地上激烈地进行着。晚风吹起的泥沙飞入倪祥明的眼睛，他揉了揉眼睛，探身向闪着火光的地方望去，嗬！一群敌人正向上拥来。他用尽全身力气把一颗手榴弹扔了过去。"轰"的一声巨响，浓烟中不少敌人倒了下去。

剩下的敌人分成两股，还在拼命地往上冲。子弹像雨点似的，直往泥土里钻，扔过来的手榴弹"嗤嗤"冒着火烟。倪祥明没把这放在眼里，他坚定地站在风雨和泥水中，叉开双腿，向两股敌人轮番地扔着手榴弹。

这时候，主阵地的火力支援开始了。敌人的进攻停了下来。倪祥明向刘佐才汇报了阵地上的伤亡情况，刘佐才问道："我们还有几个人？"

"就我们三人是轻伤……"

"三星快落了，我们一定要坚持到天亮。只要天一亮，我们的增援部队就会来到。""班长，你放心吧！我们绝不让敌人占领我们的阵地！"倪祥明说完，就带着战士周元德、宋成久跑出了坑道，回到工事里继续坚持战斗。

★ 壮烈牺牲

夜色中，敌人已经团团围住了老秃山。他们从四面八方向四班阵地涌来。敌人的轻机枪、重机枪、手榴弹像暴风雨般地倾泻过来。老秃山被滚滚的浓烟和闪亮的火光吞没了。

此时，倪祥明又带着周元德和宋成久把牺牲的战友都抬进了坑道，又和周元德、宋成久一起跑出了坑道，去迎接更加残酷的战斗。

"敌人又上来了！"

倪祥明刚出洞口，就发现5条又瘦又长的黑影，在交通沟晃动。敌人把一颗咻咻冒烟的手榴弹扔到了坑道口，倪祥明眼疾脚快，一脚踢去，把即将爆炸的手榴弹踢到了敌群中，炸死炸伤围过来的美国兵。

倪祥明纵身一跃，提着几颗手榴弹就扑向了又上来的几个美国兵。战士周元德拿着两颗手榴弹也冲了过去。

此刻，5个美国兵已经团团围住了倪祥明。1个美国兵扑过来抓他，他挥起手榴弹猛砸过去，敌人仰面栽倒了。另外4个美国兵一齐扑上来，有的拉他的手，有的拉他的腿。倪祥明便和敌人们厮打在一起了。周元德冲上去用手榴弹对准压在倪祥明身上的敌人脑门狠砸，敌人一抬手，周元德把敌人从倪祥明身上拉下来。

肉搏立刻分成了两团……

"班长！副班长和周元德跟敌人摔起跤来了……"守在洞口的宋成久焦急地报告着。刘佐才挣扎着站起来想冲出坑道，但就是爬不起来。他的心像刀扎一样难受。忽然，他听到倪祥明在外面喊道："班长，我们和敌人们拼了！"

刘佐才马上意识到将要发生什么事情，他咬紧牙关往外爬，却听到坑道外传来了倪祥明和周元德最后的声音："共产党万岁！""毛主席万岁！"随着这庄严高昂而伟大的呼号，出现了"轰""轰"两声巨响，震撼着山谷，传向了远方……

★ 英魂不泯

拂晓之前，老秃山又恢复了平静。爆炸的烟雾散去，燃烧的火光熄灭。然而，刘佐才和全班伤员的心平静不下来，他们为失去这两位朝夕相处的战友而悲痛，又为出现这两位英勇献身的英雄而自豪。

敌人再也没敢上来。倪祥明和周元德安详地倒在他们用生命守护的阵地上。他们的身下，各自压着一具血肉模糊的敌人尸体。另外两个被炸死的敌人，直挺挺地倒在一边。在烈士身旁不远的地方，敌人的尸体铺满了山坡。

战士们怀着崇敬而悲伤的心情，把倪祥明、周元德两位烈士的遗体从敌人身上抬下来，小心翼翼地安放在一处，又慢慢地从炸断了手腕的烈士的手指头上取下了手榴弹的铜环，用湿毛巾抹去了烈士脸上的血迹和尘土……

刘佐才贴近了烈士倪祥明的身旁，强忍住泪水，哽咽道："我以一个共产党员的名义向党请求，追认你为共产党员，你无愧于这个伟大而光荣的称号……"

1952年9月5日，中国共产党中国人民志愿军某部委员会根据倪祥明生前的请求，追认他为中共正式党员。同年9月19日，中国人民志愿军领导机关决定追记倪祥明为特等功臣，同时授予"一级战斗英雄"光荣称号。而倪祥明所在的三四三团七连四班也被命名为"222.9高地一级英雄班"。从此，"英雄班"的名字叫响在朝鲜战场。

二圣山壮歌

——郑恩喜的一级战士荣誉勋章

抗美援朝纪念馆保存着中国人民志愿军特等功臣郑恩喜的战士荣誉勋章。在 70 多年前战火纷飞的朝鲜战场上，这份荣誉来之不易……

★ 勇当重任

1951 年 2 月 14 日 20 时，郑恩喜所在的志愿军五十军一五〇师四四八团二营五连接到了攻打二圣山的任务。二圣山是汉江南岸敌人向我江北进攻的前进据点。在五连的左前方，伏卧着四个山头，最高的是二圣山，是敌人的主阵地，前面三个山头是二圣山前沿的火力点。郑恩喜任排长的三排，是五连的尖刀排。当时，五连的全体人员都集合在汉江边上，大家讨论着如何过江。正在他们着急的时候，从南方飞来四架敌机，最后一架敌机飞过汉江时扔了几颗照明弹，还扫了几梭子弹，郑恩喜高兴地说了声："有了！"他向连长建议，抓紧时间利用敌人的照明弹跑步过江。连长采纳了他的意见之后，在照明弹的光照下，江面上迅速闪动起无数矫健的身影。

过江后，郑恩喜命令九班直取第三个山头，又把七班分成两个组，七班班长带领步枪组为尖刀组，他带领机枪组为机动部队。当他们摸上第一个山头，敌人早就闻风逃跑了。到第二个山头，要经过百十来米的山冈，为不被敌人的火力封锁住，郑恩喜指挥队伍便分成左右两路往上冲。步枪组爬到山冈脊背，就被敌人的固定火力封锁住了。郑恩喜便率领机枪组向左靠几步，迅速向上爬。

离山头 20 米了，敌人的机枪还在射击。郑恩喜瞅准时机，向敌工事扔出两枚手榴弹，敌人的机枪顿时哑巴了。他一个箭步冲进工事，看见一挺重机枪直挺挺地架在那里，机枪两边横七竖八地躺着几具敌人的尸体。郑恩喜又率机枪组箭似的跑下山坡，向第三个山头摸去。这时从敌人纵深打来几颗照明弹，敌炮也向这里射击，第三个山头的机枪也响起来了。郑恩喜令机枪组架起机枪，他自己则趁着夜色爬到了敌机枪阵地旁，借敌人换子弹的时间，一个大翻身，对准敌机枪就是两颗手榴弹。一声震天巨响，他自己也被震昏……

★ 愈战愈勇

再次清醒过来，郑恩喜没有退缩，第一时间又带领机枪组奔向第三个山头。敌人的照明弹一个一个地亮起来，炮弹又不断开始在左右爆炸。这时，九班上来了，郑恩喜命令九班做好冲锋准备，自己爬到前面一块石头下面看地形。郑恩喜发现，这里距敌重机枪阵地只有百米，机枪侧面坐着一个美国鬼子，他端着一支长梭子卡宾枪，两眼死盯着这里。

郑恩喜刚一露头就被发现了，子弹紧跟着就到了。郑恩喜躲开正面，猛地站起来，迅速冲了上去，随即扔出两颗手榴弹，接着喊了一声："同志们冲啊！"他第一个跳进工事。敌人把一门火箭筒、一挺重机枪丢在那里，疯狂逃散。郑恩喜发现几个黑影正往下滚，一按扳机打倒了七八个，其余的敌人都被九班击毙了。

郑恩喜率战友们到达二圣山山下时，从两边包抄来的一二排也都到了，指导员大声说："同志们，我们已经拿下了三个山头，现在就剩下最后一个了，最大的胜利就在那里。党考验我们的时候到了，为人民立功的时候到了！"

郑恩喜回过头来，对三排的战士们说："我们争取第一个冲上山头。七班的同志们，保持荣誉！"

★ 保证完成任务

敌人的所有火力都开火了，整个山体被照得如同白昼，被打得一片通红。在敌人重机枪封锁不到的山腰部，有一挺轻机枪在那里"怪叫"，阻止着战士们前进。凭借着丰富的战斗经验和熟练的战斗动作，郑恩喜借着机枪来回热身的空隙向前跃进。眼看离敌机枪越来越近，越来越近……

就在距敌机枪只有七八十米时，敌人发现了郑恩喜，重火力把他压在一个小土坑里出不来，战友们都为郑恩喜捏了一把汗。就在这时，听见郑恩喜大声喊道："指导员，我去了！放心，我保证完成任务！"他拉掉手榴弹拉环，向左侧方扔了出去。"轰——"敌人的机枪刚往那里转动，郑恩喜就迅速从背上取下冲锋枪，瞄着火舌就是一梭子。

"冲啊，同志们！"杀声响彻黑夜的山谷，那遍山矫健的身影，像无数飞出的箭镞，直奔山头冲去。山下的重机枪、轻机枪，连同缴获来的各种自动火器上下连成一片火海，敌人的火力被彻底压下去了，敌人四下逃窜。二圣山终于被我志愿军五连攻占下来。

二圣山反击作战，缴获敌轻机枪、重机枪、90火箭筒各1架，轻武器数十支，杀伤敌80余名。战后，郑恩喜荣立特等功，被授予"战斗英雄"称号，荣获朝鲜民主主义人民共和国一级战士荣誉勋章。1951年9月26日，郑恩喜参加了志愿军战斗英雄国庆观礼代表团，受到了毛泽东主席、朱德总司令的接见。国庆节观礼后，郑恩喜又奔赴祖国各地做报告，将他和战友们的英勇事迹传播到祖国各地。

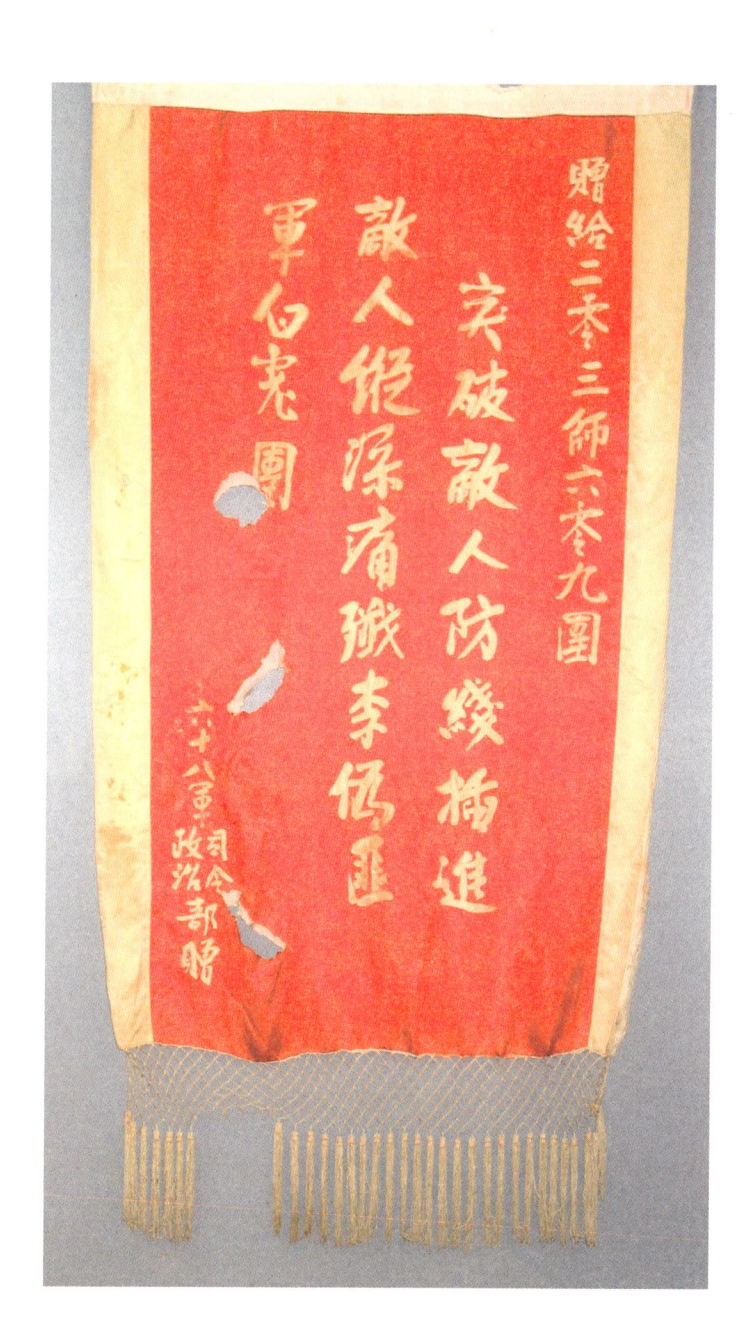

奇袭白虎团

—— 痛歼白虎团奖旗

看过京剧《奇袭白虎团》的观众，都记得那位智勇双全的侦察英雄严伟才吧！他的原型，就是中国人民志愿军六十八军二〇三师六〇七团侦察排副排长杨育才。如今，杨育才和战友们当年缴获的"白虎团"团旗，成为一段传奇故事的历史见证。

★ 良机

1953年6月，志愿军发起的夏季反击战役，分三个阶段，第一、第二阶段的进攻已经顺利完成，并取得了辉煌的战果。朝鲜战争已接近尾声，停战谈判也已进入关键阶段，各项条款已经全部达成协议，双方正在进行停战协定签字前的各项准备工作，朝鲜停战即将实现。就在此时，南朝鲜李承晚集团公然反对停战签字，6月17日，李承晚集团"就地释放"2.7万名人民军战俘，实则以"就地释放"为名，强行扣留。李承晚甚至声称：停战协定一旦签订，要把我的军队从"联合国军"管辖下撤出来，继续打下去，打到鸭绿江！

李承晚的这一举动，不仅违背交战各方的意志，破坏了和平进程，也使美国陷入十分尴尬的处境。而这样的政治形势，对中朝方面极为有利。因而，为处理停战签字事宜刚从北京回到朝鲜前线的彭德怀总司令致电毛泽东主席，建议推迟停战协定签字，再给南朝鲜军以打击。毛主席复电，同意了这一建议。于是，志愿军领导机关决定，立即组织夏季反击战役的第三阶段进攻，目标是狠狠打击南朝鲜军。

★ 口令

1953年7月13日夜，志愿军发起金城反击战。这天晚上，侦察排副排长杨育才带领12名侦察员到达阵地前沿的一个小坑道里。此行，他们要执行一项特殊任务：化装成南朝鲜士兵插入敌后，歼灭南朝鲜军"精锐师团"——首都师第一团——白虎团团部，让大部队顺利向南挺进。战士们换上南朝鲜士兵的军装，而杨育才则化装成美国顾问。

21时，战役打响了。同一时间，杨育才带领小部队出发，按照预定穿插路线，爬山涉水，很快穿过敌人第一道防线。突然，前面传来战士赵顺合低沉急促的声音："停下！副排长，我踩着地雷了！"

杨育才心里一沉，急切地喊道："其他人隐蔽！赵顺合，你把脚踩住，站稳，千万别挪开。"接着，杨育才卧伏在地，小心翼翼地顺着赵顺合的脚把两旁的泥土扒开，地雷便一点点露了出来。杨育才不敢大意，慢慢往下扒，最终确认这是一颗美式反坦克雷，没有180公斤以上的压力是不会爆炸的。

因为有地雷，小部队前进的速度慢了下来。前方突然传来流水声，杨育才心头一喜：敌人不会把地雷埋在被大雨冲刷的水沟里！他马上命令大家顺着水沟往上爬，加快了前进步伐。将至415高地山脚时，发现了两座地堡。杨育才摆摆手，战士们悄悄地绕过，继续前进。进入敌阵腹地，危险陡然增加，沿路岗哨警戒严密，还时不时打起照明弹。要顺利穿插，就要弄到敌人的口令。

当敌人在公路上又打起照明弹时，杨育才放缓脚步，习惯性地回头查看一下队伍，咦？本来连他在内应该是13人的队伍，怎么变成了14人？只见队伍最尾端的身影踢踢踏踏地跟在后面，跑得还不慢。杨育才暗中派朝鲜族战友韩淡年悄悄挨近。韩淡年溜到队尾，一把抓住了那家伙的枪。那家伙急得直叫："抓我枪干什么？""谁叫你往回跑？""你们能往后跑，我怎么不能！"韩淡年这才明白，这家伙是个逃兵，还误以为和他们是一伙的！

这时，杨育才把大家集中起来，由赵顺合、李培禄各带一个小组在前后隐蔽警戒，由韩淡年审问俘虏。这支小部队只有韩淡年和金大柱是朝鲜族战士，懂朝鲜族语言。经过一番审问，从俘虏口中得到了口令——"古轮姆，欧巴（中文意：是的，哥哥）"。他正想向侦察员们强调一下注意事项时，就和敌人第一道岗哨遭遇了。

岗哨内的敌人问："你们是干什么的？""一团一营的！"金大柱用朝鲜语流利对答，而韩淡年则摆出小队长的架子，上前对反问："你们是干什么的？""站哨的。""站哨的？"韩淡年恶声恶气地训斥道，"站哨的也不像个站哨的样子，人到了跟前还不吭声，注意点！别让敌人混进来……"

队伍疾速前行，杨育才发现左侧山坡上也有敌人岗哨，马上示意提高警惕，并叫两名战友主动发问。敌人没有立即回答。金大柱马上骂开了。于是，一个敌人赶紧回答："我们是游动哨！"韩淡年突然问道："口令？"敌人回答："古轮姆。""欧巴。"韩淡年接上下半句。口令终于证实了，杨育才的心这才踏实下来。

这时，杨育才看不到开路的赵顺合，急忙派金大柱去联络他。原来，赵顺合走得很快，金大柱还差一二十步远追上他时，赵顺合被敌第三道岗哨发现。"干什么的？"敌哨兵问道。赵顺合不能回头，也不能站住，否则敌人就会开枪，只能往前闯。敌人连喊3声，见无回应，就举起了枪。就当敌人喊第四声时，金大柱及时赶到，大声答了口令，但敌人却已骂开了。金大柱索性瞪着眼直着嗓子顶过去："没长眼睛的看看老子是谁？""少发横，哪个单位的？"一个哨兵不服气地问。"师部搜索队的，怎么啦？"这时，杨育才和韩淡年赶了上来。韩淡年指指杨育才，向对方骂道："眼瞎了！我们送美国顾问到团部去。"但敌人还在纠缠，说要看看美国顾问。韩淡年假装不耐烦，一推金大柱，说："少跟他们啰唆！"金大柱恭敬地答："是，小队长！"他们一唱一和，把敌人弄蒙了，乖乖让出了道。金大柱向战友喊道："巴利卡！巴利卡！（中文意：快走）"于是，大摇大摆地离开了。

★ 奇袭

当通过最后一道岗哨时，杨育才的心情豁然开朗。战友们被胜利前景鼓舞着，信心十足。经过峡谷时，见到一个隐藏的美军榴弹炮兵群在发射炮弹，大家都非常愤怒。战士李培禄向杨育才请战，杨育才说："我们打掉一个炮兵群，只能使6门炮失去作用；要是我们早一点打掉团部，就能使它指挥的所有炮兵群都失去作用……"

侦察员们越过了横亘在公路上的大桥，四周山岭高耸，山洪汹涌。在敌阵腹地，杨育才把大家带到一个隐蔽处，拿出地图核实位置。然后，兴奋地说："不远了，加把劲儿！这里离敌人团部顶多二三里地！"

但事情却没有想象得顺利。行进中，两辆汽车迎面疾驰而来。杨育才迅速做出躲开的决定。公路右边是浓密的草丛，下面是哗哗的流水，正是隐蔽前行的好场所。杨育才命令一发出，战士们即刻在公路上消失。杨育才仔细观察疾驰而过的汽车，判断是敌人的援兵。因此，他更加迫切地希望尽快到达"白虎团"驻地二青洞。杨育才跃上公路，跑在队伍前面，还不断督促大家："快一点！再快一点！"

很快，他们拐过山头，离二青洞沟口只有三四百米。但这时，又遇上敌人车队，车灯把山坡山沟照得雪亮。30多辆满载着步兵和弹药的汽车一辆接一辆地向北驶去后，突然传来猛烈的爆炸声。是我军后面穿插营和敌人车队前面的汽车开火了！敌军车队停了下来，把路堵得死死的。杨育才顿时紧张起来："怎么办呢？绕过去，车龙看不到尽头；冲过去，敌人马上会发觉……"这时，只见敌人纷纷跳下了车。韩淡年爬到杨育才身边说，敌人准备步行前去增援。此际，杨育才下了决心，传达命令："准备好！两个人打一辆汽车！先用手榴弹打，再用自动枪扫射，趁着敌人混乱，迅速冲过去！集合点在路那边的白杨树。"杨育才发出清脆的枪声后，战士们迅即把手榴弹投向敌车厢、驾驶室，子弹射向敌群。敌人一阵鬼哭狼嚎，拼命喊："不要误会！不要误会！"

侦察员们顺利冲过了公路，但原先的作战计划已被这个意外情况打乱，现在只有用更勇猛的动作和更迅速的行动来弥补！杨育才命令：先解决敌团部的警卫排。他把这项任务交给李培禄，由他带着赵顺合、张连训、王贵生去执行，而杨育才则和其他队员到达敌团部——围着铁丝网的两排木板房。这时，敌团部会议室似乎正在开会，山沟里三四十辆小吉普车和大卡车都发动着并亮着灯，敌人三五成群地忙着往车上搬东西。

"想逃跑？"杨育才马上有了新的作战计划。他把战士们召集起来，分成3个组。第一组由李志、包月禄和金大柱组成，任务是从铁丝网钻过去，迅速消灭办公室里的敌人；另一组由韩淡年带领两人，随搬运东西的敌人混进去，先打掉炮兵室，再分头打掉中间一排敌人住屋；余下的由杨育才带领，从北大门口打到南大门口。

战士们的眼睛里仿佛要喷出火来，只等杨育才一声令下。"行动！"杨育才一挥手，各行动组迅速消失在黑暗中。战士们的手榴弹、冲锋枪一齐"咆哮"，当场击毙白虎团团长崔喜寅等54人，活捉19人，捣毁了团部和通信联络系统，缴获了白虎团的团旗。

随后，杨育才又带领战士们支援师部主力，消灭了前来支援的敌"首都师"机甲团，击毙敌团长陆根洙。

为了表彰杨育才率部歼灭白虎团的功绩，1953年10月13日，志愿军领导机关为他记特等功，授予"一级战斗英雄"称号。同年12月15日，朝鲜民主主义人民共和国最高人民会议常任委员会授予他"朝鲜民主主义人民共和国英雄"称号，并为他颁发金星奖章、一级国旗勋章。

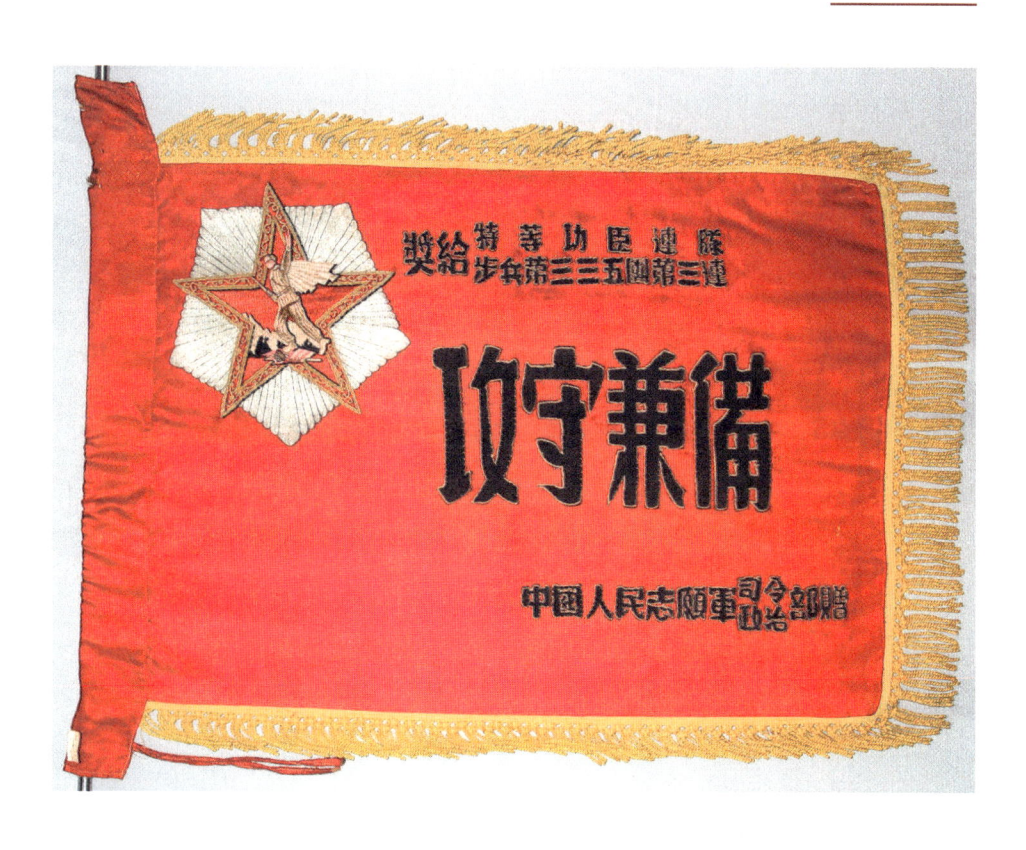

浴血松骨峰
——『攻守兼备』奖旗

在抗美援朝纪念馆中，收藏着一面"攻守兼备"奖旗。这面旗帜，是在抗美援朝战争中，由中国人民志愿军司令部、政治部奖给志愿军特等功臣连队——三十八军一一二师三三五团三连的。旗帜左上方，用黄色和银色丝线刺绣着一枚熠熠闪光的金星，金星中间有一名握枪的志愿军战士，他正高高地扬起手臂，仿佛在发出胜利的召唤。你可不要小看这面略显陈旧的旗帜。因为正是这面旗帜，记录了抗美援朝战场上最为惨烈的战斗之一——松骨峰战斗；也正是这面旗帜，见证了松骨峰阵地之上中美两国军队之间的"钢"与"气"的较量。

★奔袭

时间退回到当年的朝鲜战场。那是 1950 年 11 月 28 日，这一天，三十八军一一三师占领三所里，切断了美军主力的退路。美军立即意识到了我志愿军有将其合围聚歼的作战意图。他们在地图上发现了另一条逃生通道，那就是距离三所里不远处的龙源里，情急之下，美军西线部队由向北进攻转为向南撤退，企图集中兵力从龙源里方向后撤。在这样的情况下，11 月 30 日，一一二师三三五团接到了穿插到龙源里以北的松骨峰阻击美军的作战任务。

三三五团的战士们此时是个什么状态呢？两天前，他们刚刚结束了飞虎山战斗，又经过了两天两夜的急行军才追赶上主力部队，还没来得及喘口气，又接到了继续穿插松骨峰进行阻击的任务。战士们的疲惫可想而知，但在中国军人的心中，从来没有完不成的任务。来不及休整，我们的战士就匆匆开始了长途奔袭之路。

据志愿军老战士回忆，入朝初期，志愿军运输能力严重不足，要完成这样的奔袭任务靠什么？只能靠战士们飞奔的双腿。为了保证行军速度，战士们轻装上路，把能丢的东西都丢下了，包括御寒的衣物、干粮袋等等，只留下了枪支弹药；为了避免暴露目标，战士们又不能走大路，只能穿山越岭。要知道，在11月27日，朝鲜战场上刚刚下了一场大雪，战士们就在齐小腿深的雪地中飞奔——赶到指定位置堵住敌人的退路，是战士们当时唯一的信念。

有的战士跑着跑着，就一头栽倒在地上，再也没有起来，还有的战士跑得直吐血，也只是胡乱地用衣袖一擦，继续前进。战士们就是这样，超越了身体的极限，14小时急行军140华里，硬是靠双腿，跑赢了敌人的车轮，抢先登上了松骨峰阵地。

松骨峰到底是一个怎样的地方？我们为什么要抢占那里呢？松骨峰位于龙源里的东北方，与三所里、龙源里形成了一个三角形，扼守住通往南方的道路。在松骨峰的山脚下有一条公路，公路在这里要转一个弯，车辆行驶的速度会大大地减慢，对于机械化作战的美军来说，这里是对其进行阻击的好地方。然而，松骨峰虽然叫作"峰"，但其实并不险，它的高度只有288.7米，还不到300米，坡度非常平缓，美军的坦克在这里甚至可以长驱直入；而且松骨峰上既没有松也没有什么树，是一个光秃秃的小山包，非常不易防守。

30日早6时，三三五团三连的120名战士经过长途奔袭，刚刚登上松骨峰阵地，还没来得及喘口气，更别说构筑什么工事了，就听见隆隆的马达声由远及近，这正是在军隅里遭到我四十军痛击而败逃下来的美军二师。面对公路上潮水一样涌来的敌人，三连的战士立即把疲惫和饥饿忘得精光，他们相互鼓励着，准备投入战斗。

抗美援朝战争最为惨烈的战斗之一——松骨峰战斗就这样打响了。

★ 坚守

在炮火的轰击之下，没有任何工事可以依托，要打退数十倍于己、且装备精良的敌人谈何容易！但三连的战士们就是在这烟与火的山冈上，在烧红的阵地上，高喊着口号，一次又一次把敌人打退。美军很快意识到，志愿军正从四面八方开始对其进行合围，此时，如果不能快速攻下松骨峰阵地，那么等待他们的，将是被聚歼的噩运。为了逃命，他们以18辆坦克、32架飞机和几十门火炮，对松骨峰阵地进行了一轮又一轮猛烈的进攻。松骨峰阵地瞬间变成了一片火海，炮弹、炸弹犁起了斑驳的弹坑，黄土变成了黑土，石头炸成了粉末。

松骨峰战斗结束后，著名作家魏巍，以三连的战斗故事为素材，写下了著名的战地通讯《谁是最可爱的人》。他在文章中这样写道：

战后，这个连的阵地上，枪支完全摔碎了，机枪零件扔得满山都是。烈士们的尸体，做着各种各样的姿势，有抱住敌人腰的，有抱住敌人头的，有卡住敌人脖子，把敌人摁倒在地上的，和敌人倒在一起，烧在一起。还有一个战士，他手里还紧握着一枚手榴弹，弹体上沾满脑浆，和他死在一起的美国鬼子，脑浆崩裂，涂了一地。另有一个战士，他的嘴里还衔着敌人的半块耳朵。在掩埋烈士们遗体的时候，由于他们两手扣着，把敌人抱得那样紧，分都分不开，以致把有的手指都折断了……

惨烈的松骨峰战斗从凌晨进行到下午，三连的战士们就是依托这样一个小小的土包，以几架迫击炮、几挺机枪和有限的子弹，其实更是以血肉之躯，以无比坚定的意志和信念，共打退了美军的5次冲锋，毙伤500余人，阻击了在飞机、坦克、大炮掩护之下的美军部队，使其8个小时未能前进一步，为大部队歼敌赢得了宝贵的时间，也书写了战斗史上的传奇。

为什么战旗美如画，英雄的鲜血染红了它。松骨峰战斗为什么会取得胜利？其原因当然是多方面的。其中既有志愿军将领高超的军事指挥才能，但更重要的，是共产党员所发挥的先锋模范作用，以及全体志愿军指战员们身上所迸发出的向死而生的民族血性。

其实，松骨峰战斗进行到中午的时候，三连的阵地上只剩下不到一半的战士了。在战斗间隙，指导员杨少成把党支部委员召集起来，他语气坚定地对大家说:"连队每个人都是一颗钉子,要牢牢钉在阵地上,天大的压力也要顶住!"

连长戴如义指着山下的敌人说:"敌人有钢铁和汽油弹,我们有着敌人没有的武器,那就是勇敢和决心!"随后,他对各排的任务进行了重新调整。支部委员们带着党支部的决心回到部队,对部队进行了再动员,战士们纷纷表示:人在阵地在,誓与阵地共存亡。

共同的意志和信念焕发出了强大的精神力量,让我们得以看到松骨峰阵地上"以气胜钢"的英雄群像——

指导员杨少成的子弹打光了,他就端起刺刀冲向敌人;一个美军士兵抱住了他的腰,他就掏出手榴弹,砸碎敌人的脑壳;六七个敌人围上来,他临危不惧,拉响了手榴弹,与敌人同归于尽。连长戴如义的左腿被炸断了,他重伤不下火线,忍着疼痛,爬着在阵地上继续指挥战斗;重机枪射手李玉安的枪管被烧弯了无法射击,他拾起牺牲战友的步枪向敌人冲去,他的大腿被子弹击穿,血流不止,他强忍着疼痛,从兜里摸出1颗子弹,插进伤口里止血,继续战斗;战士张学荣负重伤,他拣起战友留下的4颗手榴弹,爬着冲向敌群;严佐政,刺刀折断,他就与敌人扭在一起,滚下山去;高占武的身上被汽油弹烧着了,他带着身上熊熊燃烧的烈火,死死地抱住敌人不放……在三连的阵地上,排长牺牲了,班长主动代替;班长牺牲了,战士主动代替,最后,连炊事员和通信员也加入了战斗。战斗结束时,三连的120名战士,只有7人活了下来,但松骨峰阵地,始终牢牢地把握在我们手中。

三连的最后时刻,让那些目睹了松骨峰战斗的美国人记忆深刻。多年后他们回忆:"没有子弹的中国士兵腰间插着手榴弹,端着寒光凛凛的刺刀,无所畏惧地迎面冲了过来。刺刀折断了,他们就用拳头、用牙齿,直到他们认为应该结束的时候,他们就拉响了身上的手榴弹。"

在两年零九个月的抗美援朝战争当中,像松骨峰阵地上这种闪耀着血性光辉的英雄和集体不胜枚举。

从毅然抱起炸药包、与敌人同归于尽的杨根思,到用胸膛堵住枪眼、为战友冲锋开辟道路的黄继光,再到严守潜伏纪律、忍受烈火烧身直至壮烈牺牲的邱少云……志愿军将士抱着"不上英雄榜,便涂烈士墙"的必胜信念,以血性胆气激荡着战斗豪情,以钢铁意志磨砺着尖刀利刃,在战场上矗立起一座座令敌人胆寒、更令敌人敬畏的"精神高地"。

战后,志愿军领导机关授予英雄的三连"攻守兼备"锦旗一面,并记集体特等功一次。抗美援朝纪念馆建馆以后,三十八军一一二师三三五团将这面珍贵的"攻守兼备"锦旗捐赠至抗美援朝纪念馆,如今已成为馆藏国家二级珍贵文物。在2019年庆祝中华人民共和国成立70周年的阅兵仪式上,这面旗帜还与来自东、西、南、北、中五大战区的其他99面战旗一道,组成了百面战旗方阵,光荣地接受了党和人民的检阅。

★ 传承

松骨峰战斗,其实是抗美援朝战争运动战时期,第二次战役西线战场清川江围歼战当中一场小小的战斗。清川江围歼战,是朝鲜战场上具有决定意义的一场战役。从1950年11月25日至12月1日,志愿军6个军连续作战7昼夜,对朝鲜战场西线战区的敌人发起反击,给了美军重创,彻底粉碎了麦克阿瑟"圣诞节前结束朝鲜战争"的狂言,书写了志愿军战史上浓墨重彩的一笔。

精神不灭,永续传承。2018年的1月3日,习近平总书记视察了松骨峰英雄部队。在该部队师史馆松骨峰战斗的展板前,习近平总书记驻足了很久。他动情地说:"这一仗打得很激烈,官兵战斗作风很顽强。我军历来是打精气神的,过去钢少气多,现在钢多了,气要更多,骨头要更硬!"

习近平总书记所说的这种"气"指的是什么呢?那就是抗美援朝战争所锻造出的伟大抗美援朝精神,那就是:祖国和人民利益高于一切、为了祖国和民族的尊严而奋不顾身的爱国主义精神,英勇顽强、舍生忘死的革命英雄主义精神,不畏艰难困苦、始终保持高昂士气的革命乐观主义精神,为完成祖国和人民赋予的使命、慷慨奉献自己一切的革命忠诚精神,为了人类和平与正义事业而奋斗的国际主义精神。习近平总书记深刻指出:"抗美援朝战争锻造形成的伟大抗美援朝精神，是弥足珍贵的精神财富，必将激励中国人民和中华民族克服一切艰难险阻、战胜一切强大敌人。"

正是有了这种精神，在朝鲜战场上，30多万名英雄功臣冒着枪林弹雨勇敢冲锋，顶着狂轰滥炸坚守阵地，用胸膛堵枪眼，以身躯作人梯，忍饥受冻绝不退缩，烈火烧身岿然不动；正是有了这种精神，松骨峰顶、上甘岭上，长津湖边、清川江畔，才涌现出6000多个舍生忘死、向死而生的英雄集体，他们闪耀着令敌人胆寒、让天地动容的血性光辉，谱写了中华民族惊天地、泣鬼神的雄壮史诗。

抗美援朝纪念馆建馆后，三十八军一一二师三三五团三连将这面旗帜捐赠给抗美援朝纪念馆，成为珍贵的国家级文物。

锦旗飘扬在白云山上

——中国人民志愿军五十军司令部、政治部赠给白云山团的团旗

这是一面备受瞩目的锦旗，锦旗红底白边，以白布剪裁，缝绣着端庄俊秀的字体，上书"赠给白云山团——军司令部政治部"，尽管年代久远，锦旗已经褪了颜色，但它依然向世人讲述着中国人民志愿军战史的赫赫战功。在抗美援朝战争中的白云山地区阻击战中，志愿军五十军一四九师四四七团与美军二十五师激战11个昼夜，顶住了轮番进攻，以伤亡344人的代价，毙、伤、俘美军1200余人，完成了阻击任务，为主力部队攻击美军争取了宝贵时间。

为了表彰四四七团的作战精神，五十军经志愿军总部批准，授予该团"白云山团"团旗。在入朝参战的130万人的部队中，享此殊荣的团一级作战单位，唯此一支。

★ 战斗打响

白云山阻击战是抗美援朝战争第四次战役汉江南岸阻击战的一部分。白云山位于汉江南岸，左翼为光教山，右翼为帽落山，两山互为依托，方圆约10公里。由水原通往汉城的铁路、公路都经过这里。白云山主峰高540米，占领白云山，可控制水原经龙仁到汉城的一条铁路和两条公路。因而，这里成了作战双方争夺的焦点。

在白云山地区担任防守任务的是四四七团，二营驻守白云山的主要防御点。其中六连以海拔440米的兄弟峰及其以南的328高地、西南的263.5高地为依托，配置在最前沿；四连被配置在海拔588.6米高的光教山，并担任营预备队；五连和营指挥所配置在海拔550.8米的核心阵地白云山上。

1951年1月25日，美军二十五师先头部队进占水原，随即集中主力近

400人在百辆坦克、汽车掩护下，进至水原，与坚守白云山前沿阵地的志愿军四四七团形成对峙。四四七团在水原以北白云山至东远里地区正面约9公里、纵深约6公里的地段上，组织防御。27日2时10分，四四七团三营以八连及师侦察连和团侦察排共200人组成突击队，乘美军立足未稳，夜袭水原。

师侦察连和团侦察排首先占领水原东北侧的岘南山高地，控制制高点，掩护八连攻击。18名志愿军战士先冲进城内，直逼美军宪兵连驻地，美军顿时大乱。两小时激战后，毙伤、俘虏美军60余名。

★ 反复争夺

为使兄弟峰前沿阵地不过早暴露，并迟滞敌人的进攻，志愿军四四七团六连派两个步兵战斗小组配属轻机枪1挺，在前沿阵地前处设伏，待敌人进入伏击位置前100米处时突然开火，以伤1人的代价，毙、伤敌20名。美军溃退后恼羞成怒，出动30余架次飞机，对我阵地狂轰滥炸，并投掷了大量凝固汽油弹，阵地一片火海。

拂晓，美军二师的1个营在5辆坦克配合下，分3路向四四七团防守的白云山前卫阵地兄弟峰发起进攻。四四七团为了不过早暴露自己，打乱美军的进攻部署，以3个连的兵力预伏在兄弟峰下的杜陵等地。当其进入伏击圈时，立刻炮火齐鸣，毙伤敌60多人。1月29日晨，美军在30余架飞机、30余门大炮掩护下，攻占了328高地和西峰。下午，四四七团反击立足未稳的西峰美军，收复阵地。

★ 人在阵地在

1月30日，美军50架飞机、30多门火炮向四四七团阵地狂轰滥炸1小时之久，炸弹、凝固汽油弹和炮弹炸翻了土地，炸烂了石头，烧红了山岩，烧红了天。

随后，500多名美军步兵在烟幕弹掩护下，向兄弟峰发动更加猛烈的攻击。西峰昼间被美军占领，夜间就被志愿军夺回。坚守在东峰的四四七团六连，面对美军一次比一次更疯狂的进攻，不怕牺牲，前仆后继，两天内打退美军8次冲锋，当阵地上只剩下指导员和3名战士，弹药殆尽时，他们仍巧妙利用地形，以"人在阵地在"的决心，顽强坚守。在四四七团与美军反复争夺阵地的战斗中，守备261.5高地的一支分队，与美军激战4小时，全部阵亡。四四七团激战5个昼夜，共击退美军20多次冲击，毙伤敌300多人，于1月31日夜主动撤离兄弟峰阵地。

接下来，四四七团为加强对白云山阵地的防守，及时调整了部署。2月1日拂晓，美军以30多门火炮、20余架飞机掩护200多人，进攻光教山，并投掷了大量燃烧弹。在此守备的四四七团四连，与敌激战终日，由于双方力量悬殊，16时，阵地被美军占领。为迅速恢复志愿军的防御态势，四四七团组织力量向光教山实施反击，半小时后，收复阵地。此后，敌我双方不断激烈争夺。2月3日，美军出动20余架飞机、80余门火炮、30辆坦克，向光教山及白云山猛烈轰击，掩护500余人，分成3路发动更加猛烈的进攻。八连在光教山与美军血战，打退其4次冲锋，但终因伤亡过重，弹药耗尽，阵地失守。随即，美军以光教山为依托，在飞机、炮火掩护下，以一至两个营的兵力，向四四七团阵地连续冲击7次，四四七团以少数人员轮番阻击，始终保持火力不断，一次次打退美军的进攻。2月5日，美军以航空兵和炮兵整日对白云山轰炸扫射。当晚，四四七团达成阻击目的后，主动撤出白云山阵地。

在白云山地区狙击战中，英勇的志愿军四四七团战士与敌人血战到底，因此有了新的称号——白云山英雄。

"高高的白云山，耸立在朝鲜的汉江南。麦克阿瑟要从这里进犯，我们的英雄叫他停止在山前……"战后，由作家刘白羽作词，郑律成作曲创作的《歌唱白云山》军歌，以雄浑有力，壮烈豪迈的旋律在祖国各地传唱不衰。如今，尽管年代久远，但历史的回声始终回荡在人们心中，颂扬着英雄的不朽战功！

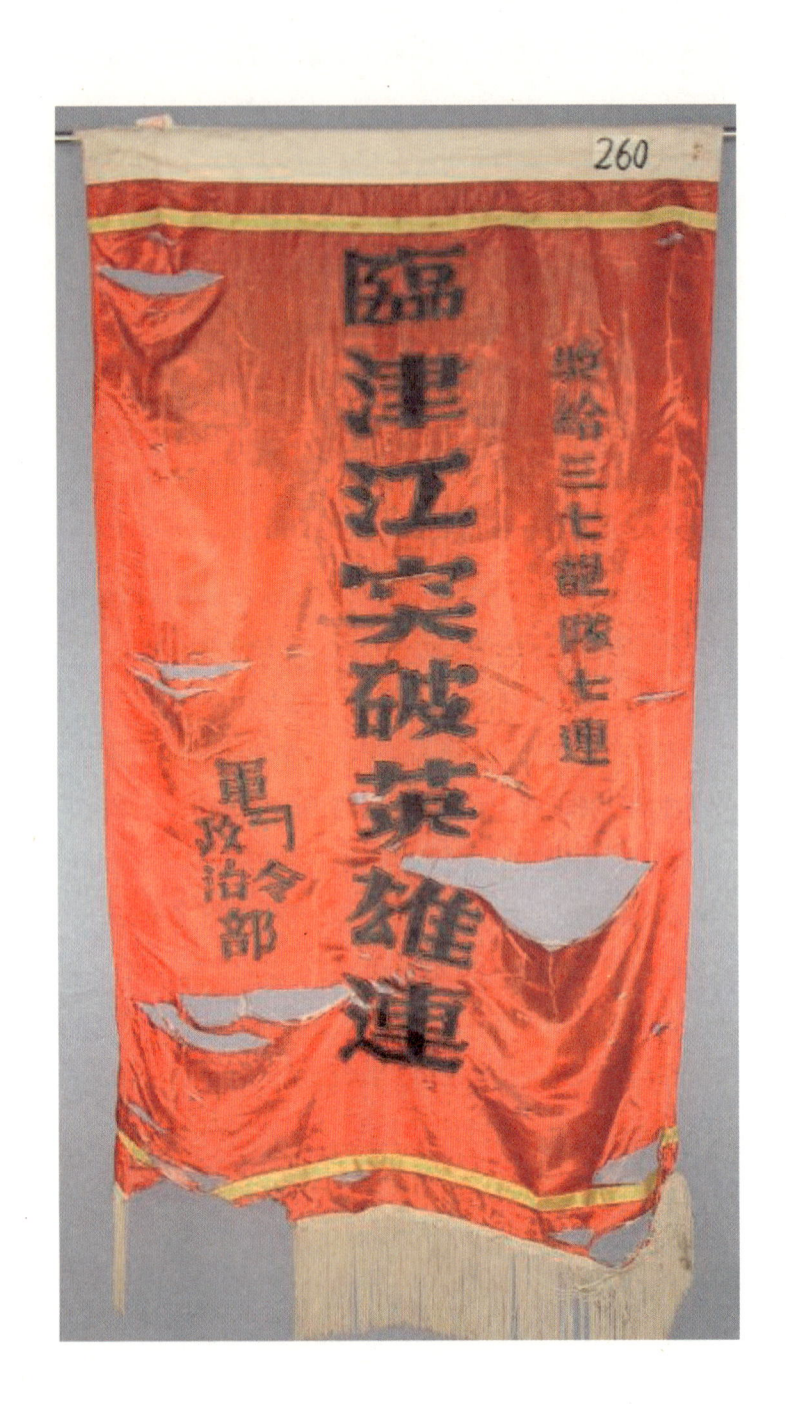

临津江上的『突破英雄连』
——『临津江突破英雄连』战旗

抗美援朝纪念馆收藏着一面"临津江突破英雄连"战旗。因年代久远，曾经鲜红的战旗如今已经破损，但它仍然向我们述说着1950年冬天的朝鲜战场上那令人惊心动魄的故事。

★ 突破临津江

临津江，发源于朝鲜半岛的太白山脉，是汉江的主要支流之一，中游一段恰好与"三八线"大致重合。1950年12月31日，中国人民志愿军右纵队三十九军一一六师就在这段江面，向"联合国军"的"三八线"防御阵地发起进攻。

第二次战役中，以美军为首的"联合国军"在东西两线均遭遇严重失败，部队大幅后撤。12月23日，美国总统杜鲁门命令美国陆军副参谋长马修·李奇微接任第八集团军司令。31日，李奇微部署了"一条从临津江到'三八线'的总战线"。

志愿军能否迅速突破敌临津江防线，关系着第三次战役的成败。当时，"三八线"附近寒风呼啸，大雪纷飞，气温降到零下20摄氏度。守军南朝鲜一师以两个团为一线，一个团为预备队，利用"三八线"现设阵地和临津江天然屏障，构筑了纵深9公里的3道防御阵地，主要阵地前设置有大量前沿火力点、地雷和铁丝网。

★ 四面战旗

为确保突破成功，担任突破任务的志愿军三十九军一一六师三四六团一连、四连和三四七团五连、七连，于战前进行了周密的准备工作：根据上级提供的侦察情报，制作了高精度大型沙盘；利用夜暗，挖雪壕秘密靠近江边的进攻出发阵地；准备了辣椒汤，并用雨布缝制了防水袜，以便官兵在刺骨的江水中能够坚持15分钟。此外，还为迅速攀登对岸江堤峭壁制作了防滑梯，为及时排除对岸地雷制作了简易扫雷杆，为方便跨越冰缝准备了木板，为便于冰上冲锋打制了草鞋……

四个连队出发前，军首长亲自动员，哪个连队迅速冲过临津江，哪个连队就获得"临津江突破英雄连"称号。考虑到各尖刀连都誓当"英雄连"，军首长于12月28日令政治部赶制四面"临津江突破英雄连"战旗。政治部张书范等人受领任务后，当夜领来材料，借来工具，挑灯夜战。写的写，剪的剪，贴的贴。这时，不知道是谁还找来一个带把的铁熨斗，熨烫做好的旗帜。战旗正中是"临津江突破英雄连"的金色大字。

做好三面，正在为第四面贴字时，忽然听到外面传来机枪扫射的声音，紧接着是刺耳的飞机俯冲呼啸声。"不好！敌机来了！"几人赶紧把战旗卷起，钻进防空洞。当敌机飞走后，大家赶紧做最后一面战旗时才发现，秘书处、宣传科、报社的房子都起了火，秘书长张起负了伤，这是为了战旗付出的鲜血。

战旗准备好了，就看尖刀连的表现了！

★ 为了荣誉而战

12月31日16时40分，炮火开始准备。

志愿军按照预定计划，向敌军在"三八线"的防御阵地发起进攻。率先冲出阵地的是扫雷班——三四六团四连三班。班长张财书战前在决心书上写道："我保证完成党交给我们的排雷任务。钩子断了，用手拉；手断了，用脚踢；脚断了，用身子滚也要为突击部队开辟一条通道！"在炮火准备期间，扫雷班战士迅速跃入雷区排雷，为部队打开了前进通路。战后，身负重伤的张财书荣立一等功，所在三班被授予"扫雷英雄班"称号。

17时3分，冲锋号吹响。战士们跃出堑壕，向临津江冲去。17时8分，左翼三四六团一连、四连跑步通过封冻江面，消灭残存顽抗的敌人，胜利占领江南岸登陆场。17时14分，右翼三四七团五连、七连，徒步涉过寒冷刺骨、水深及腰、100余米宽的临津江，攀上高达10米的悬崖，攻占敌前沿阵地。

17时55分，三四七团、三四六团的突击营在炮火支援下，密切协同，相继攻克144.7高地和182高地，牢固控制滩头阵地。而后三四七团向马智里进攻，于22时占领该地。三四六团向雨中（地名）发展进攻。1951年1月1日6时许，一一六师进占卢坡洞、大村及新村、直川里，完成突破任务。

★ 同时获奖

在这场战斗中，4个尖刀连因事先做了充分准备和战斗动员，进攻均较为顺利，为主力部队过江发挥了关键作用。战后，4个连队均受到表彰，获得"临津江突破英雄连"称号及战旗。一面战旗同时授予4个英雄连队，实为特例。1951年1月6日，鉴于一一六师在此次战斗中的出色表现，志愿军司令部、政治部予以通令表扬。七连的这一面"临津江突破英雄连"战旗，如今就珍藏在抗美援朝纪念馆中。

「黄继光是我的兵！」

——万福来的立功证明书、三级国旗勋章、三级国旗勋章证

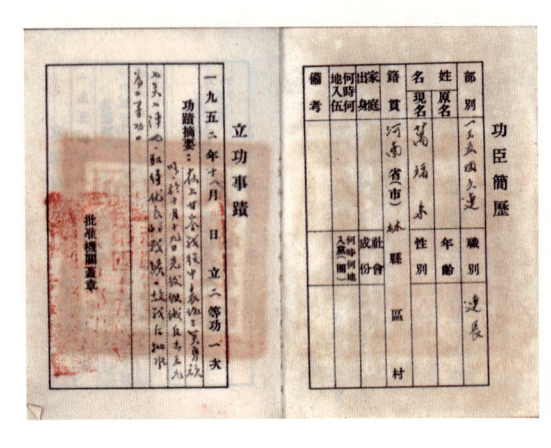

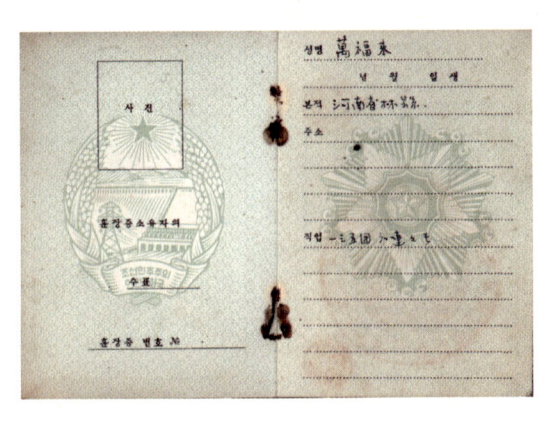

中国人民志愿军战士万福来的立功证明书、三级国旗勋章、三级国旗勋章证保存在抗美援朝纪念馆中。万福来虽不出名，但他的兵黄继光却是大名鼎鼎。万福来正是抗美援朝战争中牺牲的特级战斗英雄黄继光生前所在的十五军四十五师一三五团六连的连长。抗美援朝战争结束后，万福来把宣传黄继光的英雄事迹当作自己的使命和义务。从他那里，人们了解到黄继光许多鲜为人知的英雄故事。

★ 领受艰巨任务

1952年10月20日凌晨，在志愿军强大的反击炮火的支援下，万福来所在的六连，一口气收复了597.9高地右侧的三个阵地。突然，0号阵地上敌人的火力点复活了，敌人机枪交织成的火网把万福来和战友们压在山脊上。在照明弹的强光下，万福来清清楚楚地看见，前沿0号阵地50米处，有个用沙袋筑成的碉堡，敌人的火力正是从那里射出的。经过连续突击，连队仅剩下16人了。万福来与指导员冯玉庆商量，哪怕就是剩下一个人，也要完成任务！

万福来迅速将9名战士组成三个组，编成战斗作风最硬的"功臣第六班"，准备对0号阵地碉堡进行爆破。

就在这时，二营参谋长张广生带着通信员黄继光来了。听了万福来的报告，张广生神色凝重，却斩钉截铁地说："不论花多大代价，天亮前一定把0号阵地夺下来！"

可是，执行爆破任务的三个组的爆破手，在敌人密集的枪弹下相继倒下。万福来和指导员急得团团转，情急之下，万福来请求亲自执行爆破任务。但参谋长张广生不予批准："不行，你是指挥员！队伍还得靠你指挥！"

关键时刻，站在张广生后面的黄继光挺身而出，他坚定地请求着："参谋长，把任务交给我吧！"

张广生先是一愣，没想到这个小小的通信员能有这样的胆识，但同时也显得很激动："好！黄继光同志，你是青年团员，我相信你一定能完成任务！"

★目睹英雄壮举

黄继光与战士吴三羊、肖登良再次组成"功臣第六班"，并指定黄继光为代理班长。黄继光和战友们把冲锋枪搁下，腰间插满了手榴弹。黄继光对万福来和张广生说："连长、参谋长，请听我们胜利的消息吧！"说完，他坚定地转过身，带着吴三羊、肖登良向0号阵地爬去。

借着照明弹的光亮，万福来紧紧盯着黄继光他们在敌人火网下跃进的身影。三个人利用弹坑和敌人射击间隙隐蔽着前进。在炸掉三个碉堡后，吴三羊牺牲了，肖登良身负重伤，黄继光也负了伤。当黄继光拖着负伤的身躯，向最后一个大碉堡爬去时……敌人发现了黄继光，集中火力向他猛扫。大家都为他捏了一把汗，但他仍坚定地向前爬。在爬到离碉堡五六米远处时，只见黄继光奋力投出一个手雷。随着一声巨响，硝烟把碉堡和人影都遮住了。

好样的！万福来正要带领战士们冲上去，却看到火舌又穿过硝烟喷射出来，敌人的机枪更加疯狂地扫射着。万福来心中万分焦急。突然，烟雾中出现了一个熟悉的身影，是黄继光，他还活着！但此时，他的手中已经没有了武器。万福来瞪大双眼看着，黄继光拖着一条断腿，从侧面爬向碉堡。那惊天地、泣鬼神的一幕就在一瞬间出现了：黄继光一跃而起，张开双臂，猛地扑向敌人的机枪眼。霎时，敌人的机枪哑巴了。

万福来和战友们眼含热泪，高喊着："同志们，冲啊！"战友们一鼓作气冲上阵地，全歼了高地上的敌人。

战斗结束时，天色已经放亮，黄继光趴在地堡上，两手还紧紧抠着地堡的沙袋。指导员把黄继光抱下阵地来。万福来怀着悲痛的心情察看了英雄的遗体——黄继光的身上共7处伤，胸膛被火药烧黑，弹洞像蜂窝一般……

1952年10月30日，黄继光牺牲后的第11天，部队在上甘岭进行反击，万福来所在的六连担负夺占3号、4号高地的重任。这天天刚黑，万福来对全连进行了周密的战斗布置：坚守分队用"小兵群"和"添油"战法，对付敌人的大集群冲击；转入坑道的分队，配合突击队进行反击；他带领突击队向597.9高地3号坑道进发。从驻地到3号坑道仅有千米远的距离，但是表面阵地全被敌人占领，山梁上修满了地堡，山沟里是敌人的炮火固定封锁区，而且每隔几分钟就要打过来一群炮弹。连队采取各个击破战术，攻占了3号高地。当他带领战士们准备向4号高地发起冲击时，突然，一排炮弹在他身边爆炸，他感到嘴角顿时一阵焦灼，一块两寸长的弹片从他的右下颌嵌进嘴里。万福来顾不得疼痛，用手抓住弹片，硬是把它给拽了出来。带着满脸的血迹，他张着那张合不拢的嘴，如同一头受了伤的雄狮再次向敌人阵地扑去。又一发炮弹打来，他被震昏在地……

★ 传播英雄故事

当万福来苏醒时，已躺在了哈尔滨的阿城医院，并且和部队失去联系。万福来焦急万分。一天，同病室一位姓王的干事拿来一张报纸说："前线又出了一位英雄，为了战斗的胜利，他舍身堵住了敌人的机枪眼。"

"叫什么名字？"正躺在病床上的万福来"腾"地一下坐了起来。

"黄继光！"

"快给我念念，咋说的？"不识字的万福来十分着急。但听着听着，万福来坐不住了。"黄继光的事迹远比这感人得多！黄继光是我的兵，我最了解他，黄继光牺牲时我就在战场上……"于是，他详细讲述了黄继光怎样与自己争抢任务、怎样机智勇敢完成任务，又是怎样流尽最后一滴血，用尽最后一口力气扑向敌人机枪眼的经过……就这样，由万福来口述、王干事笔录的一份为黄继光申请特级战斗英雄的事迹材料上报到领导机关。

不久,万福来被转到上海做手术。黄继光的连长万福来在上海,成了轰动一时的消息。手术后,万福来忍着疼痛,以目击者的身份应邀为上海各界群众做黄继光英雄事迹的报告,产生了强烈反响,由此掀起了新一轮学习黄继光的热潮。原以为万福来已经牺牲的所在团团长张信元,彼时正在南京军事学院学习。当他从广播上听到万福来在上海做报告的消息后,立即给部队发去电报,告诉他们万福来还活着,并专程到上海看望万福来。部队也将万福来的"遗像"从烈士名单上取下来,为他记了二等功。

原来,因为战斗空前激烈,人们对万福来留下最后的记忆是他被美军炮弹击中。后来,万福来被朝鲜老乡转移了。战友们都以为他已为国捐躯,就挂上"遗像",在朝鲜战场上为他举行了追悼会。师长崔建功、政委聂清风得知万福来的情况后,尽管这时他已被医院评为二等乙级残疾军人,按规定是不能归队的,他们还是报请上级特批万福来"二次入伍"。万福来又一次见到了部队的老首长老战友。归队后的万福来说,他做梦想的都是这一天!

万福来身体康复后,先后担任了营长、团参谋长、师副参谋长等职。无论在哪个岗位上,只要有机会,他都要给人们讲黄继光的故事,把弘扬黄继光的精神当作自己的责任,直至2004年去世。

朝鲜难童在东北

——朝鲜战灾儿童献给辽西省政府的锦旗

在朝鲜战争中，美国侵略者凭借着空中优势，对朝鲜国土日夜不停地狂轰滥炸，一座座曾经安宁祥和的城市、村庄，瞬时变成了一片片瓦砾废墟，给朝鲜人民造成了深重的灾难。特别是朝鲜儿童，因战争而失去了父母和亲人，一群群幼小的孩童成为孤儿，生活无着，无家可归。在此情况下，中国政府发扬国际主义精神，在极其困难的情况下，接收安置朝鲜战灾儿童。

1952年，我国政府在东北先后建立了朝鲜爱育园（即难童院）和朝鲜初等学院、中等学院等53所。其中在今辽宁省的营口、瓦房店、锦州、绥中、兴城、锦州、昌图、辽阳、铁岭等地建立了朝鲜初等和中等学院。1952年11月，23000多名朝鲜难童涌入中国东北开始了学习生活。朝鲜民主主义人民共和国在沈阳设立了教育处，负责管理东北各处朝鲜学院的工作。从1952年至1958年，这批朝鲜难童在东北学习、生活了6年时光，于1958年9月底前全部陆续回国。

在抗美援朝纪念馆里，就陈列着一面刺绣精美的锦旗，那是朝鲜难童送给辽西省政府的，以表达战争期间朝鲜战灾儿童在中国得到关怀的感激之情。

★ 安置

从1952年10月开始，一批接一批的朝鲜战灾儿童在朝鲜方面安排的公教人员带领和护送下，有的乘火车、汽车，有的徒步，通过鸭绿江大桥，陆续进入中国安东口岸。这些战灾儿童大的十三四岁，小的只有三四岁。受战争的摧残和困窘生活的折磨，个个破衣烂衫，蓬头垢面。已进入初冬，许多孩子还赤着脚，衣不避寒。一双双怯生生的眼睛，望着这陌生的异国他乡……

接受检疫是战灾儿童入境后的第一项任务。安东交通检疫所将大型消毒柜安放在鸭绿江桥头和火车站站台上，工作人员带领孩子们脱下脏兮兮的衣服，将衣服和随身物品送进消毒柜里消毒，同时，给他们换上赶做的新衣服或安东群众自发捐献的干净衣物。

进入安东市内，难童集体被带领着洗澡、理发、灭虱消毒，并进行身体检查：量体温、测脉搏、量血压以及是否患有疾病等，填写"健康状况登记表"，对每个战灾儿童的健康情况有基本了解。患有疥疮的儿童最多，达到1408人；患急性结膜炎的978人；患消化不良的242人……患童达到3166人，占总人数的16%。对严重病童，及时送到辽东省立医院紧急治疗，其他患童根据不同病情妥善安排与治疗。

医疗人员和接待人员无微不至的关怀和照顾，让这些饱受战争伤害的孩子们渐渐康复起来，从当初的惶恐不安到渐渐露出笑容。

虽然来到了安全的中国地界，但安东地处抗美援朝战争的最前线，经常受到敌机的骚扰，有时甚至是轰炸和扫射。在这种形势下，战灾儿童给安东带来了很大压力和负担，战灾儿童的安全也难以得到保证。根据这种情况，经东北人民政府统一协调和安排，安东的朝鲜战灾儿童在得到及时治疗和基本康复之后，分期分批疏散和转移到辽西和辽北地区的锦州、营口、阜新、辽阳、铁岭等后方安全地区安置。转移途中，特别安排医务人员全程护送，以保证医治和安全。

★抚养

为让朝鲜战灾儿童不因战争影响正常的学习生活，中国政府在东北共建立53所学院，为他们提供生活、学习的空间。

安全到达各自学院后，首先要保证的依然是战灾儿童的健康问题。中国政府派出医务人员驻校治疗，并在日常生活中加强护理保健、调养饮食，从而使患儿在短期内恢复健康。各学院成立后，均设立了卫生所，由医生和老师照顾学生们的日常生活。

  1954年春，为解决朝鲜战灾儿童肺吸虫病比较严重的问题，经东北人民政府研究并报请中央批准，投资26万元人民币，在营口市熊岳地区建立一所专治肺吸虫病的朝鲜儿童学院，边医治边读书。至1955年3月，共集中东北各学院肺吸虫病儿童323名，到1958年春，治愈率达88.5%。此间，根据朝鲜儿童教育处关于集中东北各学院残疾儿童统一治疗的要求，熊岳儿童学院又接收了残疾儿童97名，经过精心治疗，大部分儿童好转。

  对安置朝鲜战灾儿童的住房，各学校大都按着朝鲜人民的生活习惯将房屋改建。在生活待遇方面，学院内的朝鲜籍老师均享受中国高中教师同等待遇。后经省民政厅、财政厅确定，朝鲜教师工资每月为120—130元人民币，相当于中国高中教师的2倍。师生的伙食大多为细粮。一日三餐，肉蛋禽换样吃。学生每人每年3—4套衣服。春秋发一套白衬衣、一套蓝色斜纹布学生服，夏天穿裙子，冬天穿棉衣。鞋袜每年三四双，被褥也是新的，并按时浆洗。

  每逢新年、春节、"六一"、"八一五"等，政府相关部门对朝鲜教职员和战灾儿童进行慰问，举行友谊联欢和纪念活动。中朝两国儿童互赠红领巾、手工艺品等小礼物。节日改善生活，或做打糕，或压冷面、腌辣白菜，还有丰富的菜肴。营口初等学院针对朝鲜儿童能歌善舞的特点，还购置了德国象牙键盘钢琴，丰富孩子们的学习生活。

  为培养战灾儿童学到一技之长，各学院还特别增加劳动技术课——学习纺织、造纸、锻造等技术，并在学院当地联络相关工厂安排实习工作。签订师徒合同，由优秀工人带好朝鲜孤儿徒弟，从理论到实际操作，到安全生产都言传身教。师傅用心教，学生用心学，仅几年时间，这些战灾儿童的实际操作水平，基本相当于当时的二级、三级技工水平。

  6年来，在生活安排和物资供应上，各所朝鲜学院的经费均由国家民政部门无偿提供。保证了朝鲜战灾儿童们吃好、穿好、学习好，茁壮成长。

★ 回国

根据朝鲜国家建设的需要，从 1954 年开始，每年都有一批朝鲜战灾儿童回国。

1958 年 5 月，朝鲜政府派来以司法相许贞淑为团长的朝鲜人民访华团。5 月 11 日，在沈阳文化宫举行抚养战灾孤儿工作有功人员授勋仪式后，所有朝鲜战灾儿童均安排回国。

为欢送朝鲜战灾儿童，中国人民保卫儿童全国委员会组成了以沈兹九为总团长的欢送朝鲜战灾儿童回国代表团，在东北各地的朝鲜学院召开盛大欢送宴会。为表达中朝友谊之情，学院纷纷向每位师生赠送礼物：皮鞋、布鞋、毛衣、单衣……

回国前，孩子们的心情是复杂的，既兴奋，又不舍。兴奋的是，自己长大成人，并学有所成，就要报效祖国了；不舍的是和中国人民结下的情谊。临回国的前几天，朝鲜师生与朝夕为他们服务的中国工作人员依依话别。很多朝鲜战灾儿童流着眼泪与中国"阿哲西（汉语：叔叔）"长谈。在工厂，朝鲜战灾孤儿下班后，将自己实习用的机床擦了又擦；回到学校后，将教室、宿舍仔细打扫……

带着中国人民的友情和祝愿，朝鲜儿童和教职员工于 1958 年 9 月底前，恋恋不舍地离开了他们的"第二故乡"。朝鲜战灾儿童回国后，并没有忘记曾经抚育过他们的中国人民，信件如雪片般来往于两国之间，情谊连绵……

历史定格在那一瞬

——黎民的三级国旗勋章、三级国旗勋章证

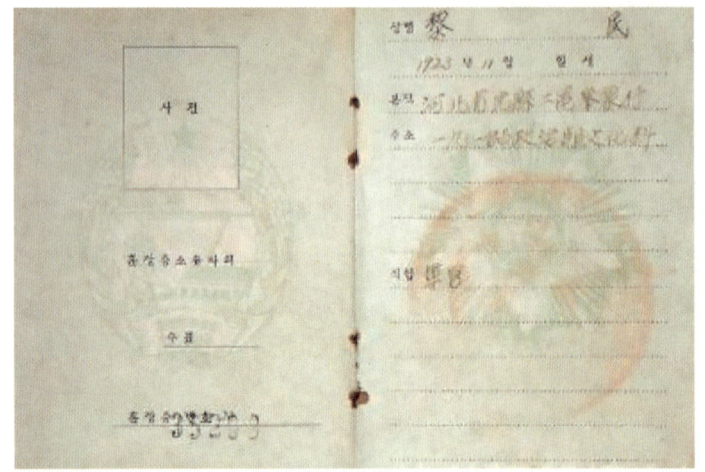

说起抗美援朝战争，总是让人想到"雄赳赳气昂昂，跨过鸭绿江……"这首气势磅礴的歌曲，而同样让人印象深刻的，还有一张《中国人民志愿军跨过鸭绿江》的照片。

当你驻足在这幅照片前，一定会被照片中暗藏的壮烈气氛震撼：远处，白雪覆盖下的江岸、村舍、田野以及远山，一派肃杀冷寂；一队入朝参战的志愿军战士，正迈着坚定的步伐，走过冰封的鸭绿江，走向那硝烟弥漫的战场。长长的队伍，如一条巨龙，蜿蜒于大江之上；更像一把弯刀，刺向凶狠的侵略者。如今，这幅照片与《中国人民志愿军战歌》一起，已成为伟大的抗美援朝战争的象征性标志，在人们心中留下了深刻的印象。黎民，就是这张照片的拍摄者。

★ 随军摄影师

黎民，曾用名李维珍。1924年出生，1937年10月在河北省顺平县峰泉村参军，1939年加入中国共产党，1981年在丹东军分区离休。获得三级国旗勋章。年轻时，黎民作为一名战地摄影记者，和突击队员一起冲锋，抓拍了大量战争场面的图片。1998年春，丹东日报社记者尹璐陪伴着75岁的黎民老人，再次乘车前往九连城下尖村，去追溯那个曾吸引着千千万万目光的历史瞬间。数十年的潮涨潮落，早已将当年志愿军过江用的便桥桥面冲垮，可是那些木头桥桩仍高高矮矮地矗立在江面上，像一组象征着顽强与牺牲的群雕。

黎老回忆，1950年10月，朝鲜战争的战火已经燃到了鸭绿江边，党中央和毛主席做出了"抗美援朝，保家卫国"的决策后，安东这座边城顿时成为全国乃至全世界瞩目的地方。一批批年轻的战士从各地集结于此，随后跨过鸭绿江，踏上异国的土地，同英雄的朝鲜人民一起并肩战斗，保家卫国抗击侵略者。

当时，作为志愿军某军政治部摄影组组长，黎民所在的部队，奉命于1951年1月9日从九连城下尖处跨江开赴战场。这天早晨，黎民带领着政治部的几名同志来到江边，进行宣传鼓舞工作。过江部队中一些与黎民熟悉的战友看见黎民脖子上挂着照相机，便情不自禁地说："黎民同志，趁我们还站在祖国的土地上，给我们拍张照片吧！不管将来我们能否回来，都是个纪念。"黎民作为一个摄影工作者，他觉得自己有责任把志愿军战士们的壮举记录下来，便一一为他们拍照。

★ 珍贵的一瞬

那天，文工团的女战士在不停地宣读赴朝参战动员令，电影队的同志们竖起了宣传板，而黎民则不停地拍摄照片。到了下午，阴云散去，天空突然变得晴朗，江面上的冰雪在阳光下熠熠闪光。望着那一张张神情庄严而坚毅的面孔，和这支绵延不绝的钢铁般的战斗队伍，黎民的心情忽然激动起来。他觉得，应该拍摄一幅全景式的照片，让志愿军过江这段历史成为永恒。而此时，部队行进和天气情况都适合拍一个纵深式的照片。于是，黎民从岸边跑到河坝上，他熟练地调好焦距光圈速度，迅速按下快门——正在行进的历史，就这样被定格成一个珍贵的镜头。

部队过江后，黎民将这幅照片的底片小心翼翼地包好，寄往解放军画报社。不久，黎民就收到了解放军画报社采用的通知和小样。1951年第4期《解放军画报》的首页上刊发了两件作品。一件是周巍峙谱写的《中国人民志愿军战歌》，一件是黎民拍摄的《中国人民志愿军跨过鸭绿江》的照片。当时的编辑大概也没有料想到这两件作品给国家和人民所带来的巨大冲击力。在极短的时间内，上到白发苍苍的老人，下到咿呀学语的娃娃，都会唱"雄赳赳气昂昂，跨过鸭绿江"；全国几乎所有的报纸，都在转载黎民拍摄的这张照片。因其照片上的画面气势恢宏、意境深远，准确地展现出志愿军战士的风貌，受到各界的普遍好评，成为反映抗美援朝照片的经典之作，当即被志愿军政治部评为二等奖。这张照片还先后刊登在《建国五十周年》《解放军建军五十周年》《抗美援朝纪实》等大型画册上。

★ 历史的见证

从抗日战争、解放战争到抗美援朝战争，黎民先后在《晋察冀画报》《解放军画报》《解放军报》等报刊上发表摄影作品200多幅，全方位多角度地反映了人民军队在各个历史时期的风貌。他曾经拍摄过华北战区四纵司令员陈正湘、政委胡耀邦在前线观察敌情的照片，也曾拍摄过"向清风店进军""攻上新保安城头"等著名照片。

为了及时而真实地反映我军英勇杀敌的事迹，他总是与冲锋的战士同步，为此他曾先后两次负伤。在解放战争时期的一次战斗中，黎民的头部被敌人弹片击中，顿时满脸开花血流如注，但是他还紧紧地抱着相机。在石家庄附近开展的正太战役韩通战斗中，黎民误以为侧面的碉堡已被我军攻占，便冲出战壕，来到距碉堡三四米的地方拍摄。待准备跑进碉堡时，才从军服上发现里面还是国民党兵。后撤已经来不及了，他迅速地躲到一堵土墙后面，继续拍摄，好在碉堡很快攻下。事后，这个部队的首长"严厉"地批评了黎民一顿，并命令他以后打仗时不许离开指挥所。"我当时是连连点头表示虚心接受，可枪声一响，就把禁令丢到脑后了，一心想拍出好照片。"每当提起这段往事，黎老脸上总是挂着孩子般的笑意。

中国人民革命军事博物馆、朝鲜祖国解放战争纪念馆、抗美援朝纪念馆都陈列着这一巨幅伟照。不仅如此，从50年代至今，凡参加过抗美援朝的部队，无论是在军师荣誉室里，还是在团营荣誉室里，也都陈列着这张照片。由于它全景式气势磅礴地展示了志愿军不怕牺牲、一往无前的国际主义和爱国主义的精神风貌，因而被陈列在突出的位置，成为伟大的抗美援朝战争的象征性标志和永恒的见证。黎民老人也因此成为一场伟大战争的忠实记录者。

荣誉属于所有烈士

——李延年的特等功证书

李延年同志在临津江争战中中创立功绩，业经批准记特等功壹次；这，仅是个人的光荣，全军的光荣，祖国的光荣，也是人民的光荣。

特向

李轩玚先生报喜

中國人民志願軍司令部政治部合贈

一九五二年七月十一日

从解放战争到湘西剿匪，从抗美援朝到边境作战，他一生参加大小战役战斗数十次，为建立新中国、保卫新中国做出重大贡献，立下赫赫战功。然而多年过去，这段辉煌的过往，却被他小心封存，很少向人提及。他，就是广西军区南宁第三离职干部休养所离休干部、"共和国勋章"获得者、中国人民志愿军一级英雄、特等功臣李延年。

金戈铁马远去，岁月静静流淌。从部队离休后，李延年把自己看作一个平常的老人，隐入了芸芸众生。同时，他初心不改，斗志不减，本色不变，一如既往地关心着国家建设、军队发展，弘扬革命优良传统。

"绝不能忘记流血牺牲的千万烈士，是他们的付出换来了我们今天的幸福生活……"打开记忆的闸门，回首激情燃烧的岁月，李延年脑海中的流光碎影，折射出一支军队的血性胆魄，还有一名军人的满腔赤诚。

★ 从贫苦的"小猪倌"到勇敢的革命战士

李延年的童年饱受战乱和贫困之苦。

1928年11月，李延年出生在河北省昌黎县一个贫苦农民家庭，小小年纪的他不得不替大户人家放猪，成了一名"小猪倌"。14岁时，由于交不起学费，仅读了两年初小的李延年，跟着同乡来到长春一个资本家开的粮食加工厂当学徒。说是当学徒，实际上他还要服侍老板，每天端尿罐、干杂活儿，稍有不顺就挨打受骂。李延年满肚子苦水没处倒，只好含泪忍着。

"共产党来了，穷苦人就有了希望！"1945年8月15日，日本政府宣布无条件投降，东北人民欢天喜地迎来新生。"跟着共产党为穷苦百姓打天下！"

怀着这种朴素的想法，李延年萌生了参军的强烈愿望。这年10月，他在长春参军入伍，光荣地成为一名革命战士。

入伍后，李延年很快就跟随部队投入战斗，"白天打仗，晚上抱着枪睡"。但在他看来，这种扬眉吐气的日子，虽然辛苦可心情舒畅。在解放榆树县的战斗中，他敢打敢冲，缴获敌人1挺轻机枪和1支手枪，受到上级表扬。

"我好打枪，每次打仗都很勇敢。"在随后的战斗中，李延年每战争先，多次立功受奖。1947年2月，他光荣加入中国共产党，"我当时想，我是个穷人家的孩子，参加革命队伍算是参加对了。自己要忠心，做一名合格的共产党员，为人民的事业干到底。"

辽沈战役打响后，李延年所在的东北人民解放军第十纵队参加黑山阻击战，负责阻击数倍于己的国民党廖耀湘兵团，截断国民党军"西进兵团"的退路。

黑山阻击战，曾被时任第十纵队司令员的梁兴初将军视为一生中经历过的最残酷战斗。"我们连夜急行军100多里，双腿跑赢了敌人的汽车，赶在天亮之前到达预定地点修筑工事。"李延年至今记得，当时部队正在抢修工事，敌人就黑压压一片冲了上来。他和战友们立即抢占阵地，与敌人展开生死较量，一个战友牺牲了，另一个就主动补上来……

"打了这么多年仗，我一直认为打仗不能怕死，越是畏畏缩缩，说不定就真的'光荣'了。"那场战斗，李延年和战友们坚守了整整3天，为友邻部队对敌人实施包围争取了宝贵的时间。

此后，战斗一个接着一个。辽沈战役结束后，李延年参加了平津战役。此时，跟着大部队解放全中国的信念，在他的头脑中愈发强烈。呼吸着新中国的新鲜空气，一股为新中国奋斗终生的豪迈之情充溢了他的全身。

1950年8月，在山势险峻的湘西和土匪"掰手腕"的李延年被提拔为连队指导员。

★ 从强攻346.6高地到再一次人生突击

每每回忆起一生中最难忘的那段岁月，李延年依然难掩内心的激动。

1951年3月，李延年随志愿军跨过鸭绿江。10月，他担任志愿军四十七军一四〇师四一八团三营七连指导员，他所在营奉命对失守的346.6高地实施反击。

10月8日，天快黑时，部队出发。李延年清楚记得，当时四周山上的树木全都被炮火烧着了，远远看去像一条条火龙，敌军炮弹还不断在附近爆炸。

经过一夜激战，全营收复了被敌人占领的5个山头，但部队伤亡很大，电台被炸毁，与上级失去联系。

敌人依旧一轮又一轮压向我军阵地。打完弹药的官兵，靠捡拾敌人留下来的武器，打退了敌人一波又一波进攻。战斗中李延年被一枚炮弹碎片击伤，鲜血渗透衣服，他依然带领战士们坚守阵地，对阵地人员进行组织整顿，将友邻连队剩余的战士编成班，明确指挥关系，继续投入战斗，还冒着炮火到各班了解情况，组织人员抢修工事。

战场上的胜利消息，就是最好的战斗动员。每打退敌人的一波攻势，李延年立即把消息传递给阵地上的官兵，并宣布给相关人员请功；当敌人再次冲上来时，他鼓励全连"打退敌人增加一分光荣，共产党员、共青团员大显身手的时候到了"；当弹药快打光时，他一边组织战士们在阵地收集弹药，一边高喊："我们是硬骨头，能攻上来，就能守得住！"

翻开李延年的档案，志愿军总部对他这样评价："李延年同志，在强攻346.6高地的战斗中，在战斗激烈和伤亡大的情况下，先后共整顿五次组织，并随时提出有力的鼓舞口号，在胜利的情况下勇敢前进、紧张的情况下压住阵脚，自始至终保持了部队有组织地进行战斗……对战斗胜利起了决定性作用。"

1952年11月，李延年被志愿军总部授予"一级英雄"称号，荣立特等功，并获朝鲜民主主义人民共和国自由独立二级勋章。1953年从朝鲜战场凯旋，并没有为李延年的战争生涯画上句号。1979年，作为广西军区原某边防师政治部副主任的他又参加了边境作战。

彼时，这位已年过五旬的战斗英雄，又像过去无数次受领任务那样，干脆响亮地说："作为一名老兵，党叫干啥就干啥！"

他又一次发起人生突击，先后多次冒着炮火硝烟，深入前线考察，传达上级指示，组织运送伤员，出色完成各项任务，荣立三等功。

随后，李延年被提拔为师副政委，一直战斗在边防一线，直至1983年离休。在他的从军路上，始终洒满了冲锋的汗水，留下了一名突击者的奋进身影。

★ 从军人的信念到英雄的底色

2019年9月10日8时，广西南宁籍300多名新兵即将踏上征程。临别之际，穿着一身老式绿军装、胸前挂满奖章纪念章的李延年来给他们送行。

新兵看老兵，越看越高大，满眼都是敬意；老兵看新兵，越看越欢喜，满眼都是期许。送行仪式上，一名战功卓著的老兵和一群朝气蓬勃的新兵，展开了一场对话。

"新战友们，你们即将奔赴军营，作为一名老兵，我希望你们在部队坚决听党指挥，苦练杀敌本领……"李延年一出现，现场顿时爆发出雷鸣般的掌声。

"今天，我们光荣参军入伍，要接过老英雄的钢枪，永远听党话，不忘入伍初心，牢记使命职责，让无悔青春在军营绽放……"来自南宁师范大学的新战士金鹏代表新兵的发言，让老英雄露出赞许的表情。李延年用一个庄严的军礼，向新兵们表达敬意，更包含着他无尽的期许。

在李延年离休后的岁月里，每年为南宁市中小学做红色教育讲座是他为数不多的露面。"荣誉不是给我个人的，是国家对所有烈士的褒奖。"李延年是战功赫赫的战斗英雄，但他从来没把自己当英雄，更没把"英雄"二字挂在嘴上。离休后，他先后担任多所中小学校外辅导员，给中小学生做爱国主义、传统教育报告，把自己亲身经历的残酷战事、目睹的英雄事迹如实还原给只在影视剧里见过战争场面的年轻一代，但从不提及自己的战功。

学生对历史的认识很多时候停留在书本上，作为战争亲历者讲述历史，更具说服力和感染力。只要有学校邀请李延年做讲座，他都会欣然前往。近年来，李延年被广西军区先后评为"先进离休干部""优秀共产党员""践行当代革命军人核心价值观先进个人"，始终保持老党员、老军人、老英雄的革命本色，用实际行动践行共产党员的初心和使命。

军人的信念就是听党话打胜仗，英雄的底色就是淡泊与坚守。李延年的老伴儿齐振凤说，平日里最不能打扰老伴儿的时候，就是他学习的时候。李延年卧室的书桌上，摆满了各类政治学习书籍，书和笔记本上密密麻麻地记满了理论要点和心得体会。上面的一笔一画，都写满了一位老兵对党的一片赤诚。

李延年的家里，珍藏着一幅朝鲜地图。闲暇时，他总会拿出来看一看。那些熟悉的地名、粗细不一的线条，总能把他拉回那段激情燃烧的岁月。这个时候，他就像回到在枪林弹雨中冲锋陷阵的年代，脸上显现出少有的光彩。2019年9月17日，李延年荣获共和国勋章，这是对他光荣一生的最好褒奖。

抗美援朝纪念馆建馆后，李延年将他当年缴获的美军的饭盒、自己获得的三级国旗勋章证书、特等功证书等物品捐献给纪念馆，成为他出生入死、屡建奇功的历史见证。

军民鱼水情谊深

——拥军模范徐大娘的锦旗

献给徐老太太

热爱志愿军

二〇九部队二大队赠

这是一面红色的锦旗，粗粝的布面已被时光磨旧，但"献给徐老太太 热爱志愿军"几个金黄色的大字却格外醒目，这是中国人民志愿军赠送给抗美援朝战争拥军模范徐大娘的锦旗。数十年间，它一直静静地居于抗美援朝纪念馆展厅的一角，默默诉说着抗美援朝战争中，祖国人民与志愿军战士的鱼水情深。

1950年6月，朝鲜战争爆发。10月，战火烧到了鸭绿江边，志愿军跨过鸭绿江，"抗美援朝，保家卫国"，开始了为期两年零九个月的抗美援朝战争。在志愿军赴朝参战的同时，全国掀起了声势浩大的爱国群众运动。那时，安东市是抗美援朝部队的主要集中地域。临战前，志愿军在这里集结、训练，做各种准备；每次战役下来，归国的部队、伤病员也要在这里休整、治疗和休养。作为抗美援朝战争的大后方，安东市人民在中共辽东省委和安东市委的领导下，竭尽全力投入到支援抗美援朝战争运动中，涌现出了许多支前拥军模范，徐大娘就是其中的代表人物。

★ 志愿军的"徐妈妈"

徐大娘原名孙凤玉。早在1938年，44岁的孙凤玉和丈夫徐维贞就带着两个儿子和一个女儿，随着闯关东的大军落脚在了安东。一开始，他们落脚在沙河口（今沙河镇）附近，后又辗转去了宽甸河口村。在河口，徐大娘一家的生活稍稍稳定了一些，丈夫徐维贞给地主扛活儿，虽然日子依然艰辛，但是多少可以勉强维持生计。但天有不测风云，1942年，徐大娘的丈夫得了重病不幸去世。从此，生活的重担完全压到了徐大娘的肩上。徐大娘硬是凭借着自己的勤劳，顽强地支撑起了家。1947年，安东第一次解放，徐大娘的生活有了好转。

根据她的情况，政府给她家分了土地，还给了她 3 间草房，再加上孩子们也渐渐长大，徐大娘终于看到了生活的曙光。

1950 年，朝鲜战争爆发，美国飞机在鸭绿江上耀武扬威，安东市宽甸县河口附近也遭遇了敌机的轰炸，不时有村民伤亡。当国家做出抗美援朝的决定后，河口成为志愿军过江的主要地点之一，志愿军在河口架设了通向对岸的浮桥，而架桥的部队就在徐大娘家附近驻扎。常常有一眼望不到头的队伍匆匆从徐大娘家门前经过，奔赴朝鲜战场。刚刚有了起色的生活突然被战火扰乱，徐大娘认准了一个道理：好日子是共产党给的，美国人来侵略，就是要把现在的好日子夺走，让中国的老百姓重新回到水深火热之中！那么，支援抗美援朝、照顾好那些为了保家卫国走向前线的战士，就是在保卫自己的生活！

1950 年 10 月，志愿军入朝后，根据中共安东市委指示精神，安东市成立了"拥军优属委员会"，动员全市人民订立拥军优属公约，开展大规模的拥军优属活动。徐大娘积极响应号召，每天用自己微薄的力量迎送、接待、安置、照顾志愿军战士。

志愿军战士们每天风餐露宿、冒着敌机的轰炸架设浮桥，徐大娘看在眼里疼在心上，她毅然把政府分给自己的 3 间房屋腾了出来，让给架桥部队的战士们居住，自己则搬进了土坯房中，一住就是 3 年；看到志愿军战士们匆匆踏上征途，有时连口水都喝不上，徐大娘尽己所能，在鸭绿江边设立了一个饮水站，每天都烧好开水，为过江的战士们提壶倒水，3 年里从未间断。

有多少志愿军战士喝过徐大娘烧的开水已经无法统计，但那一碗碗饱含着祖国亲人的爱的热水，温暖着那些即将踏向异国战场的战士们的心。于是，至今在宽甸河口附近许多老人的记忆中，仍有这样一首歌谣在传唱——"这位大娘真是好，队伍来了把水烧。抗美援朝到朝鲜，杀敌立功传捷报。"

有的战士病倒了，徐大娘的家就是他们最温暖的病房，徐大娘就是最知冷知热的护士。她给病号做饭，跑前跑后地取药，嘘寒问暖，有个别卧床不起的重病号，徐大娘就一刻不离地侍候，直到病愈。

长途行军，有的志愿军战士的脚上起了水疱。看着战士们一瘸一拐的样子，徐大娘疼在心里。她四处打听，寻找治疗的偏方。她每天用艾蒿、花椒树皮熬好洗脚水，给脚上起了疱的战士们泡脚。一个战士洗完，她就重新换上一盆水，端到下一个战士身前。有的战士脚上的水疱太多，徐大娘就亲手给战士洗脚，一边洗一边和战士拉家常。母爱的流露，经常感动得志愿军战士掉下泪来。一个小战士脚伤很严重，但每天被徐大娘细心治疗，终于能够走上战场。临行前，他抱着徐大娘激动地说："我就叫您妈妈吧！"

★ 组织妇女服务队

1950年冬天，安东市成立了妇联组织——妇女联合会。当时，只有六七个工作人员，在东坎子后山一座日式平房办公。尽管条件简陋、人员不足，但妇联的女干部们，克服重重困难，发动广大妇女以各种实际行动支援抗美援朝，努力完成党交给的各项任务，起到了"半边天"的作用。作为这"半边天"中的一员，徐大娘为志愿军战士倾注了自己全部的爱。但自己的力量毕竟有限，徐大娘干脆组织和发动河口村的妇女集体拥军。

为了让驻扎在河口的志愿军战士们穿得暖，徐大娘和河口村的妇女每天为志愿军缝补衣服。寒冬腊月，衣服、被褥清洗后不容易干，徐大娘就和妇女们一起，在炉边烘烤衣物，让战士们穿得清爽、温暖；经常有过路的部队战士衣服断了线、袜子破了洞，徐大娘就和村里的妇女们在战士们经过的公路两侧摆上桌子，放上针线，站在道边为战士们就地缝补衣物。江边的风寒冷刺骨，别说是缝衣服，就是跺脚、搓手也抵御不住寒冷，可是徐大娘带着村里的妇女们认认真真地缝补，一针一线都不马虎。

据不完全统计，从1950年到1953年，像徐大娘这样的安东市妇女，为志愿军做鞋388924双，做大衣10538件，做被31645床，洗衣588952件，洗被21450床，为前线的志愿军战士们送去了来自安东的温暖。

★战火中"奇迹"相逢

朝鲜战争中,美国侵略者凭借空中优势,对朝鲜国土日夜不停地狂轰滥炸,一座座城市一处处村庄瞬间就化作瓦砾废墟,给朝鲜人民造成了深重的灾难。为逃避纷飞的战火,很多朝鲜人逃难到了中国。在支援抗美援朝前线、照顾志愿军战士的同时,徐大娘也照料过不少逃难来中国的朝鲜人民。每次见到这些朝鲜难民,徐大娘总是尽其所能地给予帮助。

一次,徐大娘看见一个朝鲜妇女带着一个三四岁的小男孩儿逃难来到河口。通过翻译得知,他们原本是一家三口,可是在战乱中失散了——在那个战火纷飞的年月,身处异国他乡,一家人常常走着走着就散了。

徐大娘就把这娘俩收留了下来,他们在徐大娘家一住就是几天。

孩子太小,每天晚上都哭着喊着要找爸爸,可是在战火中,上哪里去找失散的亲人?母子俩整天以泪洗面。

一天傍晚,徐大娘又碰到一个赶着牛车的男性朝鲜难民。当时家里实在是没地方住了,但是热心肠的徐大娘仍劝那男人:"天已经黑了,为了安全,别再赶路了!"那位难民听了徐大娘的话,就在车底下躺下了。

徐大娘回到屋里,听到孩子又开始喊着找"阿爸基(中文意:爸爸)"了。正在徐大娘和孩子妈妈想方设法哄孩子时,突然响起了"咚咚咚"的敲门声。徐大娘开门一看,正是那名朝鲜男子。谁也没想到,屋外的男人和屋里的娘儿俩一见面,竟然抱在一起又哭又笑!原来,这名男子就是这娘儿俩失散多日的亲人!后来徐大娘听说,一家人失散后,孩子的爸爸赶着牛车到处寻找,因为实在太疲乏,钻到车下准备休息了,恍惚间,他听见孩子的哭叫声,越听越像自己的孩子,于是赶紧爬起来敲门,没想到,果然是自己的家人!

团聚的一家人抱头痛哭,一边的徐大娘也忍不住流下热泪。在战火纷飞的年代,失散的一家人能够团聚,不能不说是个奇迹。徐大娘见证了这个奇迹,更是她用善良创造了这个奇迹。

岁月更迭。徐大娘已经成为一个符号,代表着祖国人民对志愿军战士的关怀与爱戴。1954年，徐大娘光荣地加入了中国共产党，还先后被志愿军某部和辽宁省、安东市政府授予"热爱志愿军""爱兵如子""拥军模范""一等拥军优属模范"等称号，获得锦旗50多面、奖章30多枚。

与荣誉相比，徐大娘更看重的，是战士们向她汇报情况的来信。那些称徐大娘为"徐妈妈"的战士，纷纷把自己的立功捷报寄给徐大娘，并向她汇报自己在朝鲜的情况。这样的信件，徐大娘接到过上百封。每接到这样的信件，徐大娘都由衷地高兴。因为，这些战士平安，对她来说才是最大的安慰。

1979年，徐大娘病逝，享年85岁。斯人已逝，但是徐大娘作为一名拥军模范留给世人的感动，以及她所代表的安东人民"抗美援朝，保家卫国"的奉献精神将与世长存！

众志成城

——爱国卫生运动模范锦旗

经过中朝两国军队和两国人民的共同奋战，朝鲜战场上捷报频传，侵略军节节败退，直到把战局基本稳定在"三八线"附近。根据苏联驻联合国代表的提议，经美国和朝中双方协商，于1951年7月10日起，在开城附近的板门店举行朝鲜停战谈判。然而，侵略成性的帝国主义并不甘心自己的失败，他们借谈判之机多次发动军事反扑，在钢铁炸弹不能取胜的情况下，又十分残忍地使用了细菌炸弹，发动了灭绝人性的"细菌战"，并把这罪恶的战火延伸到我国边境城市——安东，使安东人民经受了一场生死存亡的严峻考验。久经锻炼的安东人民又一次被组织动员起来，开展了声势浩大的爱国卫生运动。

　　那是1952年3月，安东还是初春天气，冰雪未尽，乍暖还寒。就在这时，一种异常的现象突然出现了。3月5日下午2时左右，镇（锦）江山、元宝山、帽盔山、浪头等地发现大量的昆虫从天而降，蚊蝇、蜘蛛、盖盖虫、蚂蚁、蜈蚣、毛毛虫、蜻蜓、蝴蝶、蜂子虫等，四处飞散，迅速向市区蔓延。广大人民群众怀着高度的警惕性，纷纷向安东市政府报告情况，提供信息。安东市政府立即责成市卫生部门派出了专业人员查明情况，搜集标本，对虫的形状、特征、生活能力，以及当时的气候条件进行综合分析，并根据市防空指挥部提供的机活动情报确认这是敌军飞机空投的菌虫。接着又发现敌机掷下的树叶、苞米叶、蒜皮等毒物。据安东卫生检疫所当时检验资料报告，短短几天时间里，收到检验标本材料有毒虫4种52件，毒物13种23件，其他动物10种36件，患者材料2种，46件。市立医院等医务院所已接诊少数可疑的发烧、昏迷、呕吐病人。市内各区街鸡鸭突然死亡数也骤然增加。

　　为了更好地领导全市人民开展反细菌战斗争，组织群众全面进行消毒灭虫工作，遵照上级指示，安东市政府连夜召开紧急会议，成立了安东市人民防疫委员会。委员会设委员12人，主任由副市长段永杰担任，副主任由市公安局局长张克宇、卫生局局长赵凤阳担任，下设办公室调研组、总务组、防疫组、食品检查组、化验室、供应室，各机关厂矿、学校、区街相继成立了基层防疫委员会132个，有委员1356人，卫生组长1665人，防疫宣传员13658人。

安东市人民防疫委员会成立后，立即开展各种形式的宣传教育活动，动员群众开展灭细菌战的人民战争。截至1952年10月19日，8个月时间里，全市区共召开大小宣传动员会4580次，报告会87次，听众达20万人次。用文艺演出的形式宣传群众达72600人次。这期间，安东市曾多次举行全市性的消毒灭虫誓师动员大会，组织万人游行示威活动，展示敌机投掷的细菌弹壳，经过消毒的毒虫、毒物、受害生物等实物标本，以及照片、画片等，向群众、向国际红十字会等考察团揭露和控诉敌人的罪行。经过充分的宣传发动工作，人民群众的觉悟水平得到了很大提高。当时，群众提出了"打死一只蚊蝇等于消灭一个侵略者"的口号，并创造了捕、打、烧、燎等捕虫、灭虫的方法，参加反细菌战斗争已成为每个群众的自觉行动。

安东市防疫委员会还积极组织卫生防疫业务培训，普及卫生防疫常识。以各级防疫委员会委员、卫生组组长和卫生宣传员为骨干进行训练，采取逐级培训、普遍提高的形式，把有关防疫知识普及到广大群众中间去。

在反细菌战的斗争中，安东市防疫委员会对卫生检疫、卫生院（所）机构建设十分重视，使之逐步完善起来，成为反细菌战斗争的重要阵地。安东市卫生防疫站也是这时建起来的。这是东北地区第一个市卫生防疫站。同时，安东市还扩建了传染病医院，建立和健全了9个区卫生院（所）。

在安东市防疫委员会的统一部署下，全市开展起轰轰烈烈的消毒灭虫工作。据当时统计，自1952年3月6日到10月19日，全市共组织323746多人次参加扑灭毒虫运动，共捕虫63种、138亿多只。出动汽车224台、马车1020驾、手推车279台，清除垃圾191万吨。调集消毒员9574人次，消毒面积618.5多平方米，捕鼠98922只，为45000人做了鼠疫、霍乱等传染病预防接种，使传染病发病率下降了51%，有效地控制了传染病的发生、发展。

1952年6月，在反细菌战斗争已经取得初步胜利的基础上，全市人民又进一步行动起来，掀起了群众性爱国卫生运动的新高潮。各区街分别订立了居民卫生公约，组织起爱国卫生运动服务队，普遍提出了"家具大翻身，室内无灰尘"的要求，基本上做到了"五净"，即天棚、墙壁、地板、门窗、箱柜净；"八光"，即上、下、前、后、左、右、里、外光；"两平"，即坑、洼平；"四盖"，即缸、锅、痰盂、厕所有盖。很快在群众中树立了"人人讲卫生，家家要清洁"的新风尚，涌现了一大批如太平洋胡同等过硬的卫生先进单位和地区。

这场斗争有力地粉碎了侵略者发动的细菌战争，保证了人民的身体健康，保卫了工农业生产，显示了中国人民不可战胜的力量。安东市也因此荣获了东北地区卫生先进城市和全国"无蝇城"的光荣称号。

拳拳爱国之心

——徐国臣的模范纪念章

1950年，朝鲜战争爆发，在梅河口铁路分局临江机务段担任火车司机的徐国臣，时年30岁，他目睹了美国侵略者侵朝的战火，不仅在朝鲜的国土上燃烧，而且燃烧到了鸭绿江边。美国悍然侵犯我国领空，轰炸我国的城镇、村庄、铁路、桥梁和无辜的人民，使他燃起了为朝鲜人民报仇和保家卫国的怒火。当敌机侵入我国的国土并进行野蛮轰炸时，徐国臣奋不顾身、英勇顽强、舍生忘死地抢救机车、厂房。1951年，徐国臣被评为全国爱国模范，并光荣地加入了中国共产党，两次在北京受到毛主席的接见。

★ 奋不顾身抢救机车

徐国臣出生在一个贫苦的农民家庭，他从小给地主放猪放牛，吃不饱，穿不暖，受尽凌辱。后来他到伪满的铁路上当了擦车夫，可是温饱问题还是无法解决，经常受日本侵略者的辱骂。他因不懂日本话拿错了东西，就被日本人打得头破血流。他盼星星盼月亮，盼望苦日子熬出头。1945年8月，日本侵略者投降了，共产党八路军领导穷人闹翻身斗地主，分田地庆解放，徐国臣一家不但分得了房屋和土地，他还娶上了媳妇，也由擦车夫当上了火车司机。他经常说："这回咱当了国家的主人，可得甩开膀子干了，好好开车，多拉货物，把咱自己的国家建设好！"可是美国发动了侵朝战争，并肆意侵犯我国领空，破坏我国人民安居乐业的幸福生活。徐国臣想："美国侵略者就是想走日本侵略者的老路，把侵略朝鲜作为侵略中国的跳板，让我们再当第二次亡国奴，这没门儿，豁出死也要和美国鬼子拼到底！"

1950年8月27日9时左右，徐国臣和工友们正在给一台机车上煤，突然

4架侵朝美国飞机在机务段上来回盘旋，徐国臣当即大声喊道："同志们，敌机来了，快进防空洞！"听到徐国臣的呼喊，200多名工友急忙从屋里转移进防空洞，隐蔽起来。突然，徐国臣一转身，发现3台机车还停在线上，敌机正在扔炸弹，准备炸坏这3台并排停放在线路上的机车。

在这紧要关头，徐国臣纵身跳下，登上解放型928号机车，拽开气门，机车启动了。因为岔道少入不了车库，他急中生智，加快速度，要把汽车开进山洞里。这时敌机俯冲下来，向机车扫射，工友们急忙喊道："危险！快下来！"徐国臣似乎没有听见，奋不顾身继续驾驶机车向前开去，当机车跑出50多米远，徐国臣发现前面的道路道岔没有扳开。他立即停车，迅速跳下机车去搬道岔，就在这时，美国飞机再次俯冲下来，在距离车机车约2500米的上空，开始向机车扫射。子弹像雨点一样，向928号机车打下来，徐国臣的左手被子弹击中，有4根手指被打碎，只有筋皮连着，血流不止。

这时，徐国臣一心想的就是抢救机车，他咬紧牙关，用右手攥住左手，想再次登上机车，用一只手把车开走，可是就在这时，机车的气缸和水箱也被打漏了，机车喷出热腾腾的蒸汽，不能动了。他立即向运转室跑去，想找人抢救被炸弹炸坏的机车，工友们看到他左手流着鲜血，脸上满是泥沙，赶忙过来给他包扎伤口，他却说："不要管我，咱们赶快去抢救机车！"928号机车虽然被打坏了，149、715号两台机车，却保住了。

徐国臣被送到通化铁路医院治疗，由于当时缺少医药伤口发炎，左手肿得像馒头一样，没有麻药进行手术，医生怕他受不了，徐国臣毅然伸出左手，把头向右一转，对医生说："割吧！快点割吧！治好了，我好早点回到岗位上，用我的右手和美国鬼子战斗！"

★愤怒声讨美国侵略者罪行

经过一个月的治疗，徐国臣伤势基本痊愈。在他住院期间，被美军飞机打坏的解放型928号机车运到通化机务段，该段全体职工经过20多天的抢修，克服技术、设备、材料等一个又一个困难，在国庆节前夕胜利完成修复任务。国庆节那天早晨，在徐国臣的请求和工友们的簇拥下，他登上了这台被修复得焕然一新的机车，用一只手驾驶，将参加国庆游行队伍的临时客车从通化火车站开到新通化车站。这天徐国臣被邀请到主席台，向全市人民举起残废的左手愤怒声讨美国侵略者罪行，他说："同胞们，这就是美帝侵略者欠下的血债，美帝不光疯狂侵略朝鲜，他们的强盗飞机还野蛮地侵犯我国领空，炸伤我们的同胞，炸毁我们的建筑，我们东北同胞当了这么多年的亡国奴，知道是个啥滋味，美帝国主义又想骑在我们头上，那是妄想，我们要誓死保卫祖国安全，一定要以实际行动，向美国鬼子讨还血债！"

徐国臣的英雄事迹通过报纸广播传遍了全国各地，在近一个月的时间里，他收到祖国各地寄来的 300 多封慰问信，特别是北京大学附属医院骨科大夫陈景云，看到徐国臣的英雄事迹后，在《人民日报》上发表了文章，并请徐国臣到北京去为他安装假手。1950 年 11 月 5 日，徐国臣在一名同志的陪同下，来到北京，得到了陈景云的精心治疗，很快为他安上了假手。一天，徐国臣和护送他的同志在北京站看到北京第二女中游行队伍，正在向广大群众演讲美国强盗飞机轰炸临江、炸伤他的罪行。他情不自禁地挤过人群，经过游行队伍的负责人同意，跳到台上，举起被敌人炸伤的左手，愤怒地说："我就是徐国臣，我要向全中国和全世界爱好和平的人民控诉美帝的罪行。"当徐国臣说道，美军侵略朝鲜，把战火烧到鸭绿江边，派强盗飞机侵略侵犯我国领空，打坏 928 号机车和他的左手时，在场的群众个个义愤填膺，振臂高呼："打败美帝国主义侵略者！为徐国臣同志报仇！坚决把抗美援朝保家卫国的斗争进行到底！"接着，许多人拥到徐国臣面前，把他抬了起来，举过头顶欢呼："向徐国臣同志学习，誓死保卫国家安全！"从此，北京市的各界人民都知道了，徐国臣到了首都，许多机关团体、街道、工厂、学校也都请他去做报告，北京辅仁大学和第四女中等校师生听了他的报告后，激起了极大的爱国热忱，把自己的班取名为"徐国臣班"，有的取名"爱国英雄班"，也有的取名为"928 号机车班"，在师生中为抗美援朝保家卫国而教学的学习竞赛热潮，很快开展起来了，特别是北京第四女中的同学们,在徐国臣英雄事迹的鼓舞下,不少人要求参加军事干校的学习,第一批被批准的就有八名。

★ 身残志坚

徐国臣从北京回到临江机务段后,铁路党组织安排他担任段工会主席,他每天工作在段上,星期天也不休息,通过宣讲谈心,写黑板报等经常为工友们解决一些实际问题。当时,美机经常来铁路轰炸,小学生在离车站附近的平房里读书,时刻都有被炸的危险。徐国臣提议,在远离车站的山上密林里盖一座校舍。这项提议很快得到了领导的批准。在盖校舍的日日夜夜里,徐国臣吃住在山上,劳动在工地上,他不顾左手伤残,一趟一趟地往山上扛木料,运水泥、沙子、石灰等。工友们见徐国臣累得消瘦了许多,关切地劝他要注意休息,他却说:"为了孩子们上学安全,个人苦点累点算个啥?"

徐国臣忘我的精神表现在他始终如一舍己为人。1951年3月31日上午11时,有几十架美军飞机轮番向铁路车站扫射轰炸,机车库的厂房被炸塌了,住宅区的房屋被炸起了火,徐国臣和工友们一起跳进火海,抢救被炸死炸伤和压在防空洞里受难的工友,突然一颗炸弹落在他的身边,徐国臣被炸起的泥土埋了半个身子,巨大的爆炸声把他震昏过去。经抢救,他清醒过来,医生让他休息一会儿,可他爬起来又跑回去继续参加战斗。

由于过度疲劳,徐国臣甚至吐血了。抢救工作结束后,他才想起自己的妻子和孩子,他跑回家一看,房屋被炸倒了,家里的家具全都化为灰烬,妻子和孩子也不见了,他大声呼喊,才发现妻子和孩子被压在防空洞里。经过大家紧张及时的抢救,才把母子俩挖了出来。徐国臣以身残志不残、无私忘我的精神,继续履行着坚决同美国侵略者战斗到底的誓言。1992年9月8日,机务段铁轨更新换旧,徐国臣将换下来的带有美机弹痕的铁轨,珍藏起来,他说,让这个铁轨告诉人们美国侵略者欠下我们的血债,让全国人民和青少年通过它去了解历史,不忘历史。现在,这段铁轨和徐国臣老人荣获的吉林铁路局劳动模范纪念章一起，陈列在抗美援朝纪念馆里，向一代代世人述说着那些不可忘却的历史，以及一个个可歌可泣的英雄故事。

血与泪的控诉

——北京燕冀中学高一班全体敬赠东北人民控诉美国侵略者暴行代表团的签名旗

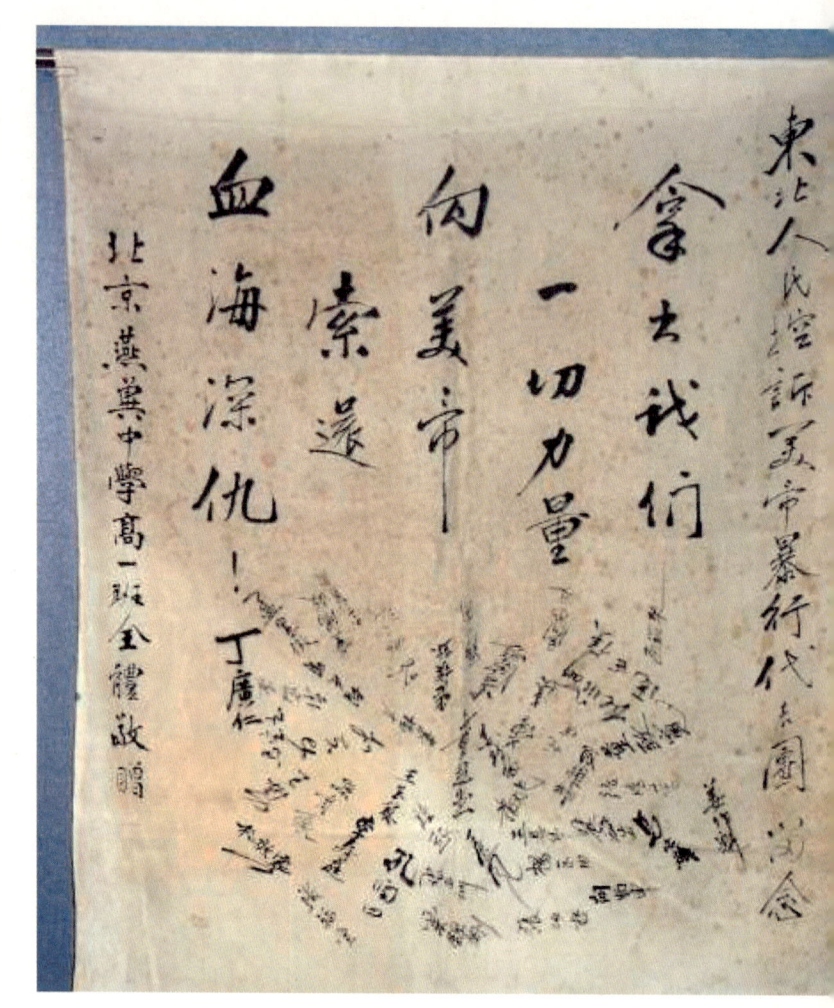

天空，近百架美军轰炸机和驱逐机野蛮地倾泻下无数炸弹，顿时，鸭绿江大桥和安东市繁华的商业区之一的三马路等地，淹没在一片硝烟与火光之中。

——这是1951年4月7日和21日两天发生的令人悲愤的惨案，是朝鲜战争爆发以来美军对我国最大的一次空袭。在此之前美军已经数次袭扰边境安东。据统计，至1951年3月底，美机侵入安东市区101次，扫射21次，炸死市民10名，炸伤92名，炸毁房屋147间、卡车2辆、板船1只。

★ 5天内两次轰炸

美机轰炸的三马路旧址，位于今丹东市振兴区三马路一带。1951年4月7日，安东市中央区三马路东段的老戏园子永乐舞台门前像往常一样人来人往，络绎不绝。上午9时，突然响起防空警报声，拥挤的人群向四处奔跑躲避，随后，又响起防空警报，敌机群的轰鸣声由远而近。24架B-29轰炸机和喷气式战斗机在老戏园子上空盘旋几圈后，投下1000磅炸弹7枚。随着震耳欲聋的爆炸声，永乐舞台门前马路当中被炸出一个大坑，永乐舞台及对面的便宜坊饭店周围的一千余间房屋被炸毁或损坏，顿时成了一片浓烟滚滚的废墟，马路、步道、墙面上血迹斑斑，死者的肢体散落在马路上，血肉模糊，惨不忍睹。

第一次轰炸发生仅5天后，4月12日，还是上午9时，位于三马路西段的古（旧）物市场又传来防空警报声。此路段有百余个商号和摊位，是人口稠密的居民区，市民和外来人员较多。5天前的轰炸场面仍历历在目，人们听到警报声后不敢麻痹大意，立即躲进防空洞。很快，美军31架B-29轰炸机和数不清的战斗机飞至三马路上空，投下了500磅炸弹8枚。随着炸弹爆炸的巨响，古（旧）物市场一带顷刻间硝烟滚滚，499间民房被毁，被炸死者的肢体血肉横飞，127个摊位被炸烂，10家商号被夷为平地，居民区成了一片瓦砾。

两次轰炸后，在美机刚从三马路上空飞走，防空警报尚未解除时，安东数千名市民便立即从四面八方赶到被炸地点，在弥漫的烟雾中、倒塌的房屋内、塌陷的防空洞里寻找遇难同胞，抢救重伤员，安置受难者家属的住处和生活，抢修自来水、煤气管道和供电线路。辽东省和安东市的主要领导和各有关部门的负责同志也在第一时间赶往三马路被轰炸地区了解情况，慰问受难同胞家属，看望伤员，并立即组织开展救援行动。

★ 受难群众流离失所

在美军的第一次轰炸中，家住三马路大院胡同3号的李荣山家情况惨重。那天早晨，李荣山到街上卖豆腐脑儿，妻子在家泡黄豆，一颗炸弹落在他家房后的院子里，房子被炸塌了，他的妻子赵淑英和3个孩子都被炸死了。李荣山在距家40米处发现了妻子的尸体，下身炸没了，肚子被炸破，肠子冒了出来，一个孩子死在屋里，另一个孩子只找到了一只胳膊，最大的孩子仅找到一只脚。李荣山大哭着说："乡亲们！这就是我的老婆孩子呀！都被美国鬼子炸死了，我要报仇！"

4月12日早晨，小学三年级学生刘相良带着弟弟去上学，那天的数学课是在镇江山上的。防空警报拉响后，他们立即随老师躲进树林里隐蔽起来，听到不远处传来的爆炸声，两个孩子担心着家里的亲人。回到家后，发现房子成了一堆瓦砾，爷爷、奶奶、妈妈和妹妹都被炸死了。

在美军的第二次轰炸中，三马路刘家豆腐房的刘桂英一家7口人，被美机炸死了4口，其中包括她的父亲、母亲、嫂子和不满周岁的小侄女；51岁的安东铁路搬运工人林贤亭的妻子和5岁的儿子被炸死；当地居民马老太太的女儿和3个外甥都被炸死；66岁的志愿军家属高亲昌老人，被美机炸伤了双眼；小学生张学静，被炸瞎一只眼睛；32岁的杂货店老板王德禄在奔往防空洞的路上被炸穿了肚子，肠子从两侧往外流，当场死亡；居民黄应山的老母亲被压在炸塌的房子下，被活活憋死……

在三马路惨案中，99名安东市民被当场炸死，39人受重伤，196人受轻伤，1508间房屋被炸毁。在辽宁省档案馆、丹东市档案馆已经解密的原始档案中，在中国人民革命军事博物馆、抗美援朝纪念馆中，都有记载和展出。这些数字的背后，是一个个鲜活的生命，人民的财产，它们清楚地记录下了美军对丹东人民犯下的罪行与带来的灾难。

★ 控诉美军暴行

安东三马路惨案激起了全国人民的无比愤怒。美军的两次轰炸后，《人民日报》分别于4月8日和13日在第一版刊登了美机轰炸安东三马路的详细情况，同时发表了《记住这又一笔血债》《为安东死难同胞复仇》短评，揭露了美军犯下的暴行。

4月10日至13日，安东市二届首次人民代表大会召开，这次大会是在美机不断对安东市区的轰炸和骚扰情况下进行的。美机来时，代表们隐蔽起来，美机一走，会议照常进行。美机的残暴轰炸，使代表们的意志更加坚定，发言更加热烈，更让这次会议成了战斗的会议。三马路惨案令安东民众义愤填膺，各行各业纷纷举行集会，控诉美军暴行。中共安东市委决定在全市范围内开展控诉美机轰炸暴行的群众运动，于4月20日发布《安东开展控诉美机轰炸暴行运动计划》，要求通过控诉的形式，掀起广大群众的反美高潮，同时要注意发现典型，以便组成代表团，到外市去揭发、控诉美军在安东制造的令人愤怒的暴行。25日，安东市控诉美军罪行、追悼死难同胞大会隆重举行，中共辽东省委书记张启龙、省政府主席高扬以及安东市委书记张烈、市长陈北辰等领导参加了大会。此后，在辽东全省各行各业中，以各种形式开展的控诉活动一浪高过一浪。

正当安东人民愤怒声讨美军暴行之际，中共中央东北局要求安东组织一个有受难者家属参加的控诉团赴京。安东市立即组成了以副市长段永杰为团长的赴京控诉美军暴行代表团，团员主要由抢救模范和拥军模范及受难者家属曲大娘、尹桂芝、林贤亭、于邹氏等22人组成。26日，代表团抵达沈阳后，东北局决定将代表团的名称改为东北人民控诉美军暴行代表团，增补了3名受难者家属，同时进一步确定了代表团任务，即以血泪的控诉，声讨美国侵略者的侵略暴行，同时向首都人民汇报东北人民绝不屈服，一定会化悲痛为力量，加紧生产和支前，彻底打败侵略者的决心和行动。

★赴京参加报告会

在代表团报告会前夕，东北人民控诉美军暴行展览在文化宫正式展出。仅一周时间，就有7万多人参观了展览。当参观群众看到安东市繁华的三马路市场被炸成一片瓦砾，许多市民惨死的照片和实物时，无不对侵略者的罪恶行径表示出极大的愤慨。5月6日下午3时，东北人民控诉美帝国主义侵略暴行大会在北京市劳动人民文化宫举行，同时设立多个分会场。台上是声泪俱下的控诉，台下是口号阵阵的回应，代表团不仅控诉了美军的暴行，还汇报了安东人民在美机轰炸的特殊环境下英勇斗争的情况，引起了首都各界的强烈共鸣，纷纷向英雄城市的英雄人民致敬。代表团成员的血泪控诉和与会人员的愤怒情绪，感染了英国人民访问团的全体成员，团员阿亨走到台前向大会宣誓：一定要将听到的关于安东被美机轰炸的真相告诉英国人民，让他们国家的人民都知道美国在中国和朝鲜犯下的滔天罪行，最后高呼："中英人民的团结万岁！""世界人民的团结万岁！"

代表团在首都的活动引起了广泛的关注，在京举行的10次各种类型的控诉会上，直接听众和从广播中收听实况的人约30万人，收到北京各界群众送来的慰问品3大木箱、慰问信1万余封、慰问金560亿元（旧币）。代表团在北京处处受到各界同胞的关怀，成员们的控诉也激发了首都人民乃至全国人民抗美援朝的爱国热情。

5月13日，代表团圆满完成了汇报任务，返回安东。此后，全国上下抗美援朝的爱国热情持续高涨，订立爱国公约、捐献飞机大炮的广泛的群众运动纷纷出现。

安东三马路惨案是朝鲜战争爆发以来美军对我国最大规模的两次空袭。此后，美机仍不断侵入安东上空，对城市进行轰炸和扫射。据统计，自1950年8月至1953年6月，美机越境侵入安东市上空1450架次，扫射57次，轰炸22次，投弹189枚（不含轰炸鸭绿江大桥），炸死152人（不含部队官兵），重伤132人，轻伤388人，毁坏房屋2959间以及许多重要设施和大量物资，为安东人民带来极大的灾难。

血战铁原

——傅崇碧的二级国旗勋章

傅崇碧，四川通江人，红军岁月里担任过独立团政委，抗日战争中担任过军分区副政委，解放战场上担任过主力旅旅长，成长为人民军队优秀指挥员。抗美援朝战争期间，他一直担任中国人民志愿军十九兵团六十三军军长，率部参加了第五次战役及开城保卫战。

2016年1月17日，"纪念傅崇碧将军诞辰100周年"座谈会上，与会将军、学者一致褒扬："抗美援朝期间，他担任六十三军军长，率部浴血拼杀，战功卓著，铁原阻击战打出威名，曾两次受到金日成首相的接见。"的确，在抗美援朝第五次战役收官阶段，傅崇碧坐镇铁原一线指挥，将以美军为首的"联合国军"重兵遏阻于铁原、涟川地区整整12个昼夜，为中朝联合司令部进行战略调整赢得了宝贵的时间，成为他抗美援朝征程中最绚丽的一幕。如今，傅崇碧的二级国旗勋章就保存于抗美援朝纪念馆，向人们述说着血战铁原那段悲壮的历史。

★临危受命

1951年4月22日，为粉碎以美军为首的"联合国军"以正面进攻配合侧后登陆、在朝鲜"蜂腰部位"建立新防线的企图，志愿军发起第五次战役。随着战役的深入，我军后勤补给不足的问题愈发明显。在战役第二阶段作战结束后，敌军趁我军主力向后方转移准备休整时，集中兵力向涟川、铁原一线进行反扑。

此时，铁原城内我军后方机关和物资正在撤离，前线下来的部队也需要补给以重建防线。而铁原以北一马平川，如果以美军为首的"联合国军"抢先夺占铁原，我军就会陷入无险可守的被动局面。危急关头，志愿军司令部电令距铁原最近的六十三军，在文岩里、朔宁、铁原之间积极防御，不惜一切代价坚决阻止敌人进攻，掩护兵团主力和伤员转移。5月27日，六十三军军长傅崇碧接到了"死守铁原"的紧急命令，命令电报是由彭德怀直接下达的。5月28日17时，彭德怀司令员直接电令六十三军并指挥六十五军一九四师，迅速在涟川、铁原之间，东起古南山，西至临津江畔，正面25公里，纵深20公里的地域组织防御，坚决阻止敌军进攻。在这份命令中，彭德怀司令员还指出，"敌人追击性进攻得很快，你们在文岩里（不含）、朔宁、铁原之间地区，应取坚守积极防御朔宁、高公山一线阵地，无志司、兵团命令不得放弃"。他还托杨得志转告傅崇碧："你部'攻如猛虎'已经出名，现在希望你部'守如泰山'！"临危受命的六十三军迅速投入铁原阻击战。

★ 战前准备

六十三军接受任务后，傅崇碧军长亲自赶到了军的第一梯队，实行前沿指挥。他们首先在纵深20公里、正面25公里的地域构筑了临时野战工事，为阻止敌人前进打下了基础。然而，摆在六十三军面前的压力很大，部队突破临津江以来已经连续作战一个多月，除了武器装备给养供应严重不足，战斗和非战斗减员也相当严重。战斗中部队减员本来是很正常的。国内作战可以随打随补，但在朝鲜却基本上没有这种可能。在他们防御的正面，当时有范弗里特指挥的4个师47000余人，平均每公里地段上就有700多人；而六十三军连同配属的六十五军一九四师计有24000余人，平均每公里地段上只有370多人。武器装备方面，敌当时有各种火炮1300多门，坦克180余辆，且有空军支援；而六十三军全军包括六〇炮在内仅240余门，且既无坦克也无飞机。也就是说，六十三军要把装备占明显优势、兵力多于己方近一倍的敌人，阻止在自己面前，使他们不能前进一步。阻击的时间不是1天、2天，而是10天至15天，这是彭总的命令。这里没有半点余地。

军令大如山，傅崇碧不提条件，因敌施策，分散阻击。在接到命令后的第一时间内，六十三军立即部署兵力，制订防御计划，将3个师按品字形分布：前方以一八七师为右翼防御师，负责玉女峰以东、涟川至铁原铁路、公路（含）

以西地域的防御，以防止敌军从中央突破；以一八九师为左翼防御师，在涟铁公路（不含）以东、汉滩川以西地域，依托有利地形，坚决阻敌北进；后方以一八八师为预备队，在铁原以西的灵洞、驿谷川、揪屯里地域集结待命，并以1个营为反空降预备队，准备歼灭在铁原、大马里地域的空降之敌。另外，配属给六十三军的六十五军一九四师，在玉女峰、内洞、朔宁、下浦地域组织防御。由于涟川、铁原一线丘陵起伏，只有几条交通线，敌军要想突破，必先打通道路，因此，此次阻击战的关键是守住交通线的周边要点。

★ 战斗打响

5月28日，战役打响后，以美军为首的"联合国军"不断增兵反扑。傅崇碧清楚，以我方缺粮少弹的疲敝之师对阵锐气正盛的机械化强敌，几无胜算。想顶住敌人，必须"打疼"对手。经研究发现，吸取前四次战役失败教训的美军主力，在行军过程中不敢暴露侧翼和后方，每到一处，必须将周围的敌方阵地清除干净才继续前进。"联合国军"总司令李奇微将这种作战方式比喻为"美式橄榄球"，认为只有"形成一条线向前进攻"，才不会给对手留下可乘之机。然而，李奇微的谨小慎微，却给我军提供了机会。傅崇碧决定用分散阵地的战术拖垮美军的进攻节奏。他将一八九师分成200多个单位，死守200多个要点，这意味着敌人不把这200多根"钉子"逐个儿拔起，就不敢放胆前进。

一八九师开始了连自为战、排自为战的"天女散花"式的阻击。美军试图从正面集中万余兵力发起集团冲锋，也尝试将数十辆坦克排成横阵发动"墙式进攻"，还妄图用猛烈的空地火力大量杀伤我有生力量，摧毁我战斗精神。在敌人的疯狂进攻下，我军即便班自为战，甚至人自为战，官兵们都在不屈不挠地顽强抵抗，用鲜血和生命践行"人在阵地在"的铮铮誓言。不断"拔钉子"的美军部队虽然凭借压倒性优势，暂时占领我军部分阵地，但不可避免地被拖慢了进攻速度。美军二十四师少校罗伯特说："我们仿佛陷入一个无法发力的陆地沼泽，总觉得找不到要打的目标，却又发现目标到处都是……"

★ 浴血苦战

6月3日拂晓，美军二十五师主力加入战斗，对一八九师发起轮番攻击。随着敌军火力不断加强，一八九师战斗减员严重，但他们仍然坚持抗反结合，迟滞对手。战至中午，一八九师所有营连已不成建制，只得奉命将阵地移交给预备队一八八师。6月4日晨，一八八师五六三团进入高台山阵地，尚未架好通信线路，敌已蜂拥而至。前锋是美军"王牌师"——骑兵第一师，其主攻方向是一八八师指挥所前沿的两个高地。这两个高地一旦被突破，将直接威胁我军后方指挥所安全。

五六三团急命一连二排和八连分别死守两处。八连连长郭恩志指挥战士们在战壕里严阵以待，当美军进至二三十米时，突然用火力猛攻将其打乱，而后以小分队乘势反击，美军顿时方寸大乱，狼狈撤退。八连用此方法多次粉碎敌人的进攻。6月5日，美军在坦克、飞机的掩护下再次猛攻八连阵地。敌人三面围攻，不断增兵发动数次进攻，并发射上千发炮弹使我军工事尽毁，但在我军反击下，美军仍无法攻上阵地。战至21时，八连仅剩不到50人。与此同时，一连二排防守的高地上仅剩12人。6月6日，敌军合围八连，郭恩志带领最后一批战士，在一连二排的掩护下杀出重围，转移到新的阻击阵地。之后，一连二排剩下的8名战士在副排长李炳群的率领下越战越勇，直至弹药用尽。陷入敌四面包围的8名勇士，在敌军再次涌上阵地时高呼："胜利属于我们！祖国万岁！"纵身跳下悬崖。

以美军为首的"联合国军"在铁原方向推进迟缓，美军试图用"机甲部队"绕道迂回，从铁原东南的87号公路直插志愿军后方。标高279.5米的内外加小孤山，是铁原东南的唯一屏障，也是我阻击部队遏制美军快速穿插的最后一面盾牌。6月9日下午，一八八师五六四团派出其战斗力最强的一个连队，五连的两个排70余人坚守内外加小孤山，这是五六四团在该阻击点位能投入的全部兵力。团长曹步墀亲自上阵部署。内外加地区北侧不到100米处有个水库，炸开这座公路旁的水库能有效迟滞敌机械化部队，但执行阻击任务的五连必会被困山上。炸还是不炸？团长非常纠结。为完成任务，五连战士们毅然决定，"水淹七军"，炸开水库，自断退路，阻敌穿插。

6月10日晨，美军10余辆坦克沿公路向铁原北部疾进，经过内外加小孤山时，随着一声巨响，水库被炸开，十余辆坦克瞬间陷入滚滚洪流。五六四团"水淹七军"令敌恼羞成怒。"范弗里特弹药量"再度上演，美军飞机重炮狂轰滥炸，掩护地面部队猛攻。五六四团前身是冀中平原抗日游击队，很多战士都是地道战老手，面对强敌的野蛮进攻毫不畏惧，用双手挖出的战壕和简陋的武器与敌展开殊死搏杀。半天过去，敌"机甲部队"始终未能前进半步。战至下午，我方工事全部被毁，子弹、手榴弹也已用尽，战士们用从敌人尸体上搜集来的弹药又打退敌一次进攻。14时，趁敌攻击间隙，五连连长向曹步墀通话报告。这通电话成为五连官兵在内外加小孤山的最后声音。此后，五连与团指挥所彻底失联……一支接不到任何命令的孤军，在"死地"殊死奋战，让原以为不到一小时就能直捣志愿军大本营的美机动部队，在一个200多米高的小山包前被迟滞了整整一天。防守阵地的志愿军战士们虽然全部牺牲，但完成了迟滞敌人进攻的作战任务。六十三军的浴血苦战，为全军组织防御赢得了宝贵时间。6月11日，当敌军进入铁原时，发现铁原北部出现了一道稳固的新防线，李奇微大失所望，命令部队就地转入防御。12日，六十三军胜利完成阻击任务，于19时30分奉兵团命令转向伊川地区休整。

对于傅崇碧铁原却敌，《抗美援朝战争史》有这样的描述："在历时12个昼夜的防御作战中，六十三军在涟川、铁原地区25公里的防御正面和20余公里的防御纵深地域，克服种种困难，顽强抗击美军4个师的轮番进攻，共歼敌1.5万余人，有力打击了美军的嚣张气焰，粉碎了敌军抢占铁原，摧毁志愿军后方基地和交通线，割裂志愿军和人民军防线的企图，为稳定战场局势做出了重大贡献。"彭德怀司令员在战后专门到六十三军看望指战员，称赞官兵们打出了军威，打出了中国人的志气，并深情地说："祖国人民忘不了你们，祖国和人民感谢你们！"

返乡务农隐功20年的特等功臣

——特等功臣梁庆有的勋章证

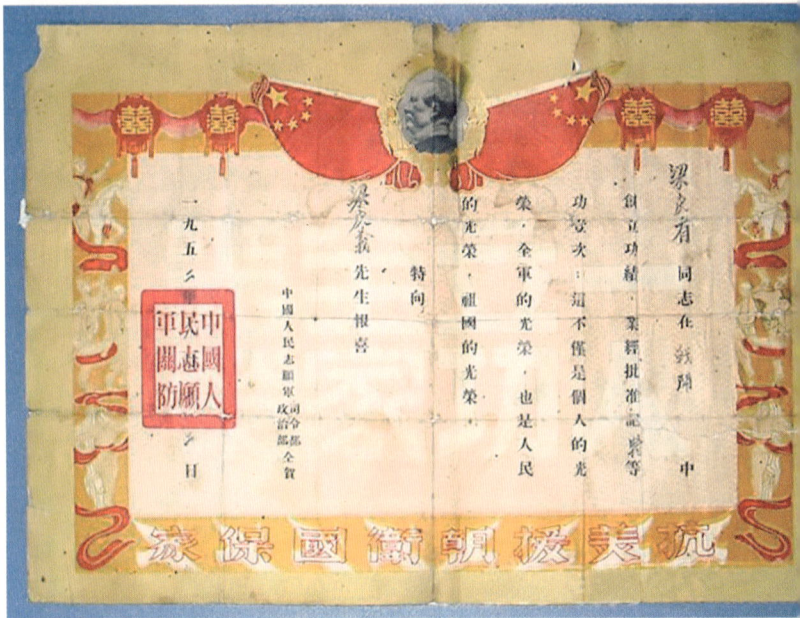

1973年，有一件事轰动了辽宁本溪市桓仁县。桓仁县铧尖子公社川里大队，"隐身"了20年之久的人民功臣被发现了，他就是农民梁庆有。

★ 意外的发现

这次发现是一次意外，还要感谢村民仇起文。这年春节期间，梁庆有所在的生产队副队长仇起文到丹东姐夫家串门，闲暇时参观了抗美援朝纪念馆，听到解说员介绍"特等功臣梁庆有"的感人事迹时，他的心里画了个"魂儿"，自己认识的人里，也有一个叫梁庆有的人，他们之间不会有什么关系吧？当讲解员接着说，梁庆有现在不知道在哪里时，仇起文立刻产生了一种直觉，这个梁庆有就是他身边的梁庆有。回想起梁庆有的一些事情，他更觉着自己的判断没有错。

梁庆有1962年从外地回到铧尖子公社川里家乡的。当他带领妻子孩子返乡时，全部家当只有两个柳条包。他用所有的积蓄买了一间半又旧又漏的房子安了家，一家人善良勤劳。

在这十多年时间里，梁庆有担任过大队党支部宣传委员、民兵连连长、治保主任等多项工作，始终任劳任怨，秉公办事，不谋私利。他分管林业工作多年，没有用公家一根木头，连打箱子柜的1立方米木材都是自己花钱买的。

由于他工作认真，坚持原则，所担任的各项工作都取得了显著成绩，多次出席桓仁县和本溪市召开的先进积极分子代表会议，受到表彰。然而他对过去是做什么的却只字不提，谁也不知道。

想到这，仇起文肯定地对抗美援朝纪念馆的讲解员们讲："这个人正是趴在我们山沟里的梁庆有。"

仇起文返回川里后，向大队干部讲了这件事，并由当时川里小学主任张信喜同志写信向上级反映了情况。后经省、市、县民政部派人共同到川里调查，到县武装部找档案核对属实，引起各级领导的重视。

这位埋没了20多年的特等功臣终于被发现，这件事在全县轰动一时。县委、县政府和有关部门利用会议和请梁庆有做报告等形式，广泛宣传他的英雄事迹。

原来，抗美援朝战争打响之后，梁庆有报名参军，成为一名光荣的中国人民志愿军战士。在上防浦战斗中，他英勇善战，顽强勇敢，他带领所在的班打退敌人9次冲锋，一人就打死打伤敌人90多名，在十分艰苦的条件下守住了阵地，荣立特等功，受到了毛主席等党和国家领导人的亲切接见。

★贫苦出身，成长坎坷

梁庆有原本出身贫寒，1924年12月出生于桓仁川里村贫苦农民家庭。他11岁起给地主家放猪、扛活儿；16岁时被日本侵略者抓去当劳工，到煤矿挖煤当苦力，受尽剥削和压榨；1944年5月被日本人抓去，到佳木斯当苦力，同年11月到四平给地主当长工。

1946年9月，他被国民党军队抓去当兵，后驻防天津。1949年1月，平津战役打响，梁庆有光荣地投身到人民解放军的队伍中来。在解放战争中因不怕艰苦，作战勇敢，他荣立小功4次、三等功1次。1951年3月，梁庆有被调到志愿军三十九军一一五师三四三团八连当战士，后任副班长、班长等职务。由于他积极进步，同年11月加入中国共产党。12月，志愿军与美军在朝鲜临津江附近的上浦防展开激战。梁庆有率领全班战士奋勇杀敌，荣立三等功1次。

★ 打退敌人的 9 次进攻

1951 年 12 月 23 日，在梁庆有所在的二班阵地前，敌人集中了一个营的兵力，先以飞机轰炸，又以炮火轰击，然后在 24 辆战车的掩护下，向我军阵地发起猛烈的进攻。二班战士在梁庆有的指挥下，沉着地把敌人放到阵地前 30 米内，突然向敌人猛烈开火。

梁庆有一边向敌人射击一边鼓励大家："同志们！狠狠地打呀！祖国人民正等着我们胜利的消息呢！"敌人的第一次进攻终于被打退了。

十几分钟后，敌人结集了优势兵力，又发起了第二次进攻。梁庆有率战士们又给了敌人有力的打击。敌人的第二次进攻没有得逞。敌人遭到连续打击后，发现我军阵地兵力不多，于是改变了战术，分几路向二班阵地猛扑过来。梁庆有面对敌众我寡的严峻形势，沉着地指挥战士们集中力量，机动作战，分头迎击，敌人从哪里冲上来，他们就在哪里把敌人打下去。就这样，他们粉碎了敌人的 7 次进攻。

激战持续了 5 个小时，敌人在二班阵地前丢下了 200 多具尸体，二班战士们大多数牺牲或负伤。敌众我寡，为守住阵地，要保存最后力量，他和林清山迅速将伤员转入坑道内，分工把守，一人把守一个洞口，伺机消灭敌人。

敌人摸不清阵地的底细，便在外面用火焰喷射器喷射，用机枪向里面打，梁庆有和林清山沉着应战。

最后剩下两颗手榴弹了，梁庆有对林清山说："现在到了考验我们的时候，敌人敢进来，我们就和他们拼了！"他们继续用有限的子弹向敌人射击。就这样，他们竟坚持了 40 多分钟。

中午的时候，团里发现南山八连二班的阵地上全是敌人，以为二班的同志们已经全部牺牲了，因此决定将反击改到夜间进行。后来，七连的观察哨报告：南山的坑道里不断往外开火，山上敌人非常混乱。于是团长又命令三营营长："你们无论如何要在天黑之前，把八连二班的阵地反击下来！"

就这样，梁庆有与我反击部队打退了敌人的第九次进攻。此刻是 1951 年

12月23日15时，反击部队和梁庆有、林青山他们胜利会师了。

★深藏功名二十年

在这次战斗中，梁庆有和二班战士们共打死打伤240多名敌人。仅梁庆有一人就打死打伤敌人90多名，而且保护了伤员，守住了阵地，为整个战役的胜利赢得了宝贵的时间，被志愿军总部记特等功。

上浦防战役结束后，梁庆有被选为志愿军归国代表团成员，于1952年1月18日回到北京，受到了毛主席、朱德总司令等党和国家领导人的亲切接见。在这次全军庆功大会上，梁庆有被评为"功臣模范"。

1952年8月，梁庆有升任排长、副连长等职务。1960年10月30日，梁庆有奉命转业到沈阳军区办的八一钢厂，在矿山分厂分管人事工作。一年后，钢厂奉命停办。国家处于暂时困难时期，3000多名职工一时难以安排工作。

梁庆有怀着为国分忧的心情，于1962年1月主动要求，返回桓仁县铧尖子公社川里老家，默默地当起了一名农民，直到十余年后被人们发现了他的事迹。从1952年到1973年，20多年后，梁庆有以英雄的形象再次受到人们应有的尊重和赞扬。

1979年9月，县委和县政府领导专门开会研究了梁庆有的安置问题，决定将其调到县里安排工作。先是在县工业局工作了3个月，后根据他的具体情况，安排他到县汽车大修厂担任人事保卫办公室主任、工会主席等职务。

1981年1月，在政协桓仁县首届一次会议上，梁庆有作为特等功臣，被特邀为县政协委员。1985年，梁庆有离休。1997年4月25日，特等功臣梁庆有因病逝世，终年73岁。

深藏功名，初心不改

——孙景坤的一级战士荣誉勋章等

在辽宁省丹东市，有这样一位中国人民志愿军老英雄：在战争年代，他冲锋陷阵，英勇顽强，出生入死，屡立战功；负伤回国后，又坚持重返战场，用热血青春诠释了革命战士的赤胆忠心；在和平年代，他深藏功名，淡泊名利，几十年如一日扎根乡村，用执着坚守彰显了一名共产党员的初心使命。2020年10月14日，他被授予全国"时代楷模"荣誉称号；2021年6月29日，被授予"七一勋章"；2021年11月5日，获得第八届"全国道德模范（敬业奉献模范）"荣誉称号。他的名字叫孙景坤。

★ 胸怀报国志

1948年1月，在家乡担任农会副会长的24岁青年孙景坤，告别刚结婚一周的新婚妻子，参加了中国人民解放军。他转战辽沈、平津，一路南下解放长沙、海南岛。

在解放四平的战斗中，孙景坤担任机枪手，是敌人火力重点打击的对象，密集的子弹常常像刮风一样扑向他，"半个月内换了4件棉衣"。解放战争中，孙景坤凭借扎实的作战能力，先后在辽沈战役中立三等功，在平津战役和海南岛战役中分立二等功。由于表现出色，孙景坤于1949年1月光荣加入中国共产党。

1950年，朝鲜战争爆发，孙景坤随部队从海南战场撤回后集结在安东，待命过江。老家山城村就在眼前，战友们劝他回家看看，他却总是拒绝："在外边打了三年仗，咋能不想家？但别人都不回家，就我特殊？"久经沙场，一朝归乡，可大战在即，孙景坤从未向部队提出探亲的要求。后来因腿部中弹，孙景坤被送回安东治疗，他仍然没有回家。伤好后孙景坤再次入朝，却因为没有找到原来的部队，只好二次回国。

再次踏上祖国的土地，孙景坤仍然没有回家，而是跑到志愿军某机关打听自己部队的下落。两天后，他第三次过江追赶部队。"走之前回头看了看家的方向。只有打了胜仗，才能回家过好日子。"孙景坤说。第三次奔赴朝鲜后，孙景坤找到了自己的部队，并立即投入战斗。

★ 血战上甘岭

1952年10月26日的朝鲜战场，发生了孙景坤军旅生涯中最惨烈的一次战斗。黄昏，孙景坤所在的三五七团在炮火支援下，经过两个多小时激战，占领161高地，随后由八连副连长支全胜带领二排官兵坚守阵地。

次日，不甘失败的敌军在飞机、坦克的配合下向161高地猛攻。二排官兵连续打垮敌人多次反扑，自身伤亡也很大。孙景坤临危受命，带领9名战士，扛着8箱手榴弹、2箱子弹，冲过多道封锁线，从敌人火力死角冲上161高地。此时，坚守阵地的二排几乎弹尽粮绝。整整一个排，打得只剩下几个人。

"你们来得太及时了，马上投入战斗。"支全胜一把搂住孙景坤。

"副连长放心，我们保证守住阵地。"孙景坤立即安排增援战士们各就各位。

敌人又开始进攻了，孙景坤和战友们奋力阻击，敌人3次进攻都被英勇的志愿军战士们打垮了。敌人恼羞成怒，便组织了30多人的突击队，开始新一轮的疯狂反扑。从中午一直到半夜，孙景坤他们打退了敌人6次进攻。战后，战友们从被炮弹掀起的泥土中，找到了受伤昏迷的孙景坤。

持续43天的上甘岭战役打出了新中国的国威和军威，打出了英勇顽强、血战到底的上甘岭精神，这场战斗对抗美援朝战争产生了重要影响。孙景坤也因为在作战中表现英勇，击毙敌人21人，守住了我军阵地，记一等功，获朝鲜民主主义人民共和国一级战士荣誉勋章1枚。1953年，他作为志愿军回国英雄报告团成员，受到毛泽东主席、周恩来总理等党和国家领导人的亲切接见。

★ 深藏功与名

1955年，复员的孙景坤放弃到城里工作的机会，选择回乡务农。回乡之后，孙景坤将组织关系交给村党支部，退伍手续交给地方民政部门，对自己的功绩只字未提。回乡第三天，孙景坤就拿起农具到生产队劳动。他的光辉事迹，在他复员回乡后的几十年里都无人知晓，就连他的子女都不知道。

从农民成为战士，又从战士成为农民，经历过战场厮杀的孙景坤，更加珍惜来之不易的和平生活。在当生产队队长期间，孙景坤带领乡亲们大力发展粮食产业，建设村庄。仅仅过了几年，他在荒山上就种下了13万棵松树和板栗树，使山城村变成了郊区的富裕村；还修建了防洪大坝，改变了山城年年受水患的状况。其间，孙景坤刻意尘封功绩，闭口不提战功。1984年，孙景坤组织村民先后成立共同致富小组、扶贫致富小组，还把分给自己的40亩地重新分配给5户从黑龙江迁来的贫困户。

英雄，在惊涛骇浪中向死而生，也在平凡的日子里甘守寂寞和清贫。山城村位于丹东市近郊，当年每每有单位招工，孙景坤都毫不犹豫地把机会让给别人。面对家人的不解，孙景坤只有一句话："那么多同志为了祖国把性命都搭上了，我不能总想着自己家这点事儿。"

英雄无畏，岁月有痕。2016年5月，得知丹东抗美援朝纪念馆征集历史文物资料时，孙景坤毅然把珍藏几十年的立功证书、立功喜报捐献出来。他说："我还活着，已经很幸福了，真正的英雄是那些牺牲了的战友。"

2023年1月7日，孙景坤在辽宁丹东逝世。坚守初心的人，注定会被时代铭记。老英雄的功勋与精神，将永远映照在后人的心里。

誓与高炉共存亡
——鞍钢劳模孟泰荣获的全国工农兵劳动模范代表会议纪念章

这是一枚全国工农兵劳动模范代表会议纪念章，它的主人是鞍山钢铁公司工人孟泰。抗美援朝时期，中国人民志愿军战士在朝鲜战场用血肉筑起长城，在后方的各条生产线上，产业工人们也在不舍昼夜、筑起后勤保障线。孟泰就是后方产业工人的代表之一。

1950 年 6 月，朝鲜战争爆发，随后美军把战火一直烧到鸭绿江边，并出动飞机在中国边境狂轰滥炸。孟泰不顾个人安危，把行李扛到高炉旁，抱着"誓与高炉共存亡"的决心，日夜守护着高炉。只要拉响防空警报，孟泰就拎着管钳子站在高炉旁，用生命护卫着高炉。而他这样做还有一个目的，就是一旦敌机轰炸，高炉出现损坏，他就能立刻投入抢修。

一天，一座高炉发出一连串的巨响，孟泰意识到，发生严重事故了。高炉被烟雾笼罩，浓烈的硫黄味呛得人睁不开眼睛、喘不上气。孟泰拎着管钳子就往上冲，一点点摸索着查找事故原因，终于在高炉西南角的出铁口处找到了原因。原来，这里有一处炉皮钢板烧穿了，火红的铁水像瀑布一样飞流而下，与顺着炉皮淌下的冷却水相遇，便发生了连续不断的爆炸。孟泰与相继冲上来的几名职工迅速关闭了冷却水的开关，又将还在淌着的冷却水引离炉皮，阻止了进一步的爆炸发生。

1000 多摄氏度的铁水与冷水相遇，烟雾弥漫，噼啪作响，爆炸声此起彼伏。孟泰和工友们将生死置之度外，敢于冲向高炉排险，他们是当之无愧的真英雄。孟泰说："危险关头最能考验人，你要迎上去，那就得豁上你的性命。你要跑开，生命是没危险了，但国家财产就要受损失。你选择吧，一秒钟就决定你是一个勇士还是一个胆小鬼。"孟泰在恢复和发展鞍钢生产中做出了重大贡献，先后受到毛泽东主席的 8 次接见。直到今天，在鞍钢集团还流传着这样一句话：

孟泰精神铸鞍钢之魂。

在抗美援朝期间,像孟泰这样坚守岗位、为支援前线做贡献的奉献者还有很多很多,辽宁人民在抗美援朝时期表现出"人人争当战斗英雄,个个要做支前模范"的奋斗激情,更深切地懂得"有国才有家"的道理。"抗美援朝,保家卫国",辽宁人民从各个方面,用尽一切办法,毫不吝啬、倾尽所有来支援抗美援朝,不仅派出自己的优秀儿女参加志愿军,用生命和鲜血帮助朝鲜人民反抗侵略,保卫祖国,还支援了大量的车辆、牲畜、粮食和物资,在人力、物资上进行了有力的支援。辽宁人民以长子情怀,再一次展现了对祖国的忠诚与担当。

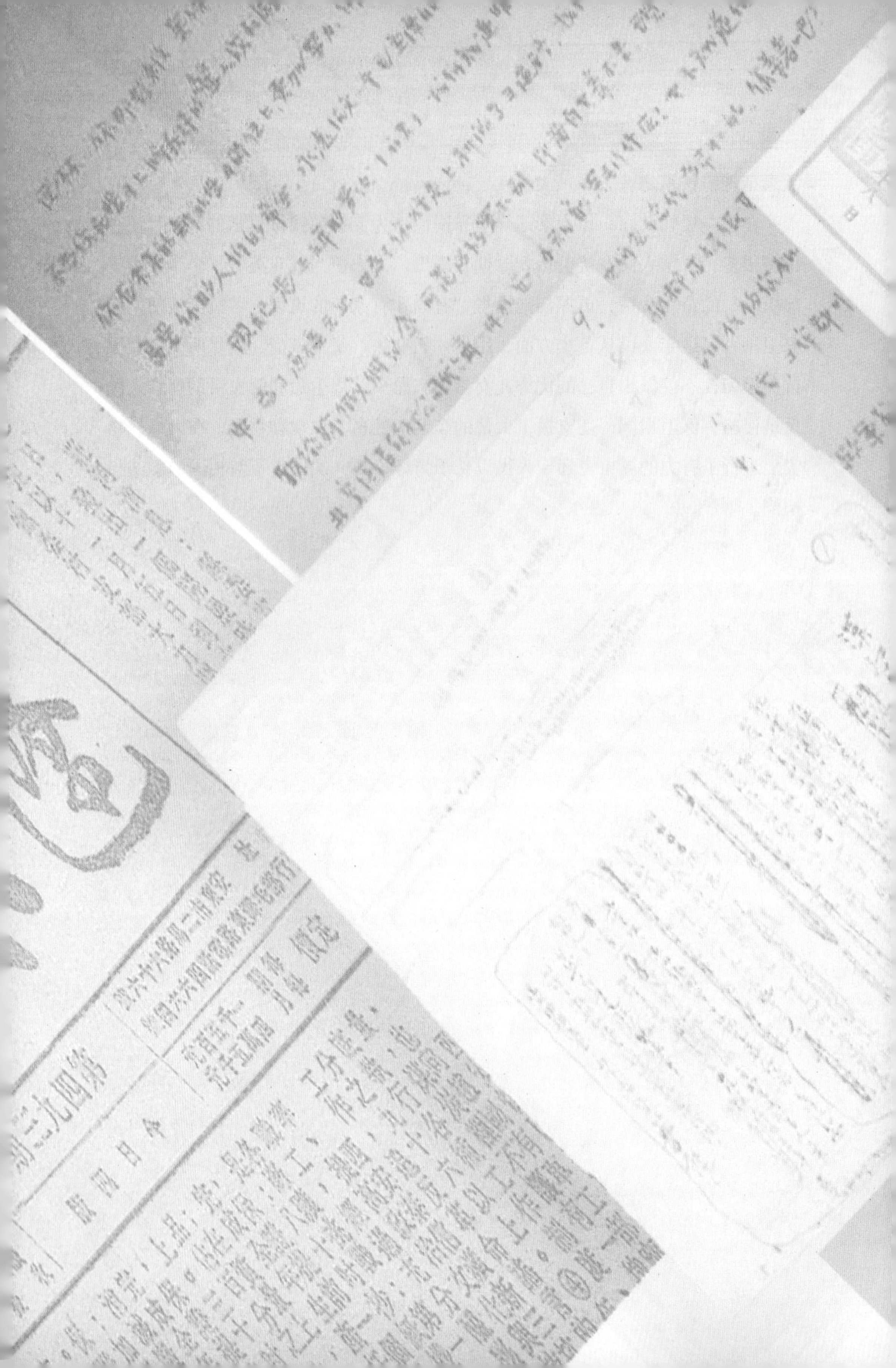

其他综合篇

用生命凝结的中朝友谊
——金日成为罗盛教烈士的题词

罗盛教烈士的国际主义精神与朝鲜人民永远共存！

金日成

这是一句用汉字书写的题词："罗盛教烈士的国际主义精神与朝鲜人民永远共存！"笔迹流畅，字体苍劲。写下文字的，是时任朝鲜民主主义人民共和国领袖金日成。朝鲜的国家元首为中国的一位普通战士题词，人们不禁要问：罗盛教是何人？为何获得如此崇高的荣誉？

★同仇敌忾

1931年，罗盛教出生在湖南省新化县松山乡大同村的一个贫困农民家庭。1949年11月，他参加了中国人民解放军，成为湘西军政干校的学员。1951年4月，罗盛教参加了中国人民志愿军。跨过鸭绿江后，罗盛教在家信中写道：当我下桥第一脚跨上朝鲜的土地时，就嗅到了烟烬和火药的气息。美丽的城市已被野兽的飞机炸光了，剩下的是一片焦土和碎瓦，我心如刀绞，流泪了，也无比愤怒了。我发誓非消灭美帝强盗不可。否则我再不过这座大桥……"

那时，罗盛教担任志愿军四十七军一四一师侦察队文书，随部驻防在朝鲜平安南道成川郡的一个只有20多户人家的小村庄——石田里。在这里，志愿军战士和朝鲜老乡相处得像一家人。平日里，罗盛教经常帮房东大妈担水、劈柴，学习朝鲜语，仅20多天的时间，他就能与朝鲜老乡简单地语言交流了。

同年8月，在牛毛洞伏击战中，罗盛教负责救护伤员，架浮桥。目睹朝鲜同胞被美国侵略者凶残地屠杀的惨状，他写下誓言："当我被侵略者的子弹打中以后，希望你不要在我的尸体面前停留，应该继续勇敢地前进，为千万朝鲜人民和牺牲的同志报仇！"

在南映里，当燃烧弹点燃了整个村庄，罗盛教奋不顾身冲进火舌缠绕的屋子里，救出了安大娘和她的孙子，自己却因烟熏火烤而昏了过去……

★ 奋不顾身

1952年元旦，志愿军战士和石田里的村民们举行了一场别具特色的联欢晚会。尽管不时受到美国飞机的干扰，但晚会依然热闹、欢快，中国的锣鼓和朝鲜的歌舞，营造出一片喜庆、友好的氛围。

第二天清晨，寒风凛冽，雪雾弥漫。罗盛教上完早操以后，便和理发员宋惠云一起到村外的栎沼河边，分头寻找两枚没有打响的手榴弹，想用它来做教练弹。

走着，寻着，突然，罗盛教听到"咔嚓"一声，同时传来孩子们的呼救声。罗盛教猛一抬头，只见远处河面上有两个正在滑冰的朝鲜儿童连哭带叫，用手指着一个刚刚坍塌的冰窟窿。罗盛教定睛一看，冰窟窿里有一个小朋友拍打着水面，正奋力挣扎……

罗盛教见此情景，一把抓下帽子，奋不顾身地向冰窟窿冲去。他边跑边脱下棉衣，跑到冰窟窿边时，身上仅剩下一层单衣，被寒风吹得鼓了起来。罗盛教甩掉脚上的大头靴，"扑通"一声跳进冰窟窿里。冰窟窿溅起一片浪花，但很快又结成冰凌。

罗盛教在冰冷的深水里到处寻着、摸着，时不时将头伸出水面，深深地吸了一口气，他冻得脸色苍白，浑身青紫，但又马上钻进水中。

时间一分一秒地过去，岸上的两个孩子急得直哭。终于，罗盛教托着落水的孩子探出了头！他一手托着孩子，一手扶着冰面，冰层下的激流冲得他来回摆动，手指冻得僵硬，嘴张不开。当远处的宋惠云赶来时，冰窟窿里孩子的上半身已露出水面，但此时，孩子已经神志不清，头发被冻成冰条，一缕儿一缕儿粘在额头上，他和罗盛教的身体在水面上一起一伏地摇晃，罗盛教已经虚脱，但仍用最后的一点力气托着孩子。宋惠云不会游泳，想伸手帮他往上拉，但此时，罗盛教和孩子又沉入水中。浮浮沉沉中，接连几次托举，都因冰面坍塌而没有成功。宋惠云灵机一动，狂奔回村里找来一根电线杆并拖到河边。看到宋惠云回来，罗盛教艰难地吸了一口气，又潜到水底。

当孩子再次被罗盛教托出水面时，宋惠云赶忙把电线杆伸过去，一下又一下，孩子终于抱住电线杆，被宋惠云拉上冰面。孩子得救了，但宋惠云再次探出电线杆时，无论他怎么大喊，罗盛教却再也没有浮上来，水面上的涟漪渐渐恢复了平静。

战友们闻讯赶来了，朝鲜老乡们也赶来了。人们砸开冰层将罗盛教捞了上来。"罗盛教！""罗盛教！"人们的呼唤响彻云霄，但这位年仅21岁的青年却再也没有睁开眼睛，他静静地躺在雪地上，身体像一尊冰雕……

★ 永远怀念

罗盛教为抢救朝鲜落水儿童壮烈牺牲，震撼着朝鲜人民的心灵。被罗盛教营救而获得新生的孩子叫崔莹，他除了痛心外，更多的是自责。他的母亲流着泪说："罗同志为救崔莹而牺牲，他的恩情我们这辈子也报不尽啊！"

村里叫元善女的老太太自愿献出土地来埋葬烈士罗盛教，她对石田里劳动党支部书记说："我把自己这块茔地让给罗同志，这同让给自己的儿子没什么分别！请你跟志愿军同志说说……"

当天下午，老乡们纷纷来到志愿军驻地，再三请求："罗同志为救我们的孩子而牺牲，请把他的遗体交给我们，按照朝鲜人民最隆重的葬礼安葬吧！"

村中少年抬着用白布缠着的罗盛教的遗体，全村男女老少都跟在后面，向茔地走去。当罗盛教的遗体被放进墓穴的时候，村民们围绕在墓穴四周，最后一次瞻仰烈士的遗容，大声地哭泣着，一锹土一把泪地埋葬了烈士。崔莹领着他的弟弟和妹妹抬来了一块石桌，安置在烈士墓前。

崔莹将一瓶酒、一碗饭和一碗豆腐摆到石桌上，在烈士墓前跪了30多分钟，痛哭着宣誓："罗哥哥！我永远忘不了你的救命恩情！我们要世世代代地纪念你,我决心参加人民军,继承你的遗志,和志愿军同志一起去打败美国侵略者！"

为悼念罗盛教烈士，两位村姑从山上移来小松树栽在烈士墓旁。几天后，人们又成群结队地来到墓地，在罗盛教的墓前竖起了墓碑，墓碑背面用朝鲜文写着："生长在朝鲜土地上的人民，都应该永远地牢记着我们的友人罗盛教同志，学习他的伟大的国际主义精神。"

为了永远怀念罗盛教烈士，朝鲜政府和人民将石田里改名"罗盛教村"，将烈士献身的栎沼河改名为"罗盛教河"，将安葬烈士的佛体洞山改名为"罗盛教山"，山上修建了秀美的"罗盛教亭"和雄伟的"罗盛教纪念碑"，碑上是金日成的亲笔题词："罗盛教烈士的国际主义精神与朝鲜人民永远共存！"

为了表达朝鲜人民对罗盛教的怀念之情，朝鲜民主主义人民共和国最高人民会议常任委员会授予他一级国旗勋章、一级战士荣誉勋章。1952年2月，志愿军领导机关授予罗盛教"一级爱民模范"荣誉称号，并记特等功。1954年5月30日，朝鲜朝中友好代表团400多人来访中国，特安排一个分团到罗盛教的家乡湖南省新化县，当年被救的少年崔莹随团访问了罗盛教的故乡，并拜见了罗盛教的父亲罗迭开，向他表达了朝鲜人民永远的怀念之情。

墓碑中镌刻的忠诚
——杨根思烈士墓碑

抗美援朝纪念馆收藏了这样一份特殊的文物，它没有经历过抗美援朝战场上血与火的洗礼，甚至可以说它没有在战争中发挥过任何作用，但是，所有参观的人，都会不自觉地在它面前驻足瞻仰，有的人甚至还会流下滚烫的泪。这份特殊的文物是什么呢？

它，就是一块出土自辽宁丹东锦江山麓抗美援朝烈士陵园的墓碑，尽管墓碑上的文字已然模糊，但那每一个字，依然那么厚重、热烈地诠释着一位烈士英勇无畏的抗美援朝精神和对党、对祖国、对人民的无限热爱和忠诚。这块墓碑的主人，就是"朝鲜民主主义人民共和国英雄"称号及金星奖章、一级国旗勋章获得者，曾被中国人民志愿军司令员彭德怀亲切地称为"中国人民的优秀儿子，国际主义的伟大战士，志愿军的模范指挥员"。

——他的名字，就是杨根思。

★ 英雄出少年

1922年，杨根思生于江苏省泰兴县一户贫苦农民家庭，父母早亡，为了能活下来，年仅10岁的杨根思给地主家放牛，12岁时，随哥哥到上海做编织地毯的童工。

少年杨根思，经历了战火的洗礼，见证了敌人的凶残、资本家的剥削和老百姓的流离失所、家破人亡。1942年春，因工厂倒闭，杨根思和哥哥只好离开上海，回到阔别八年的家乡。从他亲身感受到的一些事情里，从民兵队队长讲的打日本侵略者的故事里，他知道了新四军是为穷苦人打天下的队伍，共产党就是人民的大救星。他终于找到了一条新路，明确了人生的方向。他满怀着激动的心情参加了乡基干民兵队。1943年夏天的某日，区里的干部正在召开秘密会议，放哨的杨根思发现了敌情，用手榴弹炸跑了敌人，保证了区干部安全转移。1944年2月，杨根思正式加入新四军，成为苏中军区某部三排九班的新战士。1945年11月，杨根思光荣地加入了中国共产党。这时的他，面对鲜红的党旗，紧握着右拳，立下了铮铮誓言。他用短暂的一生，践行了一名共产党员对党对祖国对人民的无限忠诚和使命担当。

在短短的几年里，杨根思凭着机智和勇敢，屡立战功，成为有名的"爆破大王"，曾被评为团战斗模范。1946年后，先后任副班长、班长、副排长、排长、副连长等职务。从1947年初开始，杨根思跟随华东野战军参加了著名的豫东战役、济南战役、淮海战役和渡江战役。因战功显赫，被华东野战军政治部授予"一级人民英雄"光荣称号。1950年9月，杨根思出席在北京召开的全国战斗英雄代表会议，还受到了毛泽东主席和朱德总司令的接见。

新中国成立了！中国人民从此站起来了！在杨根思的眼睛里，充满了对未来美好生活的向往，对祖国繁荣昌盛的热切希望！但是，随着1950年6月朝鲜战争的打响，美国侵略者入侵我台湾海峡，并轰炸我东北边境城镇时，杨根思陷入了沉思。他的人生，又一次面临着抉择。

★ 鏖战小高岭

为了祖国的和平发展，为了人民的幸福安康，年仅28岁的杨根思毅然决然地再次拿起枪，肩负着祖国和人民的重托，雄赳赳气昂昂，跨过鸭绿江，他的心愿只有一个，那就是抗美援朝，保家卫国！痛击美国狼！

冬季的朝鲜，天寒地冻，风雪交加。杨根思知道，自然环境虽然恶劣，但是更加艰巨的考验，就在眼前。1950年11月24日，抗美援朝第二次战役打响了。身为志愿军二十军五十八师一七二团三连连长的杨根思，奉命率领连队三排战士坚守咸镜南道长津郡下碣隅里外围小高岭的任务。小高岭是美军南逃的唯一通道，也是志愿军必须坚守的战略要地。部队出发前，营长王贯一对杨根思说：

"你们守住了这个阵地，就打破了敌人的突围企图。要记住，你们三排不许敌人爬上小高岭，要坚决把敌人消灭在小高岭阵地之前！"

"是，保证完成任务！"杨根思坚毅地敬了一个军礼，带领战士出发了。这天，凛冽的西北风呼呼直叫，雪花直往脖子里钻。就在这样严酷的条件下，杨根思带领三排战士对小高岭的防御做了周密部署。

11月29日，坚守小高岭的战斗打响了。美军使用了惯用的伎俩，以飞机、火炮，对小高岭实施猛烈轰炸，密集的炮弹一阵紧似一阵。敌机还空投了大量的凝固汽油弹，小高岭顿时变成一片火海。猛烈的攻势使阵地上大部分工事都被破坏，不少战士都负了伤。情况危急，杨根思立即组织战士重新修筑工事，并利用弹坑作掩体，做好迎击美军冲击的准备。

果然，几分钟后，成群结队的敌军向小高岭冲了上来，100米、80米、60米……近了！更近了！杨根思沉着镇静，当敌人爬上山岭，距离志愿军只有三四十米时，他发出迎击命令，轻、重机枪立即扫射，手榴弹准确地爆炸在敌群中。美军丢下一片尸体，狼狈溃逃。

美军调来8辆坦克和两个连的兵力，以更加猛烈的炮火轰击小高岭，并发起第二次冲击。当敌人离阵地只有二三十米的时候，杨根思甩出手榴弹，下达了反击命令，机枪、步枪一齐开火，打得前面的敌人死的死、伤的伤，而后面的敌人仍然不断往上涌，杨根思趁敌混乱之机带领战士跃出工事，冲进敌群，用刺刀、铁锹、石块同敌人拼杀。顿时，阵地前沿射击声、格斗声、喊杀声响成一片。敌人被打得很快动摇，纷纷溃退。

敌人遭受两次打击后仍不死心，稍事休整后又以坦克开路引导步兵发起第三次攻击。杨根思看着不断向阵地开来的坦克，抱起炸药包准备冲击，刚跃身而起，就被战士赵有新一把拉住："连长，我去！"赵有新抢过炸药包，向敌坦克奔去。杨根思下令火力掩护。只见赵有新猛地将炸药包塞进坦克履带，敏捷地转身上山，一声巨响，坦克在烟雾中再也不动了，其他坦克掉头就跑。

趁着短暂的战斗间隙，杨根思赶紧整理部队，命令战士迅速抢修工事。补充弹药回来的战士姜子义带来一张字条，上面写着："亲爱的三连同事：你们是钢铁的连队，要守住这阵地。我们相信你们一定能守住。"原来是副营长王国栋写给他们的信！读完信，杨根思坚定地注视着阵地上仅剩的6名战士，说："这个阵地不能丢，只要有我们的勇敢，就没有敌人的顽强。敌人凶，我们要凶过他；子弹拼光了拼枪托，拼断了枪托再拼铁锹。阵地决不能丢，丢了它就是丢脸，在美国强盗面前丢脸，是最可耻的事！所以，我们有几个人打几个人的仗，就算只剩一个人也要消灭敌人！"战士们齐声高呼："我们能守住阵地！我们一定能守住阵地！"随后，杨根思握紧拳头，庄严地说："为了祖国，为了人民，为了世界和平，我们要守住这个阵地！"

★献身守阵地

敌人又开始发动进攻了，在一阵狂轰滥炸之后，黑压压一大片扑向小高岭。面对数十倍于己、整连整营的美军，战士们毫不畏惧。杨根思一边指挥战斗，一边与敌人拼杀，又一次打退了冲上小高岭的敌人。在经历了敌人一次次的进攻之后，阵地上只剩杨根思和重机枪排排长两个人，而此时，子弹也快打光了。杨根思考虑之后，对重机枪排排长说："有我在，阵地可以守住！武器是同志们用鲜血换来的，是革命的财产，不能把武器留给敌人。你赶快把它们撤下去！"

重机枪排排长说什么也不肯走，杨根思大声地说："这是命令！"

"是！连长！"重机枪排排长紧紧地握了握杨根思的手，无奈地撤出阵地。杨根思站立于小高岭之巅，深深地向祖国的方向行了一个军礼，"一切为了祖国！一切为了人民！"多少回面对敌人的枪林弹雨眼睛都不眨一下的他，那一刻眼泪不停地淌下来，脸上却含着微笑。

这时，敌军又开始向小高岭倾泻炮弹，发起了第九次进攻。在敌军蜂拥而上、爬近山顶的危急关头，杨根思跃身而起，用仅剩的子弹击毙了美军指挥官。紧接着，他抱起仅有的炸药包，拉燃导火索，冲向惊呆了的敌群。一声震天动地的巨响之后，杨根思与40多个敌人同归于尽！

临难不顾生，身死魂飞扬，是烈士杨根思的真实写照。著名作家巴金随祖国慰问团前往来自华东地区的九兵团采访,正是听取了杨根思的生平和战斗事迹,创作了小说《团圆》,后又改编为电影《英雄儿女》。以杨根思为原型之一的英雄王成,成为时代偶像。杨根思所代表的不怕牺牲、英勇战斗的革命忠诚精神,也随着电影,深深镌刻在人们的脑海里,成为一个民族的时代记忆。

老秃山上的虎胆英雄

——倪祥明的追功令

这份文物的名字是"追功令"。它是1952年10月12日,由中国人民志愿军三十九军司令部、政治部发出的追记第一一五师三四三团七连四班副班长倪祥明特等功,并授予"一级英雄"称号嘉奖令。

倪祥明,河南省杞县人,1925年出生,1949年参加革命,中国共产党党员,志愿军三十九军一一五师三四三团七连四班副班长。1952年7月,在涟川西北222.9高地防御战中,在子弹打光后,他冲入敌群,拉响了手榴弹与敌同归于尽。立特等功,获"一级战斗英雄"称号。

"老秃山"位于朝鲜临津江南岸。提到"老秃山"这三个字,你的脑海中,一定会浮现一座海拔不高、光秃秃的小土包吧?其实,"老秃山"本不秃,曾经郁郁葱葱;"老秃山"本有名,叫上浦坊东山。那么,这座山缘何改名更号?只因在抗美援朝战争期间,受到美军成千上万发炮弹的攻击,而变成弹坑遍地的秃山,才有了"老秃山"的名称。

这座"老秃山"经历了血与火的考验,更见证了志愿军英雄班长倪祥明同战友们与美军之间"气"与"钢"的对决。

★ 上阵地前,递交入党申请书

1952年7月20日,倪祥明刚调到四班当副班长的第二天夜晚,就和全班一起接替七班守卫222.9高地。全班同志出征前,一个个高举拳头宣誓:"为了党,我们不怕任何牺牲,一定完成任务!"

这块位置在朝鲜战场西线临津江南岸崇山峻岭中的高地,在3天前被志愿军以6分钟歼敌190余人而第四次占领,敌人随后开始反扑,争夺战十分激烈。

在敌人的炮火中，经过一昼夜的紧张劳动，四班完成了抗击敌人加固阵地的准备工作，夜晚来临了，可倪祥明怎么也睡不着。

5 岁时，倪祥明的母亲就去世了，7 岁时父亲外出未归，他是姐姐带大的。直到新中国成立后，他才感觉自己迎来了春天。参加志愿军以后，他更感到革命大家庭的温暖。

临上阵地前，倪祥明跑到连部找卫生员替他写决心书。决心书上，他向党支部提出了入党的请求，并表示要向刘胡兰、张志坚（《钢铁战士》电影里的张排长）学习。同时，他又给姐姐写了一封信，信中写道："我是为朝鲜人民来打仗，其实也是为自己来打仗。我一定不辜负你对我的抚养之恩，在战斗中争取立功，把立功的喜报给你寄回去……"

★ 生死关头，与敌人同归于尽

7 月 22 日凌晨，敌人向 222.9 高地猛扑，偷袭不成，改为强攻。激烈的战斗不歇气儿地打了一个多钟头，横躺竖卧在阵地前的敌人死尸已有 100 多具。

四班表面阵地上只剩下倪祥明、周元德和宋成久 3 个负轻伤的同志，指挥的重担就落在副班长倪祥明的肩上。倪祥明带着周元德和宋成久把牺牲和受伤的战友抬进了坑道，他让宋成久守备坑道口和保护伤员，自己在洞里搜寻弹药，两手紧握着两颗手榴弹，从洞口观察着敌人的动静。

忽然，有 5 个敌人的黑影闪动在洞口外的交通沟里，倪祥明赶忙对周元德说："敌人来了，我们把他们消灭掉！"说着他拿起手榴弹冲出洞口，向敌人直扑过去。5 个敌人马上扑过来抓他，倪祥明挥起手榴弹，对着一个敌人的胸部锤了过去，又抓住敌人的衣襟，使劲一按，敌人就脸着地栽倒了。另外 4 个敌人乘机猛扑过来和倪祥明撕打成一团，周元德也冲上来支援副班长，使尽力气从副班长身上搬下两个敌人。倪祥明又站了起来，抡起铁锤似的手榴弹向敌人的脑袋拼命地打去。

守卫在坑道里的宋成久听到倪祥明大喊："宋成久，我要跟敌人拼了……"

当敌人再次冲到倪祥明和周元德面前的时候,只听倪祥明和周元德高喊:"共产党万岁!""毛主席万岁!"接着,就是4颗手榴弹连续的轰响。

天亮时,支援部队赶来。他们看到倪祥明和周元德的身下,各压着一个血肉模糊的敌人尸体。另外两个被炸死的敌人,直挺挺地倒在一边。战友从倪祥明被炸断的手的指头上,取下他拉响的最后一颗手榴弹的铁环。

战后,志愿军政治部授予四班"222.9高地一级英雄班"的光荣称号,集体记特等功;记倪祥明特等功,追授"一级英雄"称号。根据倪祥明生前的请求,他被师党委追认为中国共产党党员。

美术界的集体『出征』

——古元在朝鲜战场创作的素描等

|其他综合篇|

抗美援朝纪念馆收藏了许多抗美援朝主题的美术作品，其中，既有老艺术家在朝鲜战场上创作的战地素写、主题版画，也有在祖国后方创作的宣传画，为今天的我们留下了生动的历史记忆。

古元（1919—1996），生于广东省珠海市，历任人民美术出版社创作室主任，中央美术学院教授、院长，中国美术家协会副主席，中国版画家协会副主席等。在抗美援朝战争初期，古元积极参与宣传画的创作。在战争中后期，他亲历战场，创作了一批速写和版画。他画战场上的一棵野草，画战士一个个不经意的表情和动作，画朝鲜农村的景象。他的视角细腻而独特，善于选取最能打动人心的场景，因此更容易让观看作品的人感受到残酷战场上平凡人的内心世界。

《喝足了再拼》描绘了一个战士靠着战壕、仰脖灌下军用水壶里的水，再上战场上厮杀的景象。古元没有画战争的场面，但这位战士的勇气已经鼓舞了人心。《行军遇雨借宿此农户》描绘了朝鲜农村平静的田园生活，房舍、农田、牲畜。女人头顶着瓦罐向家走去，孩子在屋后的秋千上高高荡起。这是多么美好的生活，多么美好的家园。但这里也许马上就会沦为战场，一切都将不复存在。古元用平静的描绘，对比出战争的残酷，这似乎更能够让人感到唏嘘。《战场所见植物》一画中，古元描绘战场上的草，用他独特的视角审视战争。绿色是和平，是希望，就算战争可以毁灭一切，只要有野草，就有生命的希望，就有和平的来临。

像古元一样的许多艺术家，在抗美援朝时期，深入到朝鲜前线，有的报名参军，有的参加赴朝鲜的战地记者团。中央美术学院就有好几批师生先后奔赴前线。从1950年底开始，美院的教师如伍必端、洪波、侯一民、林岗等作为战地记者，奔赴朝鲜前线；1951年，美院6名学生报名参加中国人民志愿军，奔赴前线，院长徐悲鸿为参军的学生送行；1951年，中央美院"美干班"的毕业学员参军入朝，在朝鲜前线开展部队文化宣传工作，荣获了朝鲜人民军司令部颁发的"军功章"；1952年，中央美院还继续派出教师参加抗美援朝的前线慰问活动，古元就是这次派出的老师代表，参加了巴金任团长的"中国文艺工作者战地访问团"，在朝鲜前线开展了长达9个月的战地创作。一大批来自抗美援朝前线的速写、素描、水彩作品由此诞生。它们尺幅虽小，但都是在烽火硝烟中产生的，可以说是带有血与火的印记的作品。

在祖国的后方，也有许多始终心系抗美援朝的美术家。画家徐悲鸿因为身体虚弱无法前往战场，他把自己的作品寄往前方，表达对志愿军战士的崇高敬意。一次，徐悲鸿先生收到一位志愿军战士的来信，说非常喜欢徐先生的水墨奔马，他就画《奔马》赠送给志愿军战士，而且还特别附上信函，说："我以能为你们服务而感到无限光荣，此致，崇高的敬礼！"画家蒋兆和也在后方画了大量反映抗美援朝主题的美术作品，如《鸭绿江边》《给爷爷读报》《两个母亲一条心》等，还有一幅《把学习的成绩告诉志愿军叔叔》被印制成了宣传画片，送往朝鲜前线，张贴在坑道里、阵地上、医院和包扎站等处，起到了很好的鼓舞斗志的作用。

抗美援朝期间涌现出许多抗美援朝主题艺术作品。它们在题材上主要有七大类型：一是战地速写，生动地反映了这场战争的战斗场景、生活场景，特别是志愿军昂扬的精神气质；二是表现战斗英雄、英烈、英模，如杨根思、邱少云、黄继光、罗盛教等人的画像和英雄故事；三是表现重大时间节点和重大战役，比如跨过鸭绿江、上甘岭战役等；四是表现中朝人民的友谊，为朝鲜人民提供帮助并为他们排忧解难；五是表现中国人民热爱和平、捍卫世界和平的意愿；六是表现全国各界支援抗美援朝的生产建设；七是表现抗美援朝的胜利，以中朝两国共同的胜利，特别是中国人民志愿军所取得的胜利为主要内容。

抗美援朝时期，老一辈艺术家们以"抗美援朝，保家卫国"的时代号召为己任，配合抗美援朝战争和抗美援朝运动，在战争的烽火中，在极为艰苦的条件下，记录和反映了火热的战斗生活和伟大的胜利，完成了美术界的集体"出征"。

浴血上甘岭

——上甘岭战役中的岩石粉末、弹片

即使对战争史缺乏了解的中国人,恐怕也会因为电影《上甘岭》以及那首响彻神州大地的插曲《我的祖国》,而知晓抗美援朝战场上以惨烈闻名的上甘岭战役。今天,如果你走进抗美援朝纪念馆战争展厅,会看到一盒夹杂着弹片的碎石与粉末,静静地居于展厅的一隅——它们,是上甘岭战役结束后,中国人民志愿军战士从阵地上采集下来留作纪念的粉末。历经多年,抗美援朝战场上的硝烟早已散尽,再次与它们对视,你却会在不经意间,从它们的默然中读出一种壮烈。面对它们,我们不禁要问,在那场战役中,它们究竟历经了怎样的粉身碎骨?又记录了怎样的战斗故事?

★争夺上甘岭

上甘岭是朝鲜中部金化郡五圣山南麓的一个只有十余户人家的小村庄,是志愿军中部防线战略要地五圣山的前沿,位于五圣山主峰以南4公里处。五圣山位于金城、金化、平康三角地区的中央,主峰海拔1061.7米,是志愿军防守占线中部的最高峰。

在志愿军十五军军长秦基伟将军的回忆录里,这样描述了上甘岭战役:1952年的朝鲜战场,中朝部队接连取胜,但美军不想在谈判桌前丢面子,并想在战场上赢得更多的谈判筹码,于是就形成边谈边打、打打谈谈、谈谈打打的局面。到了10月,美军蛮横地单方面中止了谈判,美方首席谈判代表哈里逊叫喊:"让枪炮来说话吧!"接下来,美方便开始了他们的"金化攻势"。当时的五圣山具有重大的战略意义,它是朝鲜东海岸到西海岸的连接点,控制着金化、铁原和平康三角地带,是朝鲜中部平原的天然屏障。如果志愿军占有它，就可俯瞰敌人纵深，直接威胁以美军为首的"联合国军"的金化防线，把战线稳定在"三八线"；倘若"联合国军"夺取了五圣山，就等于从中部突破了志愿军防线，进而危及整个北朝鲜战线。而不足3.7平方公里的上甘岭，又是控制五圣山命脉的高地。所谓的"金化攻势"的要点，就是拿下上甘岭，突破五圣山防线。

1952年10月14日凌晨3时30分，美第八集团军司令范弗里特通过美联社驻汉城记者向全世界宣布："金化攻势（指上甘岭攻势）开始了！"半个小时后，美第八集团军七师和配属的南朝鲜二师的16个炮兵营的300门大炮、40架飞机和120辆坦克，向上甘岭597.9和537.7两个高地发起攻势。

守卫这两个高地的是志愿军十五军四十五师。以美军为首的"联合国军"以美七师进攻597.9高地，以南朝鲜二师进攻537.7高地北山。在火力上，"联合国军"占有极大优势，它们大规模地组织轰炸机飞到战区上空轮番轰炸，平均每秒钟就落下6发炮弹。轰炸了一个小时后，敌人凶猛地向高地扑来。

面对如此突然而猛烈的打击，四十五师守备部队顽强地挺住了。他们与敌人苦战了一天，打退了敌人的十几次进攻，拼死保住了一部分阵地。入夜后，志愿军发起了反攻，将高地上的敌人全部赶了下去。第二天，敌人在猛烈的炮火掩护下又攻了上来，志愿军顽强抵抗，最后伤亡惨重退守坑道。到了夜里，志愿军再次组织部队反攻，一夜苦战夺回阵地。如此的情景日夜不断，双方进行了反复的拉锯战。

上甘岭战役一直持续到了11月25日，以美军为首的"联合国军"进攻43天，共发射炮弹190余万发，投炸弹5000余枚，把总面积不足3.7平方公里的两个高地上一两米厚的土石都炸松了，却只夺下了537.7高地北山的两个小阵地，而伤亡惨重，终于停止了攻势。

★ 上甘岭英雄

坑道是志愿军在总结士兵群众创造性构筑的防空洞的基础上，经过不断探索改进建造的一种防御工事。它是以坑道为主工事和与之相配套的堑壕、交通壕、反坦克壕、各种火器掩体为辅的支撑点式的防御体系。它既能防空、防炮击又能防火、防寒,是现代战争史上的一大发明壮举。然而,敌人为了对付坑道防御体系,大量使用火焰喷射器、化学炮、炸药包、硫黄弹等,不分昼夜地向我军坑道攻击。有的坑道被炸断,出口被堵塞,虽然是严寒的冬季,坑道内却闷热难耐,硝烟、硫黄、血腥、屎尿等使混浊的空气令人窒息。

"谁能送进坑道一个苹果,就给谁立二等功!"这是上甘岭战役坚持坑道战阶段的立功标准。两个高地的各个坑道,距五圣山主峰最近的地方500米,最远也不过1000多米,但要通过10道封锁线。即使到了坑道口,要进去也很难,每走一步,都可能流血牺牲。派去一个班,活着进坑道的只有三分之一,为送一壶水,甚至要付出几条生命。

志愿军老战士孙景坤,曾作为支援上甘岭战役的英雄,受到毛泽东主席的接见。在他的回忆中,上甘岭坑道战的艰苦超乎常人的想象。许多坑道里每人每天只能吃到半块饼干,许多人几天喝不到一滴水,只能喝尿来解除难忍的干渴,战士们还苦中作乐,将其戏称为"光荣茶"。战士们把饼干放入嘴里,饼干竟能把舌头割破,"仁丹"(一种以入口即化的特点著称的药)放在嘴里竟无法融化。由于医疗条件差,许多伤员牺牲在坑道中。有一个坑道,十多名战士直到饿死,还端着冲锋枪守在坑道口。

据孙景坤回忆,上甘岭战役打响几天后,山上阵地里的战友们再也支撑不下去了。此前,他所在的连队已经有8批人往阵地运送补给,都失败了,一个战友也没有活着回来。那天中午,孙景坤接到指示,带领9个人,一人扛一箱手榴弹,送到阵地上去。时近中午,正是最容易暴露目标的时候,孙景坤毫不含糊,带领着战友们扛起弹药箱就往上冲。他们一边躲避敌人的狂轰滥炸,一边小心艰难地移动。

恰在此时,敌人的一轮进攻结束。几架飞机向山头飞来,尾部喷洒着浓浓的烟雾。原来,敌机正在放雾掩护救援伤兵。孙景坤带领着战友们,趁着这绝好的机会,一鼓作气冲上了山头……山上的阵地早已弹尽粮绝,整整一个加强连只剩下4个人，副连长把空枪扔在地上，手里拎着一个爆破筒，早已准备好，敌人再上来，他就与敌人同归于尽！

黄继光、邱少云、孙占元等战斗英雄，都牺牲在上甘岭战役中。十五军军长秦基伟将军曾多次深情地说："我永远忘不了那些献身上甘岭的英雄们，他们的身影时常浮现在我的眼前。"当毛泽东主席在中南海接见秦将军时，他很少谈自己，讲述的都是上甘岭战役英雄们的事迹。

★ 不朽的丰碑

上甘岭战役，堪称世界现代战争史上最为残酷的战役。在不足3.7平方公里的阵地上，交战双方共投入兵力达十万之众，包括飞机、坦克等现代兵器在内的各种武器达到前所未有的密集程度。志愿军和美国、李承晚集团双方动用的兵力之多，持续时间之久，战场对抗之激烈世所罕见。战斗共持续了43天，双方共投入了10多万兵力。战斗中，以美军为首的"联合国军"向上甘岭两个小小的山头共倾泻了190万发炮弹和5000枚炸弹。最多的一天高达30万发炮弹，平均每秒钟就达6发，每平方米的土地上就有76枚炸弹爆炸。上甘岭的上空，差不多每天都是硝烟缭绕，犹如阴云。随手抓一把沙土，就有一半是铁屑、弹壳。

整个上甘岭战役中，志愿军先后打退敌人900次的进攻。志愿军伤亡11529人，伤亡率在20%以上。而"联合国军"伤亡25498人，伤亡率在40%以上；同时还有300架飞机被击落击伤，坦克40辆、大口径炮61门被击毁。这样的伤亡率和日平均伤亡数，对美国人来说是个极其可怕的数字，因为美国认为伤亡率最高的太平洋战争中的硫磺岛战役也只有32.6%。就这样，敌人所谓的"一年来最强大的攻势"，以彻底失败而告终。

消息传到华盛顿，美国反战情绪沸腾了。杜鲁门总统本想利用上甘岭战役捞取政治资本，却事与愿违，让上甘岭战役敲响了他政治生涯的丧钟。板门店谈判桌上，美国人从叫喊"让枪炮说话"又回到了"叫人说话"上。上甘岭成了以美军为首的"联合国军"的伤心岭。

　　消息传到北京，全国人民沸腾了。12月16日，毛泽东主席发表论朝鲜战争局势及其特点的讲话，高度评价了上甘岭战役。12月18日，《人民日报》发表了《庆祝上甘岭前线我军的伟大胜利》的社论，把庆祝上甘岭胜利的活动推向了高潮。

　　而今，上甘岭战役早已成为一个历史符号。但当我们面对着这些混杂着弹片的上甘岭粉末，耳边仿佛依然能听到战场上的炮火轰鸣，以及志愿军的军号声声……

青山忠骨，英雄归来

——蒋立早印章

70多年前，中国人民志愿军高举保卫和平、反抗侵略的正义旗帜，发扬爱国主义和革命英雄主义精神，同朝鲜人民和军队一道，打败了"武装到牙齿"的对手，赢得了抗美援朝战争的伟大胜利。伟大胜利的背后有着伟大的牺牲，现已确认的抗美援朝烈士共有197653名，他们中的绝大多数，都永远长眠在异乡。自2014年始，志愿军烈士遗骸归国安葬工作成为一件始终牵动着全国人民最深厚的民族情感的大事。

早在1986年6月，驻韩国"联合国军"方面在京畿道杨平发现1具志愿军烈士遗骸。同时出土的还有3枚图章，其中两枚骨质，均刻有楷书体"蒋立早"3个字，一枚水晶质，刻有篆书体"孙敬夏"3个字；哨子两个，一为电木质，标有"上海制造"字样，另一枚为铁质，有"GHYKYAN"字样；铁卷尺1条，有"中商出品"字样；药瓶1个，有"四野卫"字样，并有五星图案。另有武装带、铜纽扣、钥匙环等25件物品。"联合国军"方面将遗骨和遗物交给当时的志愿军驻开城联络处。随后，烈士的遗骨被安葬在开城烈士陵园的合葬墓中，遗物则由抗美援朝纪念馆收藏。多年来，像蒋立早烈士一样长眠于他乡的志愿军英烈，牵动着亿万中国人民的心。

★ 朝鲜境内的烈士陵园

抗美援朝战争期间，战场情况异常复杂，作战地域不断改变，要把烈士遗骸送回国内安葬，是非常困难的。烈士遗骸基本上是距一线阵地30华里至50华里处就地掩埋安葬，且墓地分布极其分散。

当时，为了进一步做好战时烈士工作，志愿军政治部专门下发文件，明确了回祖国安葬的标准：团以上干部及特等功臣、一级英模，安葬于沈阳烈士陵园；营级干部以及一等功臣、二级英模，安葬于丹东、集安、长甸河口等地。

为了使分散在朝鲜各地的志愿军烈士得到妥善安葬，从1953年9月开始，志愿军各部队陆续启动牺牲烈士的搬运与烈士陵园修建工作。在查对烈士、制碑、制棺、选址修建和移葬等程序中，遵循"就地选择地址，适当集中修建"的原则，尽量改造原有陵园墓地，少建新陵园。根据志愿军政治部的要求，每一座陵园墓地均建立完整的墓地档案，印制《陵园墓地埋葬情况登记表》，并以师为单位绘制烈士陵园墓地位置分布图，标注墓地位置、编号、烈士数和无名烈士数。

1954年5月，志愿军总部专门召开修建烈士陵园工作会议，军师两级普遍成立烈士陵园修建委员会和办公室。我国政府拨出建设专款，并从国内选派优秀的工程技术人员、设计人员和雕塑家到朝鲜直接参加陵园的建设。

经过几年的努力，我国在朝鲜境内共建起8处中心烈士陵园。它们是中国人民志愿军烈士陵园、云山志愿军烈士陵园、价川志愿军烈士陵园、长津湖烈士陵园、开城志愿军烈士陵园、上甘岭志愿军烈士陵园、金城志愿军烈士陵园、新安洲志愿军烈士陵园。位于平壤以东平安南道桧仓郡的中国人民志愿军烈士陵园是朝鲜规模最大、保存最完整的志愿军烈士陵园。陵园始建于1954年，1955年秋初步建成。同年10月，即志愿军赴朝参战5周年纪念日，举行了陵园落成典礼。此后陵园又进行扩建，包括毛泽东主席长子毛岸英在内的134名志愿军烈士长眠于此。

但是，由于朝鲜地理条件特殊，志愿军作战地域狭长，最远时曾推进到汉城和"三七线"上的平泽地区，以上8处烈士陵园不可能将志愿军烈士全部安葬，仍有很多分葬在朝鲜各地。

1970年，为纪念志愿军赴朝作战20周年，根据金日成的指示，并征得中国政府同意，朝鲜方面补助专款，在平壤兄弟山为志愿军修建了合葬墓。其后，朝鲜还修建了60多个烈士陵园、200多个志愿军烈士合葬墓，将分散在各地的大部分志愿军烈士集中安葬。时至今日，仍有新发现的志愿军烈士的遗骨被运往合葬墓，只是姓名已经无从考证。

★ 交战双方阵亡人员遗体首次交换

抗美援朝战争第三次战役中，志愿军一举突破"三八线"，将战线推进至北纬37度线附近地区。此后，在"三八线"以南又连续进行了第四、第五次战役。这三次战役中，美国使用了除原子弹以外的所有现代化武器，战争异常激烈，双方都付出了重大伤亡。据志愿军司令部战后通报，第四次战役中，志愿军伤亡5.3万余人；第五次战役中，志愿军伤亡8.5万余人。

1951年7月，停战谈判开始后，战争双方在"三八线"南北地区又进行了长达两年之久的阵地攻防战。因此，有相当一部分志愿军战士牺牲在"三八线"以南的原敌占区。

战争期间，双方出于人道主义，都对阵亡者进行了掩埋。志愿军离开时会临时掩埋好战友遗体，以便战后妥善安葬，但战后特别是在原敌占区对零散掩埋的战死者遗骸的收集难免会有遗漏。

1953年7月，朝鲜停战协定签署。根据《朝鲜停战协定》第二条甲项已款："在埋葬地点见于记载并查明坟墓确实存在的情况下，准许对方的墓地注册人员在本停战协定生效后的一定期限内进入其军事控制下的朝鲜地区，以便前往此等坟墓的所在地，掘出并运走该方已死的军事人员，包括已死的战俘的尸体。进行上述工作的具体办法与期限由军事停战委员会决定之。"由此，战死者遗骸交接和失踪人员统计提上各方日程。同年9月，志愿军政治部和军事停战委员会向各部队下达了进入我方非军事区及敌方非军事区搬运烈士遗骸的指示。

1954年4月，军事停战委员会成立墓地注册委员会，专门负责接运与掩埋从敌占区归还的朝鲜人民军和中国人民志愿军阵亡人员遗骸。时任三十八军副军长的李际泰受命主持这项工作。

1954年9月1日，交战双方阵亡人员遗体的首次交换在板门店附近的东场里非军事区进行。朝中方面送交了在朝鲜境内挖掘的"联合国军"军事人员遗骸200具，其中193具是美国人，无法识别国籍的7具。每一具美方军事人员尸体均用防雨布特制的布袋封装。随同送交的有军号牌、军人证及其他可能搜集到的识别物，以及亡者的各项遗物。美方也于当日交来以纸袋封装的中朝方面军事人员遗骸600具，其中100位是中国人民志愿军烈士遗骸。

这些归还的"三八线"以南的志愿军遗骸，大致分为三类。第一类，1950年冬至1951年6月，志愿军第三、四、五次战役期间，在原敌占区作战时牺牲的，这部分烈士的遗体已完全腐烂，只剩得骨骸。第二类，1953年7月中下旬志愿军发起金城反击战后，一举突破敌25公里的坚固阵地，突入纵深最远达18公里。在我完成战役任务撤退时，将牺牲的战友进行了就地掩埋。这部分人的遗体比较完整，尸肉尚在，但已充水肿胀。接收上述两部分遗骸时，大多没有辨别其身份的材料，在移交名单上仅仅登记为"UNKNOWN（姓名不详）"。第三类，志愿军战俘烈士。他们是在"联合国军"战俘营死亡的志愿军被俘人员。这些人大都是有名有姓的，而且还有敌方早先交来的被俘人员死亡名单可以印证。

这次大规模的双方军事人员尸体交接工作持续了近1个月，于当年9月底告一段落。"联合国军"方面送还的志愿军遗体共1万余具，当时都掩埋在了位于开城松岳山志愿军烈士陵园的巨大地下墓穴中。此后，陆续又发现少量志愿军烈士遗骸，都通过军事停战委员会移交给中朝方面。

1958年10月，志愿军最后一批部队撤离朝鲜。志愿军在板门店的朝鲜军事停战委员会仍有一个代表团，除负责停战协议后的善后事务，还负责协调接收在韩国境内发现、转交的疑似志愿军失踪人员遗骸，参与鉴定，并把志愿军的纪念章、尸骨、标志牌等遗物移送国内。

★ 在韩志愿军烈士遗骸按协议分批回国

继1954年9月朝鲜战争双方阵亡人员遗体交接后，1981年，在韩国境内首次发现志愿军遗骸。这具烈士的遗骸是美方于朝鲜军事分界线南侧的美军营地发现的。在遗骸附近还发现"解放华北""解放西北"纪念章两枚；私人图章两个，分别刻有"南生华"和"羡义"的字样。美方于7月25日向朝中方面交还烈士的纪念章和图章，于8月7日交还烈士遗骸和其他遗物。当日，朝鲜军事停战委员会朝鲜人民军代表团和开城市行政委员会在开城志愿军烈士陵园举行隆重安葬仪式。

在韩国乡间，志愿军遗骸也多有发现。1989年5月12日，新华社电告，新近发现的19具志愿军烈士遗骸安葬在朝鲜开城的志愿军烈士陵园。这些遗骸是几位来自美国的历史学家在韩国砥平里乡间发现的。遗骸四周的冻土里还散埋着志愿军烈士用过的子弹、水壶、牙刷、胶鞋等上百件遗物。新华社在当时的电文中写道："这是自朝鲜停战以来，在南朝鲜境内发现志愿军烈士遗骨最多的一次。"

20世纪90年代初，国际关系和朝鲜半岛形势发生了一系列变化。1994年，朝鲜政府召回朝鲜军事停战委员会朝方代表团。同年9月1日，考虑到军事停战委员会实际上已停止运转的现状，中国政府决定调回军事停战委员会中的中国人民志愿军代表团，寻找、挖掘和掩埋志愿军失踪人员遗骸的工作也随之结束。

斗转星移。2000年4月，韩国国防部开始在朝韩非军事区韩方一侧启动朝鲜战争阵亡韩军及死难者遗骸发掘工作。久而久之，在发掘过程中发现了不少朝鲜人民军和中国人民志愿军等各国军队士兵的遗骸。

据韩国媒体报道：2005年，在京畿道加平郡北面花岳山一带，共挖掘出朝鲜战争期间遗骸52具，其中22具属中国人民志愿军；2008年3月至6月，在庆尚南道咸安和京畿道加平等15个地区挖掘出了519具遗骸，其中69具属中国人民志愿军……为了妥善处理挖掘出的中国人民志愿军及北朝鲜人民军遗骸，韩国政府根据《日内瓦协议》，在韩国京畿道坡州市积城面沓谷建成朝鲜中国军人墓地。起初墓地安葬的中朝两国军人的遗骸仅为100多具。现墓地面积已发展到6000平方米。墓地分为第一墓区和第二墓区。第一墓区安葬着朝鲜人民军的遗骸，中国人民志愿军烈士的遗骸安葬在第二墓区，有360具。按照韩国的传统，墓地一般向南安放。而在这里，烈士的墓地全部朝着北方，据说是韩方有意让这些客死他乡的军人们能够遥望自己的故乡。

2013年，中韩双方本着友好协商、务实合作的精神，达成了将在韩志愿军烈士遗骸归还中国的协议。2014年3月28日，首批437位志愿军烈士遗骸从韩国仁川机场踏上回家之路；2015年3月20日，第二批68位在韩中国人民志愿军烈士遗骸归国；2016年3月31日，第三批36位在韩志愿军烈士遗骸归国；2017年3月22日，第四批28位在韩志愿军烈士遗骸归国；2018年3月28日，第五批20位在韩志愿军烈士遗骸归国；2019年4月3日，第六批10位在韩志愿军烈士遗骸归国；2020年9月27日，第七批117位在韩志愿军烈士遗骸归国；2021年9月2日，第八批109名志愿军烈士的遗骸归国；2022年，韩国政府又向我国政府移交了第九批88位志愿军烈士的遗骸；2023年，还将启动第十批志愿军烈士遗骸归国工作……

魂兮归来，与国同在。

祖国用最高礼遇迎接英雄回家。运送烈士遗骸的专机进入中国领空后，空军派出两架歼-11B战斗机迎接护航，以国之名致敬英烈。护航伴飞军机与战机通话："欢迎志愿军忠烈回国，我部歼-11B军机两架，奉命为您全程护航！"离家尚是少年之身，归来已是报国之躯。然而，只要祖国和人民记得，他们就永远活着。祖国和人民永远不会忘记每一个为了国家献身的英雄儿女！

创造奇迹的战斗英雄

——安东市镇兴学校座谈『志愿军一级英雄郭忠田战斗事迹的报告记录』

安东市镇兴学校座谈"志愿军一级英雄郭忠田战斗事迹的报告记录"。

"Record of report on the fighting deeds of Guo Zhongtian, a first-class hero of the CPV" discussed at Zhenxing School, Andong City.

美国和韩国关于朝鲜战争的记述曾不约而同地提到一个地名——葛岘岭。1950年11月29日，这里发生了一场令各国军人肃然起敬的阻击战：一个中国人民志愿军步兵排在敌人百余架次飞机和数千颗炮弹的轮番轰炸下，巧妙地利用地形，仅靠手中的轻武器顽强地阻击了拼死逃命的美军大部队，歼敌215人，自己却无一伤亡。创造这一令人赞叹的战争奇迹的，是志愿军一级战斗英雄郭忠田和他的"郭忠田英雄排"，他们的英雄故事充满了传奇色彩。

★ 精心布置

郭忠田，吉林怀德人。1945年参加东北人民自治军，次年加入中国共产党。曾任东北民主联军排长。曾参加临江、辽沈、平津等战役，先后立功4次。1950年参加抗美援朝，任志愿军排长。

1950年11月，中国人民志愿军在朝鲜战场已经发起了第二次战役。为抢占朝鲜西部的三所里，志愿军二十兵团三十八军进行大穿插，14小时强行军72.5公里，关闭了以美军为首的"联合国军"南面的退路。

三所里战斗刚刚开始，三十八军一一三师侦察分队发现了美军有向三所里以西龙源里逃窜的迹象。若敌人从龙源里跑了，志愿军的部署将前功尽弃，直接影响第二次战役。

"把二梯队三三七团拉上去，拼死也要赶到龙源里！守住龙源里！"一一三师师长江潮下达了命令。接到命令后，三三七团兵分两路，担任该团左前卫的一营一连将尖刀排重任交给了郭忠田所带领的二排。

11月27日，郭忠田向全排战士发出号召："同志们，加油！这回决不能让敌人跑了!"

"保证完成任务!"战士们响亮回应的背后,是5天5夜没能合眼的极度困倦。但为了抢夺时间,他们顾不得吃饭和睡觉,打起精神,带好干粮,经过12个小时的跑步前进,于11月28日凌晨插进了龙源里,将美军南逃的大门牢牢地关住。

此时,美军还没有退下来,战场上一片寂静。

郭忠田登上葛岘岭主峰,仔细观察着战场的地形:葛岘岭主峰虽然是制高点,但这里太突兀,一旦美军轰炸机临空,部队只能白挨轰炸。他顺着公路望去,葛岘岭北侧的公路旁有一个山包,巧的是,公路在此正好有一个拐弯,车辆行驶到这里都必须减速。看到这里,郭忠田心花怒放,决定调整部署,将主阵地设置在小山包上。

★ "真假美猴王"

阵地确定后,眼前最重要的是抓紧每一分每一秒挖工事、搞伪装。极度的疲乏,使战士们都想打个盹儿,但郭忠田却严令:"全排战士立即抢修工事,谁也不许睡觉。"有的战士发牢骚,郭忠田听到,耐心劝说:"咱们修工事就是造盾牌。盾牌造好了,人家的矛就扎不透,一会儿仗打起来,就能少流血,少死人!"听了排长一番话,大家连连点头,挥锹猛干起来。天快亮了,工事挖好了。谁知郭忠田还不满意,又下达命令:"到葛岘岭主峰上再造些假工事,咱给他们来个'真假美猴王'。"

8时许,公路上出现了许多小黑点——美军在三所里碰壁后,果然向龙源里逃来。开在前头的是4辆小汽车、3辆10轮大卡车和1辆小吉普。

郭忠田把第一枪的任务交给神枪手张祥忠:"打掉那辆吉普车!有没有把握?"张祥忠参军前以打猎为生,能在百米的距离打下树枝上的小鸟。他回答得干脆:"跑了兔子不玩鹰!"

很快,敌人车队行驶到郭忠田等人埋伏的阵地下拐弯处,速度慢下来。张祥忠瞅准时机，扣动扳机，一串子弹直射向吉普车。吉普车瞬间燃起烈焰，车上的敌军当场被击毙。紧接着，志愿军的重机枪、轻机枪、步枪一齐向后面的卡车倾泻着弹雨，首批溃逃的美军三下五除二就"报销"了。

突然，阵地北方传来"轰隆隆"声。郭忠田一听就知道是坦克。山谷轰鸣，树叶也震得沙沙发抖。数一数，有50多辆！郭忠田脑中快速思考着："打，还是不打？"好几名战士已经捆好手榴弹请战。郭忠田沉默了好一会儿才说："把敌人坦克统统放过去，谁也不准开枪！"此时，郭忠田不仅眼中冒火，心中也在冒火，但他清楚，没有火箭筒，没有炸药包，只靠步枪和每人仅有的4枚手榴弹对付数十辆美军坦克无异于白白送死，而且阻击任务也将彻底泡汤。

必须忍耐！一辆、两辆、三辆……坦克通过阵地。紧接着，美军的运兵车、弹药车、炮车组成的车队接踵而来，一眼望不到头。

如果说刚才的坦克是嚼不动的硬骨头，那眼下的就是可口的嫩肉。"给我狠狠地打！"一声令下，郭忠田第一枪就干掉一个美国军官。在志愿军猛烈的攻势下，敌人的运兵车着火了，炮车翻了，火光熊熊，黑烟滚滚，炸声隆隆。敌人拥挤着四处躲闪。

不一会儿，敌人的援兵到了——天空飞来了30余架飞机，轮番往葛岘岭山顶扫射，扔汽油弹、炸弹。整个山头变成了火焰山。轰炸完后，敌机得意扬扬地飞走。但他们做梦也想不到的是，此时志愿军战士正在工事中休息。原来，美军炸的是那些假工事。

★ 愈战愈勇

战场暂时平静下来，郭忠田命令战士再到葛岘岭上挖假工事，然后又假装开上去一支增援部队。14时，又飞来100多架敌机，朝着葛岘岭的假工事狂轰滥炸一个多小时。山头再次成为火海。而二排的阵地上则静悄悄的，除了两个观察哨外，其他的战士们都在石洞里休息。

飞机一走，200多名敌人在二排阵地前集合起来，分3路朝山上冲来。团领导在望远镜中看出了危险，用无线电命令郭忠田："二排的同志，这个山头关系全局，希望你们坚决守住。"郭忠田坚定地回答道："请团首长放心，人在阵地在！"100米、90米、80米、70米……当敌人距离阵地仅有30多米时，郭忠田一声令下，所有火器一齐怒放。不到两个小时，美军的轮番冲锋被打垮。200多敌军死伤过半……

15时，美军百余架飞机和车队对葛岘岭进行第三次大轰炸。二排的战士们奋勇阻击。天黑以后，志愿军大部队赶到，合围美军逃兵。郭忠田带领战友跳出工事，冲下山去。

在阻击美军撤退期间，郭忠田带领二排扼守在300平方米的狭小阵地上，在敌人飞机和炮弹的狂轰滥炸下始终屹然不动，并连续打退敌人3次大规模进攻，歼敌215人，缴获大炮6门及满载军用品的完好汽车58辆，志愿军们则无一伤亡，创造了战争史上的奇迹。

战后，志愿军总部为郭忠田记特等功，授予"一级战斗英雄"称号；朝鲜民主主义人民共和国最高人民会议常任委员会授予他朝鲜民主主义人民共和国三级国旗勋章；全排荣立集体一等功，并被命名为"郭忠田英雄排"。

1951年2月4日，郭忠田率军执行固守西官厅北山的任务，打退敌人6次进攻，毙敌260余人，圆满完成战斗任务。第四次战役结束后，郭忠田所在连被授予"二级英雄连"称号，并授"屡战屡胜"奖旗一面。

1951年6月，志愿军总部选派郭忠田为中国青年代表团成员赴柏林参加第三届世界和平联欢节。从柏林回国后，他还参加了新中国成立两周年国庆观礼。在抗美援朝一周年纪念大会上，他向毛泽东等党和国家领导人汇报了在朝鲜作战的情况。会后，他还随英模报告团到全国各地做巡回报告。

后记

陈魏魏

最早接触抗美援朝文物，是在我的爱人赵旭光先生开辟的《丹东日报文化周刊》历史版上。那时，他策划编发的"抗美援朝文物背后的故事"系列文章颇受欢迎，而我总是文章的第一个读者和校对者。一个个从历史和硝烟深处走来的文物故事，让我对抗美援朝文物、文物深处的抗美援朝历史有了一种自然而然的亲近感。

2016年，我从丹东日报社离开，调入抗美援朝纪念馆工作，由记者身份转向博物馆馆员，开启了一段全新的工作与生命的体验。至今还记得，第一次随纪念馆同事前往凤城荣军疗养院，向一位中国人民志愿军老战士征集文物，从老人家颤颤巍巍的手中接过泛黄的笔记本时，我从心底生发的敬畏。这岂是一个普通的笔记本啊，它分明是这个志愿军老战士一段厚重的生命历史，内里深藏着一段炮火纷飞的青春岁月，一种战争亲历者对超越死生的认知与态度，一腔深沉而热烈的家国情怀。从那一刻起，这种对于抗美援朝历史深深的敬畏感，始终伴随着我的学习、工作和生活。

　　抗美援朝文物是抗美援朝历史文化的基本载体，把抗美援朝文物呈现在广大受众面前是纪念馆的社会责任，把抗美援朝文物后面的故事讲给广大受众同样也是纪念馆的社会责任。我的人生很幸运，能与抗美援朝纪念馆产生不可分割的联系。作为一名博物馆馆员，潜心挖掘整理抗美援朝文物背后的故事，使更多的受众从中获得启迪和激励，这是我人生职业的神圣和光荣。抗美援朝纪念馆馆藏文物2万余件，各种文物史料3万余份。这些文物中，既有党中央、毛泽东主席英明决策的珍贵文献，也有抗美援朝战争国际性背景资料；既有前线将士英勇杀敌的武器，也有国内人民群众支援战争的物品；既有记录志愿军卓越功勋的证章，也有缴获的敌军的装备、战旗；既有鼓舞战斗士气的宣传作品，也有保持革命乐观主义的文艺道具；既有中国人民抗美援朝的历史记录，更有揭露美军暴行的证据……每当走近这些文物，我就仿佛穿越回战争的现场，听到炮声隆隆，看到硝烟翻滚，一个个身影为了胜利前仆后继……

　　从2017年起，我开始陆续搜集、整理抗美援朝文物背后的故事，并从中精选70个抗美援朝纪念馆馆藏文物故事编辑成书。这是一个纪念馆人向这段历史、这些英雄崇敬之心的交付，同时也是向抗美援朝战争胜利70周年的献礼。我真诚地希望通过这一件件饱经沧桑的文物、一个个生动鲜活的故事，向读者再现抗美援朝历史的珍贵断面，伴随读者回顾那段波澜壮阔的战斗岁月，重温中华儿女热血铸就的伟大精神，找寻抗美援朝战争的制胜密码，并从中汲取智慧、信仰和前行的力量。

　　《抗美援朝文物背后的故事》一书的出版，得到了许多领导、专家、学者的关心和指导。在此，对抗美援朝纪念馆领导刘静媛、史春庆、宫绍山、张校瑛、周国泗所给予的支持，对专家和朋友黄文科、宋群基、齐红、朱进、宋克东、关寒、高扬、张静、邢玉芹、栾英娟、刘桂贤、刘思玘、黄宝锋、王卢莎、尹璐、田颛华、王力文、于熙泳、吴辉、莫永甫、朱李松、戴忠东、祝辉、高戈里、刘宇飞、马晓春、张彦中、吴旭、索明杰、王淑芬、李作洪、师达、褚杨、吕志贵等所给予的帮助，一并表示深深的谢意。部分史料因年代久远或信息不全，无法考证作者，这里也一并致谢。

在本书与广大读者见面之际，我的心情是复杂而欣慰的，就像是历经数年寒窗的学子赶赴考场的忐忑，又仿佛学子终于不留遗憾地交上答卷后如释重负的喜悦。期待着广大读者不吝赐教。

2023 年 6 月